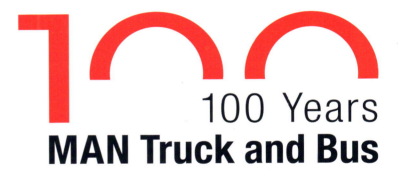

100 Years

MAN Truck and Bus

Impressum

Autoren: Henning Stibbe und Matthias Georgi
Neumann & Kamp Historische Projekte, München
Historisches Archiv MAN Truck & Bus AG

© August Dreesbach Verlag, München 2015
Alle Rechte vorbehalten.
Gestaltung, Umschlag und Satz: Anne Dreesbach und Isabella Buchholz
Projektleitung Verlag: Florian Greßhake
Druck: Aumüller Druck GmbH & Co. KG, Regensburg
Papier: 150 g/m² BVS matt mit 0,85f. Vol.
Gesetzt aus der TheAntiquaB und der MAN Global.
Printed in Germany.
ISBN 978-3-944334-56-1

Die Deutsche Nationalbibliothek verzeichnet diese Publikation in der Deutschen Nationalbibliografie; detaillierte bibliografische Angaben sind im Internet über http://dnb.dnb.de abrufbar.

Trotz intensiver Recherche können Fehler in der Chronik enthalten sein. Dies gilt auch für das Nutzungsrecht der
Dokumente und historischen Aufnahmen, die wir nach bestem Wissen und Gewissen geprüft haben. Sollte uns
trotzdem ein Fehler unterlaufen sein, so bitten wir um Entschuldigung. Die Autoren freuen sich über Anmerkun-
gen und Korrekturen und sind über den Verlag erreichbar.

Ein Jahrhundert

August Dreesbach Verlag

Lkw und Busse
von MAN

Henning Stibbe
und
Matthias Georgi

„Jeder Arbeiter, der rechtzeitig in die Fabrik eintritt, entnimmt dem Kontrollkasten beim Werkeingang sein Zeichen und hängt es in den geöffneten Kontrollkasten an der Arbeitsstelle, welcher mit dem Signal für den Arbeitsbeginn verschlossen wird. Dadurch ist der Beweis geliefert, dass der Arbeiter rechtzeitig an der Arbeitsstelle eingetroffen war."

Aus der Arbeitsordnung der L.W.W., 1915

Inhalt

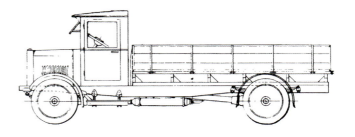

Grußwort

Die Geschichte der MAN erstreckt sich über mehr als 250 Jahre. Das Unternehmen feiert 2015 ein weiteres wichtiges Jubiläum: 100 Jahre Nutzfahrzeugbau.

Am 21. Juni 1915 wurde eine neue Firma ins Handelsregister der Stadt Nürnberg eingetragen, die »Lastwagenwerke M.A.N.-Saurer«. Bald darauf verließ der erste M.A.N.-Saurer-3-Tonnen-Lastwagen die Fabrik in Lindau am Bodensee, kurz danach die ersten Busse, die als Überlandbusse für die Reichspost neben Fahrgästen auch Briefe und Pakete beförderten. Dies war der Beginn des Nutzfahrzeugbaus bei der MAN – eine Erfolgsgeschichte, die nicht nur die Historie des Unternehmens entscheidend geprägt hat. Mit den zukunftsweisenden und revolutionären Innovationen beeinflusst die MAN seit 100 Jahren die Entwicklung von Lastkraftwagen und Omnibussen maßgeblich – ein Anspruch, der sich über den heutigen Tag hinaus fortsetzt.

Die Erfahrung der MAN ist der Schlüssel dazu, unseren Kunden auch weiterhin ausgezeichnete Produkte, Services und Lösungen anzubieten. Zum Jubiläum blicken wir nicht rückwärts, sondern nach vorne. Die technologischen Errungenschaften und effizienten Produkte der MAN Truck & Bus AG bieten Transportlösungen, die die Wettbewerbsfähigkeit unserer Kunden in Gegenwart und Zukunft sichern. Eine starke Kundenorientierung, Qualitätsführerschaft, leidenschaftliche und stolze Mitarbeiter sind das Fundament des Erfolges der MAN.

Die Innovation, Effizienz und Verlässlichkeit der MAN faszinieren und stärken die Partnerschaften von gestern, heute und morgen. Mit einem starken Fokus auf das nächste Jahrhundert wird die MAN weiterhin die Zukunft der Mobilität gestalten.

MAN Truck & Bus AG

Joachim Drees
Vorsitzender des Vorstands

Heinz-Jürgen Löw
Vorstand Sales & Marketing

Vorwort

Seit 100 Jahren sind die Nutzfahrzeuge der MAN auf Achse. Schon 1915 ging eine große Faszination von den ersten Kraftwagen aus. Seither leisten MAN-Lkw und -Busse einen wichtigen Beitrag im Güter- und Personentransport, rund um den Globus, Tag für Tag.

Die Anfänge der heutigen MAN Truck & Bus liegen in einer Montagehalle in Lindau. Schon bald wanderte die Nutzfahrzeugproduktion nach Nürnberg, später wurde sie nach München verlegt. Die Produktionszahlen stiegen, neue Modelle entstanden, der Dieselmotor setzte sich als Antriebsstandard durch, die Lkw und Busse wurden immer größer und leistungsfähiger. Bald schon überschritt die Motorleistung die 100 PS und die Nutzlast die Zehn-Tonnen-Grenze. Inzwischen sprechen wir natürlich von ganz anderen Dimensionen ...

Dieses Buch erzählt die Geschichte der MAN Nutzfahrzeuge. Es ist eine Produktgeschichte, bei der die Fahrzeuge und die Technik im Vordergrund stehen: Lkw, Busse, Motoren und – nicht zu vergessen – Ackerschlepper. Die Entwicklung des Unternehmens wird immer wieder beleuchtet, tritt aber zurück hinter einen 5 KVB/4, den S1H6, einen SL202 oder den TGX, hinter die Exportmodelle für Bananenplantagen in Mittelamerika, hinter die Gründung der Reparaturwerkstätten und die aktuellen Erdgas- und Hybridbusse.

In den vergangenen 100 Jahren sind zahlreiche Bücher über die MAN entstanden, gerade deshalb war es unser Ziel, viele bisher noch unbekannte Bilder zu präsentieren und neue Geschichten zu erzählen. Immer wieder wurden in den bislang erschienenen Büchern vermeintliche Fakten abgeschrieben, ohne sie zu überprüfen. Die Fehler wurden so von Autor zu Autor weitergegeben. Dies gilt etwa für die »Tatsache«, dass die M.A.N. zu Beginn ihrer Nutzfahrzeuggeschichte eine Lizenz von Saurer erwarb. Das stimmt allerdings nicht. Die Lkw- und Busproduktion begann 1915 mit einem Joint Venture, das Lizenzabkommen folgte erst 1918. Der erste Lkw-Typ hieß auch nicht »2zc«. Dies war nur ein Lesefehler einer schlecht-leserlichen Handschrift. Tatsächlich steht auf der Rückseite der alten Fotos »2tc« als Abkürzung für »2 Tonnen-Cardanwagen«. Eine Typenbezeichnung »2ZC« oder »3ZC« gab es also nie, auch nicht bei Saurer.

Das vorliegende Buch ist ein Gemeinschaftswerk der beiden Autoren Henning Stibbe und Matthias Georgi. Nach zweijähriger intensiver Archivrecherche legte Henning Stibbe ein umfangreiches Manuskript und eine detaillierte Materialsammlung zur Geschichte der MAN Nutzfahrzeuge vor, die die beiden gemeinsam dann zu einem Buch formten.

Henning Stibbe ist Publizist und Kunsthistoriker. Seit 2011 leitet er das historischen Archiv der MAN Truck & Bus AG. Seine wichtigste Aufgabe in den letzten Jahren war es, die systematische Erschließung der Firmendokumente zu ermöglichen. Damit einher ging eine Analyse und umfangreiche Digitalisierung von Fotos, Prospekten und Betriebsanleitungen, so konnten auch Bild- und Druckschriftennummern rekonstruiert werden. Dies erlaubte eine korrekte Datierung von über 30.000 Aufnahmen. Aus diesem Fundus stammt ein Großteil der hier verwendeten, bisher völlig unbekannten Dokumente.

Dr. Matthias Georgi gehört seit 2002 zum Team von Neumann & Kamp Historische Projekte. Seit 2009 ist er Gesellschafter. Neumann & Kamp hat sich darauf spezialisiert, Geschichte wissenschaftlich fundiert, und doch populär und spannend geschrieben, einer breiten Öffentlichkeit zu präsentieren. Matthias Georgi ist Autor zahlreicher historischer Publikationen, die Bandbreite reicht von Wissenschaftsgeschichte des 18. Jahrhunderts über Wohnungsbaugeschichte bis hin zur Technik- und Industriegeschichte des 20. Jahrhunderts.

Zum Gelingen des Werkes haben zahlreiche Helfer und Unterstützer beigetragen, sie sind am Ende des Buches genannt. Bei ihnen allen möchten wir uns ganz herzlich bedanken. Den Lesern wünschen wir jetzt viel Vergnügen beim Eintauchen in die Produktgeschichte der MAN Truck & Bus AG.

Die Autoren

8

Produktbandbreite der Maschinenfabrik Augsburg-Nürnberg AG im 19. Jahrhundert

oben: Kaiser-Wilhelm-Brücke bei Müngsten, 1893 bis 1897.

rechts oben: Portaldrehkräne im Hafen von Neapel, 1900.

rechts: Eisenbahnsalonwagen für den Bayerischen Hof, 1859.

ganz rechts: Rotationsdruckmaschine, 1873.

Maschinenfabrik Augsburg-Nürnberg

Die Nutzfahrzeugproduktion der MAN wird 2015 100 Jahre alt. Das Unternehmen gehört jedoch zu einer noch viel älteren Firma, zum MAN-Konzern, der heutigen MAN SE. Die Geschichte dieses Unternehmens reicht schon mehr als 250 Jahre zurück. Die MAN ist damit eines der ältesten deutschen Industrieunternehmen. Bereits vor der Gründung der Nutzfahrzeugsparte gehörte sie zu den Schwergewichten der deutschen Industrielandschaft und genoss ein hohes internationales Renommee.

Die Wurzeln des Konzerns liegen in drei ursprünglich unabhängigen Unternehmen. In Augsburg wurde 1840 die Sander'sche Maschinenfabrik gegründet. Vier Jahre später wurde sie umbenannt in C. Reichenbach'sche Maschinenfabrik und 1857 wurde sie als Maschinenfabrik Augsburg AG in eine Aktiengesellschaft umgewandelt.

Ein Jahr nach der Sander'schen Maschinenfabrik wurde 1841 in Nürnberg die Eisengießerei und Maschinenfabrik Klett & Comp. gegründet. 1865 erfolgte die Umfirmierung in die Maschinenbau Gesellschaft Klett & Co. und 1873 in die Maschinenbau-Actiengesellschaft Nürnberg.

1898 fusionierten beide Firmen zu der Vereinigten Maschinenfabrik Augsburg und Maschinenbaugesellschaft Nürnberg A.-G. 1908 folgte die Umbenennung in Maschinenfabrik Augsburg-Nürnberg AG. Jetzt entstand auch das Firmenkürzel MAN, damals noch mit drei Punkten geschrieben: M.A.N.

Die Fusionsverhandlungen wurden durch die vertrauliche Atmosphäre begleitet, die der Nürnberger Unternehmensleiter Anton von Rieppel und sein Augsburger Kollege Heinrich von Buz pflegten. Der freundschaftliche Umgang geht etwa aus einem Brief von Rieppels an von Buz vom 3. April 1898 aus der Anfangsphase der Verhandlungen hervor: »… dieser Gedanke veranlasst mich, in völlig privater, nicht autorisierter Weise bei Ihnen anzufragen, ob Sie nicht eine Fusion der beiden Gesellschaften … in den Kreis näherer Erwägung zu ziehen geneigt wären.« Die beiden Firmenchefs sprachen von Anfang an auf Augenhöhe miteinander, vertrauensvoll und verbindlich. Dies war die Grundlage für die erfolgreiche Firmenfusion.

Der dritte Grundpfeiler der MAN ist die Gutehoffnungshütte (GHH), die 1920 die Aktienmehrheit der M.A.N. übernahm und fortan maßgeblich das Geschäft bestimmte.

Die Gutehoffnungshütte geht auf das Jahr 1758 zurück, als in Oberhausen die Eisenhütte St. Antony gegründet wurde. 1808 hatte sich das Unternehmen mit den Hütten Gute Hoffnung und Neu-Essen zur Hüttengewerkschaft und Handlung Jacobi, Haniel & Huyssen vereinigt. Damit war der erste Montankonzern im Ruhrgebiet entstanden. Seine frühen Produkte bestanden aus Töpfen und Pfannen sowie Gewichten für Waagen – alle aus Gusseisen. 1873 war es zur Umfirmierung in den Gutehoffnungshütte Actienverein für Bergbau und Hüttenbetrieb gekommen.

Die M.A.N. und ihre Vorgängerunternehmen hatten schon vor der Gründung der Nutzfahrzeugsparte maßgeblichen Einfluss auf die deutsche Industrie- und Technikentwicklung. Ein Beispiel ist der Dieselmotor (siehe Seite 47). Das Nürnberger Werk der Maschinenfabrik Klett & Co. spielte wiederum eine zentrale Rolle beim Aufbau der Eisenbahn in Deutschland. Bereits 1835 fuhr die erste Eisenbahn Deutschlands von Nürnberg nach Fürth. Dem Direktorium dieser Eisenbahnlinie gehörte unter anderem auch Johann Friedrich Klett an. Für die Produktion der Schienen und Waggons wurde eine industrielle Serienfertigung angestrebt. Das Nürnberger Werk der Maschinenfabrik Klett & Co. wurde zum Hauptlieferanten des wachsenden bayerischen Eisenbahnnetzes. 1865 fertigte das Nürnberger Werk sogar einen Eisenbahnsalonwagen für König Ludwig II. von Bayern. Bereits 1873 belief sich die Jahresproduktion auf die Rekordsumme von über 4.000 Eisenbahnwaggons. 488 Stück davon waren Personenwagen und 3.544 Güterwagen. 1885 begann der Bau von Straßenbahnen mit elektrischem Antrieb.

Der zweite Hauptproduktionsbereich des Unternehmens umfasste den Bau von Eisenbahn- und Straßenbrücken. 1857 errichtete das Nürnberger Werk die erste große Hochbrücke über dem Isartal bei Großhesselohe. 1860 führte der Auftrag, eine ein Kilometer lange Brücke über den Rhein zu bauen, zur Gründung des Werks Gustavsburg in der Nähe von Wiesbaden. Die dritte Produktionssparte stellte Kräne, Hebe- und Transportmaschinen her, später kamen Dampfkraftanlagen hinzu.

Alle drei Unternehmen konnten sich bereits vor der Fusion mit prestigeträchtigen Projekten einen Namen machen. Sie haben in München unter anderem die Schrannenhalle oder den Glaspalast errichtet, mehr als ein Dutzend Brücken über den Main und den Rhein gebaut, und nicht zuletzt die Wuppertaler Schwebebahn konstruiert. Sie haben Wasserkraftwerke mit innovativen Turbinen entworfen, die Linde-Kältemaschine gebaut, wie sie etwa bei der Münchner Paulaner Brauerei am Eisbach seit 1881 bis heute steht, und last but not least den industriellen Rotationsdruck auf den Markt gebracht.

Die M.A.N. und ihre Vorgänger agierten auch international, bauten etwa Gasometer in New York, produzierten U-Boot-Motoren für die französische Marine und lieferten bereits 1905 Schwimmdocks für den Schiffsbau bis nach Tsingtau, dem heutigen Qingdao, in China.

Das Unternehmen brachte also viel mit, als es 1915 die Nutzfahrzeugsparte ins Leben rief: eine große Kompetenz im Maschinenbau und in der industriellen Fertigung, fachlich hoch qualifizierte Arbeitskräfte, moderne Maschinen, ein gutes Management und nicht zuletzt ausreichend Kapital. Zudem hatte es mit Brücken und Eisenbahnen schon früh einen wichtigen Beitrag zur industriellen Mobilität in Deutschland geleistet.

1

Karl Stöhr
Baugeschäft
München

1915 – der erste M.A.N. entsteht

Einer der ersten M.A.N.-Saurer-Lkw

Der Lkw wurde an das Münchner Baugeschäft Stöhr, einen der ersten Privatkunden, geliefert. Die Lastwagenwerke LWW, wie das neue Unternehmen ursprünglich hieß, lieferten zunächst vor allem an Feuerwehren, Mühlen, Brauereien, Kommunalverwaltungen und Holztransporteure. Ab 1916 kam auch das Militär als Kunde hinzu.

Es handelt sich hier um einen 4 t-Kettenwagen. Der Kettenantrieb an der Hinterachse ist deutlich sichtbar. Beim Langholztransport musste in Kurven auch der Beifahrer mit aller Kraft mit am Lenkrad drehen. Eine Herstellerkennzeichnung auf dem Kühlergrill gab es nicht, aber am Rahmen unter dem Führerhaus ist der Schriftzug »M.A.N.-SAURER« zu erkennen.

13

Operation »Kornmühle«: Geheimverhandlungen zum ersten M.A.N. 1915–1918

»Die M.A.N. muss auf Räder gestellt werden«, gab Anton von Rieppel, Generaldirektor der M.A.N., zu Beginn des 20. Jahrhunderts die Strategie vor. Aber zunächst konnte er seine Vorstandskollegen nicht für die neue Branche Nutzfahrzeuge begeistern. Dabei produzierten die Vorgängerunternehmen der M.A.N. bereits seit 1850 Eisenbahnwaggons und seit 1881 Straßenbahnwagen.

Als nach dem Beginn des Ersten Weltkrieges die Heeresverwaltung eine Abnahmegarantie für Kraftwagen gab, wurde das Thema für die M.A.N. plötzlich wieder interessant. Gleichzeitig wurden im Werk Nürnberg auch Produktionskapazitäten frei: Der Großgasmaschinen- und Kranbau zog nach Duisburg und die Produktion von Dieselmotoren wurde in Augsburg konzentriert. Für eine eigene Entwicklung von Lkw und Bussen war die Zeit jedoch zu knapp – der Erste Weltkrieg war gerade ausgebrochen und es fuhren in Deutschland damals bereits rund 10.000 Lastkraftwagen. Um kurz- bis mittelfristig produzieren zu können, fragte die M.A.N. zunächst bei etablierten Firmen wie Büssing, Horch und Daimler an, ob eine Kooperation möglich sei. Diese wollten aber

keinen neuen Konkurrenten aufbauen und vergaben keine Lizenz. Die M.A.N. suchte weiter und wurde bei der Firma von Adolph Saurer in der Schweiz fündig. Saurer war damals ein weltweit bekannter Nutzfahrzeughersteller, der zahlreiche Patente besaß und mit rund 50 internationalen Preisen ausgezeichnet worden war.

Am 11. Dezember 1914 wandte sich der M.A.N.-Generaldirektor Anton von Rieppel in einem Brief erstmals an die Firma Adolph Saurer mit dem Ziel, eine Zusammenarbeit beim Bau von Lastwagen zu erreichen. Er hatte Erfolg und Adolph Saurer antwortete bereits am 16. Dezember wohlwollend und interessiert. Am 5. Januar 1915 wurden Sondierungsgespräche aufgenommen, man schrieb Briefe, schickte Telegramme und besuchte sich gegenseitig auf höchster Firmenebene. Dabei konnte von Rieppel die gleiche vertrauensvolle Atmosphäre aufbauen, die schon die Gespräche mit Heinrich von Buz bei der Fusion der Augsburger und Nürnberger Unternehmen zur M.A.N. im Jahr 1898 geprägt hatte. Von Anfang an sprachen die beiden Firmenchefs von Rieppel und Saurer auf Augenhöhe, voller Wertschätzung und verbindlich miteinander. Die Verhandlungen im Frühjahr 1915 führten Adolph Saurer, sein Sohn Hippolyt sowie zeitweise die Herren Rubli und Senn und auf Seiten der M.A.N. Anton von Rieppel sowie die Vorstandsmitglieder und Direktoren Lippart, Endres, Gertung und Lauster.

Eigentlich wollte die M.A.N. eine Lizenz für den Bau von Lastkraftwagen erwerben, das lehnte Saurer aber ab. Seine Firma hatte schon zuvor eine Lizenz vergeben – 1911 in die USA – war dann aber aus dem gemeinsamen Unternehmen gedrängt worden. Aufgrund dieses erfahrenen Kontrollverlusts kam für Saurer nur eine Kooperation mit der M.A.N. infrage, die ihm auch zukünftig Mitbestimmung und Einfluss garantieren sollte. Am 24. März 1915 erfolgte eine erste mündliche Einigung mit dem Ziel der Gründung einer gemeinsamen Produktionsgesellschaft. Dieser Plan wurde am 29. April dem Aufsichtsrat der M.A.N. vorgestellt, der das Vorhaben billigte.

Am 10. Juni wurde der Vertrag unterzeichnet und am 14. Juni 1915 informierte die M.A.N. ihre Verkaufs-

agenten per Rundschreiben über das Vorhaben, »den Bau von Lastkraftwagen in Verbindung mit der bekannten Firma Saurer« aufzunehmen und das Saurer-Werk in Lindau zu übernehmen. Die Herstellung und der Vertrieb sollten jedoch nicht unter eigenem Namen erfolgen, sondern »unter dem einer besonderen Gesellschaft«, unterstützt durch das »ausgedehnte Vertretungsnetz der Firma Adolph Saurer«. Gleichzeitig fragte die M.A.N. ihre Verkaufsagenten verdeckt, inwieweit sie Interesse hätten, an dem Verkauf von Nutzkraftwagen direkt mitzuwirken. Als Kennwort wurde bei Interesse das Codewort »Kornmühle« für diese vertrauliche Umfrage ausgegeben, mit dem die Vertreter per Telegramm ihr Interesse kundtun sollten.

Am 21. Juni 1915 wurde das Unternehmen schließlich als Lastwagenwerke M.A.N.-Saurer GmbH mit dem Geschäftszweck »der Herstellung und des Vertriebs von Lastkraftwagen« ins Handelsregister der Stadt Nürnberg eingetragen. Dies ist die Geburtsstunde der Nutzfahrzeugproduktion bei der M.A.N. und der heutigen MAN Truck & Bus AG vor 100 Jahren.

Gesellschafter und Geschäftsführer wurden M.A.N.-Vorstandsmitglied Otto Gertung, Egon Buchler als technischer Leiter in Lindau, ursprünglich aus dem Berliner Verkaufsbüro von Saurer in der Lindenstraße, und Josef Senn von Saurer als kaufmännischer Leiter in Lindau. Die Lastwagenwerke wurden kurz darauf in Kraftwagenwerke M.A.N.-Saurer GmbH (KWW) umbenannt und in eine Kommanditgesellschaft eingebracht. Am 6. Juli 1915 erfolgte die Vertragsunterzeichnung der Lastwagenwerke M.A.N.-Saurer KG (LWW), ebenfalls mit Sitz in Nürnberg, und die der umbenannten Kraftwagenwerke GmbH am gleichen Tag. Das Gründungskapital der GmbH belief sich auf 500.000 Mark. Die KG hatte eine Einlage von 2,5 Mio. Mark. Die M.A.N. und Saurer waren sowohl an der GmbH als auch an der KG paritätisch beteiligt; Saurer verdeckt über den Mittelsmann Oberst Otto Hauser aus St. Gallen, dem Schwager von Adolph Saurer, der auch bei der Bayerischen Disconto- und Wechselbank beschäftigt war. Am 12. Juli 1915 wurden schließlich die LWW KG und die KWW GmbH ins Handelsregister der Stadt Nürnberg einge-

tragen. Die Komplexität der neuen Gesellschaftsform war durchaus gewollt: Die GmbH wurde aus Haftungsgründen und die KG aus steuerlichen Gründen gewählt. Durch diese Konstellation wurde die Doppelbesteuerung der Kommanditeinlage vermieden und nur die GmbH wurde zum persönlich haftenden Teil der Gesellschaft. Dies sicherte den Großteil des Startkapitals gegenüber Haftungsansprüchen ab. Formal korrekt hätte die erste Nutzfahrzeuggesellschaft M.A.N.-Saurer Lastwagenwerke GmbH & Co KG heißen müssen. Gegenüber dem Kunden trat das Unternehmen jedoch nur als Lastwagenwerke auf. Die LWW umfasste sowohl die KG als auch die GmbH mit insgesamt 3 Mio. Mark Startkapital. Die GmbH übernahm die Geschäftsführung der KG. Beiden Gesellschaften saßen Gertung und Buchler vor.

Am 24. August 1915 informierte die M.A.N. ihre Verkaufsagenten über die Aufnahme der Produktion von Lastkraftwagen und nachträglich über die »Gründung der Lastwagenwerke M.A.N.-Saurer Gesellschaft«. Die ersten Lastwagen wurden ab Juli 1915 in Lindau gebaut beziehungsweise montiert. Die ersten M.A.N.-Saurer-Nutzfahrzeuge waren 3 t-Kardanwagen und 4 t-Lkw mit Kettenantrieb. Der Konkurrenz technisch überlegen und durch Patente geschützt war z. B. die Saurer-Motorbremse: Durch einen Hebel am Lenkrad konnte die Auslassnockenwelle verdreht werden, sodass der Motor zum Kompressor wurde und als solcher bremsend wirkte.

Das Werk Lindau. In Lindau fand die Endmontage statt. Die Hauptkomponenten, wie das Fahrgestell, der Motor und das Getriebe, kamen vormontiert aus dem Saurer-Werk in Arbon. Anfangs wurden die Nutzfahrzeugteile noch per Lkw angeliefert, später mussten wegen des Krieges Ersatzteile mit dem Motorboot über den Bodensee gebracht werden. Das Saurer-Werk in Arbon unterhielt einen eigenen Hafen für die Produktion von Jachten und Motorbooten, der dafür genutzt wurde.

Bereits im November 1915 begann die Produktionsverlagerung von Lindau nach Nürnberg. Der komplette Umzug wurde 1916 abgeschlossen. Die M.A.N. übernahm nicht nur das Werk mit allen Maschinen, sondern auch das gesamte Betriebspersonal des Lin-

dauer Standortes mit dem Meister Fritz Stüve und 40 Arbeitern. Bis zum Ende des ersten Geschäftsjahres im Juli 1916 stieg die Zahl der Arbeiter auf 15 Meister und 63 gelernte sowie 98 Hilfsarbeiter an. Gleichzeitig waren im Angestelltenbereich 42 Männer und bereits 25 Frauen beschäftigt. Am 16. November 1916 wurde das verlassene Saurer-Werk in Lindau schließlich verkauft. 1917 übernahm der Zeppelinkonzern aus Friedrichshafen die Hallen.

Aufträge für das Heer. Zu Beginn des Ersten Weltkrieges war es das Ziel der LWW, Aufträge von der Heeresverwaltung zu akquirieren. Dieser Plan ging auf und die deutsche Heeresverwaltung wurde bald zum Hauptabnehmer und bestellte Lkw in großer Zahl. Ab 1916 kaufte das Militär fast alle neu produzierten verstärkten 4 t-Kettenwagen. Davor hatte die LWW ausschließlich zivile Fahrzeuge produziert.

Von 1915 bis 1916 wurden 276 Fahrgestelle vertrieben: 153 davon kamen noch aus der Produktion in Arbon, 5 schon aus Nürnberg und 118 aus Lindau. 1916/1917 wurden 184 Nutzfahrzeuge gebaut, davon nur noch 6 in Arbon, bereits 175 in Nürnberg und 3 in Lindau. 177 davon gingen an die Heeresverwaltung. Von 1917 bis 1918 kamen 358 Fahrgestelle auf den Markt, die komplett ans Militär gingen, während sich gleichzeitig die Warteliste für Privatkunden und Zivilbehörden auf 339 Wagen erhöhte. Diese Auftragseingänge konnten größtenteils erst nach dem Kriegsende abgearbeitet werden und galten daher als

linke Seite, von oben nach unten: Die Geburtsstunde der MAN Truck & Bus AG vor 100 Jahren – Eintrag ins Handelsregister der Stadt Nürnberg vom 21. Juni 1915.

Anfangs wurde für Prospekte und Briefe das Firmenlogo von Saurer verwendet, in dem der gotische Giebel des Stammhauses in Arbon abgebildet ist. Es war damals ein Gütesiegel, ein Markenlogo, das für Qualität und Innovation stand.

Das Saurer-Stammhaus in Arbon.

Einer der ersten M.A.N.-Saurer 4 bis 5 t-Kettenwagen überhaupt, damals jedoch noch mit 36 PS-Ottomotor sowie geradem und flachem Chassis, vor der Werkhalle in Lindau 1915 fotografiert.

»Friedensbestellungen«. Von 1918 bis 1919 wurden 389 Nutzfahrzeuge produziert.

Nach dem Umzug von Lindau nach Nürnberg konzentrierten sich die LWW ab 1916 zunächst auf das »Insourcing« der Nutzfahrzeugproduktion. Die Hauptkomponenten wie Motor und Getriebe kamen nicht mehr von Saurer, Herstellung und Zusammenbau fanden nun zunehmend im Werk Nürnberg statt. Dies galt auch für die Chassis-Fertigung. Zudem produzierten die LWW Lkw-Aufbauten und Ausstattungen für die Saurer-Grundtypen.

Zivile Kunden. Die frühen M.A.N.-Saurer-Lkw wurden im gesamten Deutschen Reich mit Schwerpunkt Süddeutschland ausgeliefert, aber auch darüber hinaus bis nach Lübeck, Chemnitz oder sogar Luxemburg. Neben dem Militär wurden städtische und kommunale Behörden sowie Privatkunden mit Fahrzeugen ausgestattet. Als wichtige Zielgruppe galten Firmen, die mehr als zehn Pferde unterhielten, wie es in einer internen Verkaufshilfe für die Händler aus dem Jahr 1915 heißt.

Die stärkste Branchengruppe der Privatkunden bildeten die Brauereien, die den LWW über Jahre treu blieben. Daneben kauften Verkehrsbetriebe, Bauunternehmen, Metallwerke, Mühlen- und Hüttenbetriebe sowie Firmen der Lebensmittel-, Textil- und chemischen Industrie, aber auch Genossenschaftsvereine und Automobilgesellschaften die Nutzfahrzeuge. Im ersten Geschäftsjahr 1915/16 gingen gut 200 zivile Lkw-Bestellungen ein.

1916 kostete ein 3,5 t-Kardanwagen mit 36 PS 15.600 Mark beziehungsweise 16.300 Mark mit 45 PS. Es ist genau dieser Lkw-Typ, der auch als Heereswagen bei der Militärverwaltung sehr beliebt war und sich im Krieg beim Personen- und Gütertransport zur Front bewährte. Ab 1916/17 wurden dann neu verstärkte 4 t-Kettenwagen mit 45 PS bezogen. Die meisten Heeres-Lkw hatten, anders als die zivilen Fahrzeuge, Eisen- statt Holzräder.

Die enge Zusammenarbeit zwischen der M.A.N. und Saurer dauerte nur bis 1918. Ab 1917 entwickelte die M.A.N. auch Motorpflüge und Zugmaschinen. Diese neuen Produkte sollten ebenfalls von den LWW gefertigt werden, was aber die Vereinbarung mit Saurer nicht vorsah. Zudem forderte das deutsche Militär Anpassungen an den M.A.N.-Saurer-Heereswagen. Diese Modifikationen schloss der Vertrag mit Saurer jedoch explizit aus. Es war der M.A.N. beziehungsweise den LWW nicht gestattet, Konstruktionsänderungen vorzunehmen.

Saurer belieferte über sein Werk in der Rue Benoît-Malon in Suresnes an der Seine auch die französische Armee mit über 5.000 Fahrzeugen. In der Verteidigungsschlacht um Verdun gegen die deutschen Truppen leisteten die Lkw »vorzügliche Dienste«, wie sich der Offiziersstab lobend äußerte. Auch Truppen der US-Armee waren dank der Lizenz von 1911 mit Saurer-Lkw ausgestattet. Dies erhöhte den politisch-militärischen Druck auf die M.A.N. beziehungsweise die LWW zusätzlich. Die deutsche Heeresverwaltung drängte die M.A.N. dazu, sich »von ihrem ausländischen Geschäftspartner« zu trennen.

Alles zusammen führte schließlich dazu, dass Saurer 1918 als stiller Gesellschafter aus den LWW ausschied. Am Gewinn blieb Saurer jedoch bis 1927 beteiligt. Am 18. November 1918 erfolgte die Umbenennung der GmbH & Co KG in M.A.N. Lastwagen Werke; ohne den Zusatz »Saurer« also. Die Abkürzung LWW blieb. Die M.A.N. und Saurer vereinbarten eine dreijährige Übergangszeit, in der am Produkt auch weiterhin mit dem Saurer-Logo geworben werden durfte, jedoch nicht in Prospekten oder auf dem Briefkopf der Geschäftspapiere.

Mitte 1918 trat die Vakraft (Versuchsabteilung Inspektion der Kraftfahrtruppen in Berlin) mit einer Ausschreibung der Obersten Heeresleitung an die LWW heran, die Konstruktion und Produktion von Panzerkraftwagen zu übernehmen. Nach interner Diskussion lehnte die M.A.N. jedoch ab, anders als etwa der Konkurrent Büssing.

Tonnagen

Die LWW führten 2 bis 3,5 t-Lastkraftwagen mit Kardanantrieb und 4 bis 5 t-Kettenwagen in ihrem Programm. Alle Fahrzeuge hatten einen 4-Zylinder-Ottomotor, Motorbremse, Karbidbeleuchtung, Petrollampen, Ballhupen, Holzräder und Vollgummibereifung.

Damals war die Einteilung nach Tonnenklassen an die Nutzlast gebunden, sprich der Lkw-Typ richtete sich nach dem Einsatzzweck. Aus diesem Grund gab es auch Zwischengrößen wie 2,5 oder auch 3,5 t-Lkw und die Motorvariante ließ sich variabel nach Bedarf bestellen. Mit 36 PS wurden beispielsweise 2, 3 und 4 t-Lkw ausgeliefert. Gebaut wurde erst nach schriftlicher Bestellung und genauer Auftragsspezifikation. Dies galt auch für Aufbauten vor allem bei Bussen. So heißt es in einem Omnibus-Prospekt von 1918: »Für die Ausführung der Aufbauten können nur allgemeine Angaben gemacht werden, da im einzelnen Fall der besondere Verwendungszweck und der Geschmack ausschlaggebend ist.«

Die meisten der frühen Omnibusse basierten auf dem M.A.N.-Saurer 3 bis 3,5 t-Kardanwagen-Fahrgestell. Dieser Typ wurde bis Mitte der 1920er Jahre für die Personenbeförderung gebaut.

M.A.N.-Saurer 2 bis 3,5 t-Lieferwagen mit Kardanantrieb der Vogtländischen Textilindustrie in Plauen, 1921.

Lastwagenwerke M.A.N.-Saurer

MAN — **M.A.N.-LASTWAGENWERKE NÜRNBERG** — **MAN**

LASTWAGENWERKE
M·A·N·SAURER

WERKE
IN NÜRNBERG UND LINDAU I.B.

ganz oben: Briefköpfe vor und nach dem Ausscheiden von Saurer 1918.

oben: 2 t-Kardanwagen in Nürnberg.

ganz oben rechts: Werbeplakat der M.A.N.-Saurer, 1915.

rechts: Werbeplakat nach dem Ausscheiden von Saurer.

M.A.N.-Saurer-Werk in Lindau

1915 übernahmen die LWW das Montagewerk von Saurer an der Kemptener Straße in Lindau-Reutin. Das Werk war 1911 gegründet worden. Im Sommer 1915 wurden die Hauptkomponenten vom Saurer-Werk in Arbon aus der Schweiz geliefert und auf der anderen Seite des Bodensees montiert.

Saurer in Übersee

Saurer hatte 1911 eine Lkw-Lizenz in die USA vergeben, die zur Gründung der Saurer Motor Company
beitrug und auf Bestreben des Hauptinvestors, dem
Bankhaus J. P. Morgan, nach Fusion zur International Motor Company führte. Diese ging später in
die Mack Trucks Inc. auf. Damit legte Saurer den
Grundstein der US-amerikanischen Lkw-Marke
Mack Trucks, die heute ein Teil der Volvo Gruppe ist.

Noch vor dem Ersten Weltkrieg wurde die Einflussnahme von Adolph Saurer und seinem Sohn
Hippolyt auf die Entwicklung ihrer US-Tochterfir-
ma jedoch bewusst stark eingeschränkt, bis der
Schweizer Markenname Anfang der 1920er Jahre
endgültig verdrängt wurde.

So kam es, dass die US-Armee auch mit Saurer-Lkw an die deutsche Front fuhr. Man beachte
das Saurer-Logo mit dem gotischen Giebel auf der
Plane.

Saurer

links: Saurer Doppelphaeton-Pkw von 1898. Für den Wagen erhielt Saurer auf der Weltausstellung in Paris 1900
eine Silbermedaille. Es war dasselbe Jahr, in dem auch
Rudolf Diesel seine Auszeichnung für den Dieselmotor
bekam.

unten: Der erste Saurer-Lkw, 1903.

ganz unten: Saurer-Werk in Arbon, Schweiz. Es gab drei
Saurer-Fabriken – neben dem Stammwerk im schweize-
rischen Arbon und dem Werk in Lindau auch noch eine
Niederlassung im französischen Suresnes, einem Vorort
von Paris. Hier sollten später auch Werke von Latil und
Renault/Saviem entstehen, beides Firmen, die mit der
MAN-Nutzfahrzeuggeschichte noch in Berührung kom-
men sollten.

MAN LASTWAGEN WERKE

SAURER

M·A·N
-SAURER
NÜRNBERG

LVDWIG·
HOHLWEIN
MÜNCHEN

links: Werbung von 1916.

rechte Seite: Das erste Lkw- und Omnibus-Lieferprogramm des noch jungen Unternehmens, 1915. Beeindruckend ist die Bandbreite an Branchenfahrzeugen und Spezialaufbauten, die auf lediglich zwei Chassisgrundtypen basierten.

Lastwagenwerke
M·A·N·SAURER

Lastwagen für 2 Tonnen Nutzlast.

Lastwagen für 3 Tonnen Nutzlast.

Lastwagen für 4 und 5 Tonnen Nutzlast.

Langholz-Lastzug.

10 Tonnen-Lastzug.

Wagen mit Seitenkippvorrichtung.

Wagen mit Hinterkippvorrichtung.

Lastwagenwerke
M·A·N·SAURER

Omnibuszug.

Großstadt-Omnibus.

Benzintank-Wagen.

Straßensprengwagen.

Drehleiter-Wagen.

Feuerspritzen-Wagen.

Krankenwagen.

Fäkalienwagen.

Nürnberg **Lindau** i. B.

Nürnberg **Lindau** i. B.

Gab es M.A.N.-Busse schon 1911?

Es gibt das Gerücht, die M.A.N. habe bereits 1911 Omnibusse gebaut. Das stimmt sogar zum Teil. Das Foto unten zeigt einen Saurer-Omnibus mit 18 Sitzplätzen, der im fränkischen Überlandverkehr eingesetzt wurde. Der Aufbau der Personenkabinen kam damals tatsächlich von der M.A.N. und zwar vom Eisenbahnwaggonbau.

Es muss jedoch klar differenziert werden, dass die M.A.N. bei dem Auftrag von 1911 lediglich als Aufbauhersteller für die Königlich Bayerische Post arbeitete, indem sie die Saurer-Chassis karosserte. Die M.A.N. agierte allerdings (noch) nicht als selbstständiger Nutzfahrzeughersteller.

Auf jeden Fall konnte die M.A.N. mit dem Auftrag einen wichtigen Großkunden gewinnen, ab 1916 lieferte sie weitere Post-Omnibusse, diesmal der Marke M.A.N.-Saurer. In den 1920er Jahren wurde die M.A.N. schließlich zum Hauptlieferanten der Reichspost in Bayern.

Das Bild ist auch in anderer Hinsicht interessant: Wir wissen nun, dass seit spätestens 1911 ein Geschäftskontakt zwischen Saurer und der M.A.N. bestand, der schließlich in der Gründung der Nutzfahrzeugsparte mündete.

Im Auftrag der Post

Bei den Omnibussen waren es vor allem die Reichspost und die städtischen Verkehrsbetriebe, die von den LWW 2, 2,5, 3 und 3,5 t-Kardannutzfahrzeuge kauften. Die jahrzehntelange Erfahrung im Waggonbau erklärt, dass die ersten Personenabteile der Omnibusse von der M.A.N. modifizierte Eisenbahnwaggons waren.

Rund um den Tegernsee

Weit verbreitet waren die Überlandbusse, die neben Reisenden auch die Post transportierten. Dieser Bus fuhr zwischen den Ortschaften rund um den Tegern- und Schliersee. Es gab dieses Modell in zwei Ausführungen: in einfacher Bestuhlung oder mit einem Interieur in »Luxusausführung«. Die Busse boten 18 bis 21 Sitzplätze und waren mit zwei Postfächern im Fahrzeugheck sowie unter dem »Führersitz«, wie es damals hieß, ausgestattet.

Heeres-Lkw, 1916

Im Ersten Weltkrieg wurden die deutschen Militärbehörden zum entscheidenden Großkunden. Ihre Bestellungen hatten Priorität. Das Foto wurde vermutlich im Immobilen Kraftwagen Depot Nr. 6, einem Sammelpunkt in München, aufgenommen.

4 bis 5 t-M.A.N.-Saurer
Militärkolonne von M.A.N.-Saurer-Ketten-Lkw im Jahr 1917.

Frauen in der Produktion

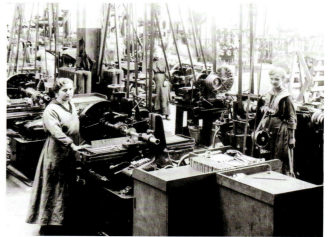

Frauen in der Produktion

oben: Frauen in der Nürnberger Gießerei und Formerei, 1916.

rechts oben: Motorenproduktion, 1918.

rechts: Blechschweißerin im Werk München, 1956.

ganz rechts: Einblick in die Produktion im Werk München in den 1960er Jahren.

Gleich nach dem Start der Lkw-Produktion 1915 begannen den Werken die Arbeitskräfte auszugehen. Je mehr Männer zum Wehrdienst an die Kriegsfront einberufen wurden, desto weniger konnten in den Produktionshallen eingesetzt werden. Um das Arbeitspensum trotz allem bewältigen zu können, kamen damals zwei neue Mitarbeitergruppen zum Einsatz: Zwangsarbeiter und Frauen. Während des Ersten Weltkrieges wurden in den M.A.N.-Werken Nürnberg, Augsburg und Gustavsburg Kriegsgefangene in der Produktion eingesetzt. In Nürnberg wurden Ende 1915 zunächst 27 Kriegsgefangene beschäftigt. Ihre Zahl stieg im Gesamtkonzern bis zum Ende des Krieges auf 772 Personen an. Rund die Hälfte der Kriegsgefangenen kamen aus Frankreich, zahlreiche aus Russland, aber auch einige aus Belgien und ein halbes Dutzend aus England. Ihre Entlohnung entsprach der der deutschen Arbeiter, allerdings wurden ihnen die Kosten für Unterkunft und Verpflegung sowie für ihre Bewachung abgezogen.

Frauen in der Produktion. Neben Kriegsgefangenen wurden auch verstärkt Frauen eingestellt. Bis zum Ausbruch des Krieges fanden Frauen bei der M.A.N. entweder als kaufmännische Angestellte oder als ungelernte Hilfskraft, z.B. als Reinigungskraft oder Kantinenhilfe, eine Anstellung. Im Januar 1915 wurden die ersten 118 Arbeiterinnen im Werk Nürnberg für die Produktion eingestellt. Sie arbeiteten vor allem in der Massen- und Serienfabrikation, fanden an Bohrmaschinen, Automaten, Revolver- und Drehbänken einen Arbeitsplatz und leisteten auch bei der Produktion von Zündern und Granaten ihren Beitrag.

Im Werk Augsburg führte der Mangel an männlichen Arbeitskräften bereits im Dezember 1914 zur Einstellung der ersten 15 Arbeiterinnen – ein absolutes Novum. In den weiteren Kriegsjahren nahm der Beschäftigungsanteil an Frauen erheblich zu und erreichte im September 1917 einen Höchststand von 3.695 Arbeiterinnen. Diese Entwicklung hatte Einfluss auf die gesamte Produktion der M.A.N. und betraf auch die Lkw-Fertigung. Beim Lastwagenbau leisteten Frauen als Formerinnen, Kranfahrerinnen, Hilfsschlosserinnen oder Sattlerinnen einen wertvollen Beitrag zu der frühen Nutzfahrzeugproduktion. Die Arbeitszeit lag damals zwischen 54 und 60 Stunden pro Woche, je nach Werk und Abteilung.

Nach dem Kriegsende sank die Frauenquote in der Produktion wieder stark. Erst in den 1950er Jahren wurden aufgrund des Arbeitskräftemangels während des deutschen Wirtschaftswunders wieder vermehrt Frauen in der Produktion eingestellt. Im Jahr 2014 waren bei der MAN Truck & Bus AG in Deutschland 1.708 Frauen beschäftigt. In Führungspositionen waren 39 Frauen, z.B. die Spartenleiterin Anna Bentkowska in der Lkw-Montage im Werk Steyr.

Angestellte in der MTB-Zentrale.

Die Loslösung 1918–1923

Nach dem Ersten Weltkrieg und dem Ende des Joint Ventures mit Saurer entfiel der Name Saurer aus der Unternehmensbezeichnung. Zunächst wurde er aus den Geschäftspapieren und Prospekten entfernt und ab dem 21. Januar 1921 auch vom Kühlergrill und der Rahmenkennzeichnung der Nutzfahrzeuge. Dieser Entzug der Markenrechte führte unter anderem dazu, dass der Name nachträglich aus Fotografien entfernt werden musste. Er wurde mit schwarzer Tinte übermalt oder mit einer Nadel ausgekratzt. Für das Ausscheiden aus den LWW zahlte die M.A.N. an Saurer 1,2 Mio. Mark im Geschäftsjahr 1917/18 sowie bis 1925 jährlich fünf Prozent des Jahresgewinns aus dem Lastwagenvertrieb. Der Umsatz der LWW belief sich im Jahr 1918 auf 12 Mio. Mark bei einem Gewinn von 1,5 Mio. Mark – eine aus heutiger Sicht stattliche Rendite.

Als im Juli 1921 der Lastwagenbau ins Werk Nürnberg eingegliedert wurde, zahlte die M.A.N. an Saurer nochmals eine Abfindung in Millionenhöhe. Von nun an bestand zwischen den beiden Unternehmen ein reines Lizenzverhältnis. Damit bekam die M.A.N. endlich den ersehnten Handlungsfreiraum in der Fahrzeugentwicklung, im Einkauf, in der Produktion von Komponenten und im Vertrieb. Es war folglich

eine technisch attraktive und finanziell lukrative Loslösung für beide Seiten.

Direkt nach dem Krieg produzierte die M.A.N. ca. 30 bis 40 Fahrzeuge pro Monat. Doch dann traf die Wirtschaftskrise auch die Lkw-Fertigung. In den Jahren 1919 und 1920 halbierten sich die Lkw-Zahlen auf 199 Stück pro Jahr. Große Bestände an Lkw aus dem Krieg blockierten den Absatzmarkt zusätzlich, denn tausende überflüssige Heereswagen wurden billig versteigert.

Doch die LWW blieben nicht untätig. Sie vergrößerten ihre Verkaufsorganisation erheblich. Mit Ein- bis Zweijahresverträgen wurden nahezu flächendeckend externe Verkaufsagenten geworben.

Parallel dazu wurde der Lastwagenbau neu organisiert. Um auch die anderen Abteilungen im Werk Nürnberg auszulasten, konzentrierte sich die LWW in Nürnberg auf die Ausstattungen der Fahrzeuge, außerdem übernahm die M.A.N. auch den Aufbau der Nutzfahrzeuge und erwarb sich dabei schon früh eine große Kompetenz. Ausgeliefert wurden beispielsweise viele auf ihren jeweiligen Einsatzzweck abgestimmte Kommunalfahrzeuge: als Müll- oder Straßensprengwagen, und nicht zuletzt als Löschzüge für die städtischen Feuerwehren.

Das Lizenzabkommen mit Saurer regelte und regulierte auch den Länder-Vertrieb und Export von Lkw und Bussen. Die LWW sahen sich Anfang 1920 gezwungen, dies in aller Deutlichkeit ihrer Vertriebsmannschaft ins Gedächtnis zu rufen und auch klar den Weiterverkauf einzugrenzen: »Der angegebene Preis ist nur für das Inland bestimmt. Dem Käufer steht kein Recht zu, das Fahrzeug nach dem Auslande zu verkaufen.« Der Vertrieb musste sich auf den deutschen Markt konzentrieren. Ausnahmen waren Luxemburg, Schweden, Dänemark und Norwegen, später kamen Chile, Persien und Kolumbien hinzu – alles Länder, in die Saurer nicht lieferte. Für die inländischen Verkäufer gab es damals eine Provision von 5 bis 7,5 Prozent vom Nutzfahrzeugpreis je nach Absatzzahl sowie 15 Prozent Prämie für Ersatzteile. Eine Ausnahme bildete hier die Bereifung aufgrund der schlecht zu kalkulierenden und nur unregelmäßig verfügbaren Gummireifen. Ab 1920 fokussierte

ganz oben: Nach der Trennung von Sauer verschwand der Namenszug von den Lkw. In älteren Fotografien wurde er nachträglich geschwärzt.

oben: 1920 übernahm die Gutehoffnungshütte die Aktienmehrheit des M.A.N.-Konzerns.

rechte Seite, von oben nach unten:
Um Unklarheiten der Verkaufsgebiete auszuschließen, erhielt jeder Verkäufer eine handgezeichnete Karte des eigenen Gebiets, hier das Verkaufsgebiet Coburg, 1920.
Lkw für den kommunalen Einsatz, Straßensprengwagen.
Der neue Fahrzeugmotor Typ 1060, Foto von 1922.

sich die M.A.N./LWW auf die Umstellung von Vollgummi- auf Luftbereifung sowie die Verwendung von elektrischen Licht- und Anlasserkomponenten. Der Saurer-AM-Motor (Ottomotor) wurde von der M.A.N. ebenfalls weiterentwickelt. Es entstand ab 1921 ein neuer 4-Zylinder-Motor mit 45 bis 50 PS, der Modelltyp 1060 A.

Neuer Hauptaktionär. Im Dezember 1920 übernahm die Gutehoffnungshütte (GHH) die Aktienmehrheit des M.A.N.-Konzerns. Dort war Generaldirektor Paul Reusch der starke Mann im Vorstand. Für die M.A.N. hatte dies zwei entscheidende Vorteile: Zum einen hatte man jetzt wieder die finanzielle Stärke, um die Wirtschaftskrise zu überstehen, zum anderen sicherte die GHH einen direkten Zugang zur Kohle- und Eisenerzförderung in den Ruhrgebieten, was zur Zeit der französischen Reparationsforderungen sehr wichtig war. Die neuen Unternehmensverhältnisse zeigten sich auch im internen Schriftverkehr, in den 1920er Jahren wurden so manche M.A.N.-Vorstandsprotokolle und Direktorenbriefe von nun an mit »Glück auf« unterschrieben.

In dieser Zeit kam es zu vielen Veränderungen und Neuerungen für die M.A.N. Kurz nach der Übernahme trat Ende 1920 der Geheime Baurat und Reichsrat Anton von Rieppel nach 44 Jahren Arbeit in den Ruhestand. Mitte 1921 wurde auch die gemeinsame Gesellschaft mit Saurer formal aufgelöst und in das M.A.N.-Werk Nürnberg als Technische Abteilung integriert. Man sprach auch vom Technischen Büro Lastwagenbau. Die Kurzbezeichnung LWW entfiel. Von diesem Zeitpunkt an entwickelte die M.A.N. eigene Konstruktionen und begann mit der Planung für die Produktionserweiterung der Lkw- und Omnibus-Typen.

Auch die Exportbegrenzungen lockerten sich, von nun an war die M.A.N. berechtigt, in die ganze Welt, mit Ausnahme von Österreich und Ungarn, der Schweiz und Spanien, Nutzfahrzeuge zu liefern.

Als zusätzliche Leistung bot die M.A.N. ab 1923 die Ausbildung beziehungsweise Schulung zum Kraftwagenführer an. Der Nutzfahrzeugkäufer konnte einen Fahrer seiner Wahl zur M.A.N. nach Nürnberg entsenden, der dort bis zu vier Wochen lang in die Technik,

Pflege und Handhabung des Fahrzeugs eingewiesen wurde. Die Fahrerschulung war eine gute Möglichkeit, die Kundennähe zu pflegen. Somit begannen im Grunde vor 90 Jahren die Serviceleistungen von MAN Solutions und dem heutigen MAN ProfiDrive®.

Im Motorenbau brachte die M.A.N. in diesem Jahr die Entwicklung des Dieselmotors mit Direkteinspritzung zum Erfolg. Im Jahr darauf wurde das Aggregat der Öffentlichkeit vorgestellt (siehe S. 47). Parallel dazu konstruierte das Unternehmen selbst zwei neue Benzinmotoren, einen 4- und einen 6-Zylinder mit 45 und 55 PS.

Hyperinflation. Erschwert wurde die Entwicklung allerdings durch die gewaltige Inflation. Eine neue Werkzeugmaschine kostete 1921 bereits drei Mio. Mark und die Preise stiegen weiter. Die sogenannte Hyperinflation des Jahres 1923 brachte weitere wahnwitzige Preissteigerungen. Bis Januar 1923 waren die Preise für einen 4 bis 5 t-Lkw auf 21 Mio. Mark gestiegen und verdoppelten sich innerhalb eines Monats. Noch im Mai 1919 hatte ein 2 t-Lkw 24.750 Mark gekostet, ein 3 t-Lkw 27.500 Mark und ein 4 bis 5 t-Lkw 29.800 Mark.

Eine wirtschaftliche Verbesserung setzte mit der Einführung der Rentenmark, später Reichsmark (RM) genannt, ein, die die alte Währung ablöste. Das schlug sich auch in den monatlichen Bilanzbüchern nieder: Während im Dezember 1923 eine Zwischensumme von 186 Brd. Mark für den Monat November verrechnet wurde (genauer: 186.498.224.274.128.372 Mark), belief sich die vergleichbare monatliche Buchungsposition im Februar 1924 nur noch auf 162.000 RM.

Ab Ende 1923 zog der Lkw-Absatz wieder an und lag bei einer Lieferzeit von acht bis zehn Wochen pro Fahrzeug. 1924 stieg die Lieferzeit sogar auf bis zu drei Monate an.

Die Geschäftsbeziehungen zu Saurer wurden 1925 noch einmal aufgefrischt: Die M.A.N. erzielte eine Verlängerung der Lizenznahme für den Bau von Saurer-Lastwagen, und im Gegenzug erwarb Saurer eine Lizenz von der M.A.N. für Nutzfahrzeug-Dieselmotoren. Die gemeinsamen Geschäftsbeziehungen endeten schließlich 1931 mit einer finalen Abfindung von 100.000 RM an Saurer.

oben: Feuerwehrwagen mit einsatzbereiter Besatzung, 1921.
rechts: Milchtransporter, ca. 1920.

rechte Seite, unten: Die Hohlwein-Werbungen für die M.A.N. gehören heute zu den Ikonen der Werbegrafik.

Vierkant-M.A.N.

1920 entwarf der Münchner Professor Ludwig Hohlwein, einer der bedeutendsten Plakatkünstler des 20. Jahrhunderts, ein neues Firmenzeichen für die M.A.N. Die drei Firmenbuchstaben blieben, ergänzt wurden diese mit jeweils drei dazwischenliegenden Rauten beziehungsweise Vierkantschrauben als Symbol einer Maschinenfabrik (rechts oben). Diese drei Vierkantschraubenköpfe standen vermutlich ursprünglich für die drei Standorte der Werke in Gustavsburg, Nürnberg und Augsburg, bis sie zu einem Quader Anfang der 1930er Jahre zusammengezogen wurden, um dem Logo grafisch mehr Eindringlichkeit und Geschlossenheit zu verleihen. Zu dieser Zeit konnte man einen Lkw im Wesentlichen mit nur einem Vier- und einem Sechskantschraubenschlüssel auseinander- und wieder zusammenbauen.

Lohn und Arbeit im Nutzfahrzeugbau 1915–1923

In den ersten Jahren der industriellen Produktion in Deutschland hatten es die Mitarbeiter nicht leicht: schwere Arbeit, lange Arbeitszeiten, keine Absicherung bei Krankheit und im Alter. Mit den staatlichen Sozialversicherungen ab 1883 verbesserte sich die Situation ein wenig. Auch in den folgenden Jahrzehnten wurden immer mehr Erleichterungen erkämpft. So brachte beispielsweise der Abschluss des Kollektivabkommens von 1919, eine Art früher Tarifvertrag, die erste Urlaubsregelung bei der M.A.N. Künftig hatten die Arbeiter nach Ende des ersten Dienstjahres Anrecht auf drei Tage bezahlten Urlaub. Im Abkommen heißt es: »Die Gewerkschaften werden als berufene Vertretung der Arbeiterschaft anerkannt ... Die Arbeitsbedingungen für alle Arbeiter und Arbeiterinnen sind entsprechend den Verhältnissen des betreffenden Gewerbes durch Kollektivvereinbarung mit den Berufsvereinigungen der Arbeitnehmer festzusetzen.« Diese Vereinbarung legte einen wichtigen Grundstein für die späteren Tarifverträge in der bayerischen Metallindustrie, für die die Gewerkschaften zum Verhandlungspartner der Arbeitgeber wurden. Im Geschäftsbericht von 1921 wurde von Rieppel rückblickend vom Aufsichtsrat explizit für »seinen Weitblick in der Ausgestaltung der Beziehungen zwischen Arbeitgebern und Arbeitnehmern« gelobt. In dieser Zeit arbeiteten bereits knapp 900 Mitarbeiter in der Lkw- und Busproduktion.

Die neue Vereinbarung war eine deutliche Verbesserung gegenüber der vorherigen Regelung, die seit 1910 gültig gewesen war und Arbeitern erst nach Vollendung des 35. Lebensjahres und nach zehn Dienstjahren drei Tage Urlaub, nach 15 Jahren vier Tage und nach 25 Jahren sechs Tage bot. Mitte des 19. Jahrhunderts ging es, wie bei anderen Unternehmen auch, noch deutlich strenger zu. In einer Arbeitsordnung von 1844 wurde definiert, dass 20 Minuten nach Schichtbeginn die Fabriktore geschlossen werden. Wer mehr als zwei Mal zu spät zur Arbeit kam, dem drohte Lohnabzug und eine Anzeige bei der Polizei.

Bei Saurer betrug die Arbeitszeit 57 Stunden pro Woche, als Kaution behielt die Betriebsleitung grundsätzlich den Lohn von vier Arbeitstagen ein und bei Vergehen drohten den Arbeitern Ohrfeigen oder Rauswurf – eine durchaus gängige Praxis in diesen Jahren.

Nicht alle Erleichterungen wurden vom Unternehmen freiwillig gewährt. Nach 1919 erstritt sich die Belegschaft weitere Verbesserungen. Die Arbeitskämpfe und Streiks bei der M.A.N. betrafen vor allem politische Einflussnahme, Lohnforderungen und die Arbeitszeiten. Sie spitzten sich 1921 zu und gipfelten schließlich 1922 in einem werksübergreifenden Streik. So legte die Belegschaft in Augsburg im März die Arbeit nieder und die Nürnberger Werker bezeugten ihre Sympathie und Solidarität. Die Werksleitung reagierte wenig später mit Aussperrungen. Es kam zu einem monatelangen Arbeitskampf, der erst am 26. Mai endete. Das Schiedsergebnis erbrachte für die Arbeiter eine 46-Stunden-Woche, weitere Arbeit musste fortan als Überstunden bezahlt werden.

Alles Milliardäre. Während 1918 der durchschnittliche Stundenlohn bei 1,20 Mark lag, stieg er bis November 1923 auf unglaubliche 767 Mrd. Mark an. Das war nicht den erfolgreichen Arbeitskämpfen geschuldet, sondern der Inflation. Sie führte im September 1923 auch dazu, dass der bisherige Akkordlohn von Geld- auf Zeitarbeitskonten im Minutentakt umgestellt werden musste. Von nun an wurde gestempelt.

Vorreiter war hier das Werk Augsburg. Wie der Lohn ausbezahlt wurde, variierte von Werk zu Werk. In Nürnberg gab es zumeist jeden Samstag die Lohntüte und in Augsburg alle 14 Tage. Als die 14-tägige Lohnzahlung in Gustavsburg an den wöchentlichen Turnus angeglichen werden sollte, erklärte Anton von Rieppel: »Die Lohnzahlungen werden wir auf Samstagmittag nach Schluss der Arbeit verlegen, weil hier die Erfahrung gemacht wurde, daß bei der Auszahlung am Freitag der Besuch der Wirtshäuser durch unsere Arbeiter an diesem Tag ein übergroßer war. Bei Auszahlung am Samstagmittag dürfte zweifelslos das verdiente Geld den Hausfrauen eher zur Verfügung gestellt werden.« Diese Regelung galt in Nürnberg seit 1909.

In der Zeit der Hyperinflation wurde es notwendig, bis zu zwölf Mal im Monat Löhne und Gehälter zu zahlen, um die Kaufkraft einigermaßen zu gewährleisten. Trotzdem gehörte es zu den alltäglichen und erschreckenden Bildern dieser Zeit, dass Ehefrauen an den Werkstoren warteten, um den Lohn von ihren Männern gleich nach Schichtende in die Hand gedrückt zu bekommen, um damit so schnell wie möglich zum nächsten Händler zu laufen. Am nächsten Morgen war das Geld nur noch einen Bruchteil des Vortages wert. Die Not war dementsprechend groß. Dies führte zu einem Anstieg der Diebstähle von Werkzeugen in den Werken und gipfelte darin, dass sogar die Kupferdrahtleitungen, die die Maschinen mit elektrischem Strom versorgten, in den Produktionshallen der M.A.N. ausgegraben und auf dem Schwarzmarkt verkauft wurden. Besonders auffällig ist, dass Anfang der 1920er Jahre mehr Lehrlinge als jemals zuvor oder danach wegen Diebstahls aus der M.A.N. entlassen wurden.

Lkw-Produktion in Nürnberg

Als Mitte 1921 die Nutzfahrzeugproduktion auch formal ins Werk Nürnberg eingegliedert wurde, übernahm Otto Gertung die Leitung für den Verkauf und Egon Buchler wurde der neue Bereichsdirektor. Beide waren von Anfang an Geschäftsführer der LWW gewesen.

Die Nutzfahrzeugabteilung erhielt eigene Kürzel: Tl für Konstruktion, Ausführung und Leitung, Tv für den Verkauf, W1 für den Betrieb, und die kaufmännischen Abteilungen Lb und Le wurden in Kb (Buchhaltung) und Ke (Export) umbenannt. Diese Bezeichnungen blieben in den Grundzügen bis zur Gründung des neuen Werks in München 1955 erhalten.

Die prozentuale Aufteilung der Arbeitszeit an dem gesamten Herstellungsaufwand pro Lkw belief sich 1922 auf 5 Prozent für den Rahmen, 30 Prozent für den Motor, 25 Prozent für das Getriebe, 20 Prozent für den Hinterradantrieb, 10 Prozent für den Lenkstock sowie jeweils 5 Prozent für die Vorderachse und das Schaltbrett. Diese Arbeit wurde ausgeführt von 651 Arbeitern, 231 Angestellten und 11 Lehrlingen sowie 3 Praktikanten (Stand Mai 1921). Bis 1928 stieg die Belegschaftszahl im Kraftwagenbau auf 770 Mann an.

Die in Augsburg begonnene Fahrzeugdieselmotorenfertigung wurde wegen des steigenden Bedarfs der Lastwagenabteilung Ende 1924 nach Nürnberg verlegt, wo sie heute noch beheimatet ist.

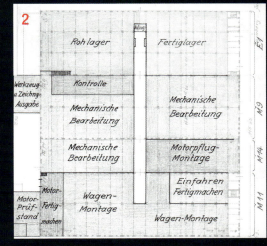

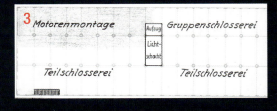

(1) Der Lkw-, Omnibus- und Traktorenbau war zentral im Werk Nürnberg platziert. Es sind die rot schraffierten Flächen im Nürnberger Werksplan von 1923. Blau markiert sind Erweiterungsflächen.

(2 + 3) Erdgeschossplan der Kraftwagenproduktion 1921 im Werk Nürnberg. Die gesamte Fertigung erfolgte in den Hallen M11, M14, M9 und E1. Hinzu kamen über der Halle E1 noch weitere Räumlichkeiten im Obergeschoss, wo die Schlossereien und die Motorenmontage untergebracht waren.

(4 + 5) Blick in die Produktionshallen, 1924 und heute.

3 t-Kardanwagen, 1921

Die Papierhandlung Müller unterhielt damals zwei
Geschäfte in Nürnberg.

Die M.A.N. in Finnland

M.A.N.-Lkw im Einsatz der obersten finnischen Behörde für Straßen- und Wasserbau, 1921.

Die Bereifung spielte in der Nutzfahrzeugentwicklung des frühen 20. Jahrhunderts eine wichtige und schwierige Rolle. Wenn ein voll beladener 5 t-Schwertransporter über das Kopfsteinpflaster der Hauptstraße ins Dorf rumpelte, liefen alle Anwohner zusammen. Es muss sehr laut gewesen sein und die Erschütterungen durch die ungefederten Holz-, Eisen- oder Vollgummireifen sind heute nicht mehr vorstellbar.

Eines der großen Probleme waren die Schäden, die die Lkw mit ihrer Hart- und Vollgummibereifung auf Eisenrädern und Holzspeichen an Straßen und durch die Vibrationen auch an Häusern anrichteten. Ab 1920 fokussierte sich die M.A.N./LWW auf die Umstellung von Vollgummi auf Luftbereifung. Ab 1921 gab es sie zunächst nur für die leichten 2 bis 3 t-Lkw. Ab Mitte 1924 bot die M.A.N. Conti-Elastik-Reifen und Fulda-Riesenluftreifen auch für eine breitere Fahrzeugpalette an. Es gab sie einzeln zu kaufen oder in einem ganzen Satz, der als »Garnitur« bezeichnet wurde und mit 1.100 bis 1.800 RM rund zehn Prozent des Gesamtpreises eines Lkw ausmachte.

Anfang der 1920er Jahre war das Rennen gemacht: Der Luftreifen hatte sich durchgesetzt. Zuvor gab es für die Bereifung so manchen konstruktiven Verbesserungsvorschlag, aber auch viele Ideen, die nicht dauerhaft funktionierten, seien es Ummantelungen mit Eisen-, Stahlfedern, Tauen oder sogar Papier.

Die Fotos dieser Seite sind dem Bildarchiv von Büssing entliehen. Die Firma Büssing zählt zu den Pionieren in der Entwicklung des Luftreifens. Das Unternehmen hatte bereits zwischen 1906 und 1907 mit Continental erste Prototypen entwickelt, die sogenannten Pneumatiks.

ganz oben: Büssing-Luftreifen von 1907.

ganz oben rechts: Gefedertes Rad von Büssing.

oben: Hier sieht man die Testergebnisse eines Reifens, dessen Lauffläche aus einem dicken Seil bestand.

oben rechts: Continental Cord-Luftreifen eines M.A.N.-Lkw beim Aufpumpen, 1922.

links: Reifenwechsel eines Holzrades mit Vollgummibereifung, 1922.

unten: Eine der ersten Güterverkehrsgesellschaften, die regelmäßig Material von Hamburg nach Lübeck transportierte, musste die Tour nach kurzer Zeit einstellen, weil am Wegesrand die Häuser in den Dörfern und Vororten der Städte aufgrund der immensen Erschütterungen einstürzten. Die 65-Kilometer-Strecke wurde 1913 auf Holzrädern mit Eisenbereifung in sieben bis acht Stunden zurückgelegt.

Lok auf Truck

Welche Lasten die frühen Lkw bereits zu transportieren
imstande waren, verdeutlicht dieses Bild. Ein 5 t-Lkw
von Büssing transportierte um 1910 zwei Schmalspur-
bahn-Loks. Lärm und Schäden am Kopfsteinpflaster und
durch die Erschütterungen auch an den Häusern waren
unumgänglich.

Und trotzdem steht das Mädchen unten rechts im
Bild ganz ruhig da, fasziniert von der Kamera oder dem
Fotografen. Ihre herumlaufenden Geschwister sind nur
als verwischte »Gespenster« abgebildet. Vermutlich hatte
der Büssing Typ V unterwegs nachgetankt, das Benzin und
den Spiritus kaufte man damals noch in einer Apotheke
oder Drogerie.

M.A.N.-Busse mit Luftreifen

diese Seite: Anfang der 1920er Jahre kam der Trend auf,
Ausflüge mit dem Bus zu machen. Die Luftbereifung
war ganz neu und verbesserte durch die Federung den
Fahrkomfort erheblich. Zur Sicherheit wurden seitlich
noch zwei Reserveschläuche mitgeführt. Hier ein Reichs-
post-Bus in Sachsen, 1922.

rechte Seite: Linienbus in Nürnberg, 1922.

2

Niederrahmen-Omnibus mit einer fahrgastfreundlichen, niedrigen Einstiegshöhe, Luftreifen und elektrischem Anlasser.

Eigene Wege ab 1924

Deutsche Automobilausstellung Berlin 1924

Vom 10. bis 18. Dezember 1924 fand in Berlin die Deutsche Automobilausstellung statt. Hier trat die M.A.N. selbstbewusst auf und präsentierte vier Produktneuheiten, die die weitere technische Entwicklung des Nutzfahrzeugbaus über Jahrzehnte prägen sollten. Die bedeutendste Neuerung war ein Dieselmotor mit Direkteinspritzung. Zwei Exemplare wurden vorgestellt: Ein Motor stand als aufgeständertes Exponat auf dem M.A.N.-Stand (Nr. 447 in der Ausstellungshalle II), der zweite – verbaut in einem Lkw – wurde Besuchern und Kunden auf den Straßen Berlins neun Tage lang vorgeführt. Die »VDI nachrichten« urteilten: »Im Bereich der Maschinen für Lastkraftwagen und der damit zusammenhängenden Brennstoff-Frage stellte wohl der kompressorlose Dieselmotor der M.A.N. ... die wichtigste Neuerung dar, die überhaupt auf der Ausstellung geboten wurde.«

Dieselmotor. Der neue Dieselmotor mit Direkteinspritzung erzielte eine Einsparung der Betriebskosten von 75 Prozent gegenüber gewöhnlichen Benzinern. Die Betriebskosten wurden damit zu einem wichtigen Verkaufsargument, mit dem gegenüber herkömmlichen Vergasermotoren aktiv im Preisvergleich geworben wurde. Wirtschaftlichkeit und Effizienz standen damals wie heute im Fokus der M.A.N.-Nutzfahrzeugentwicklung. Der neue Dieselmotor war so innovativ und erfolgreich, dass die anderen drei Produktneuerungen auf dem Messestand fast gänzlich aus dem Blickfeld der Öffentlichkeit verdrängt beziehungsweise von diesem überlagert wurden.

Der erste eigenständige Omnibus. Dabei war die zweite Produktneuheit kaum weniger bedeutend für die Geschichte der M.A.N.-Nutzfahrzeugsparte, denn sie markiert den Beginn einer eigenständigen Omnibus-Entwicklung. Das Unternehmen stellte einen Omnibus in Tiefbauweise mit Niederrahmen und gekröpfter Hinterachse vor. Der Bus basierte auf einem 3,5 t-Kardan-Lkw-Fahrgestell. Die Konstruktion ging auf Egon Buchler zurück. Zur Sonderausstattung zählten die Umrüstung von mechanischer auf elektrische Signalhornanlage und beleuchtete Fahrtrichtungsanzeiger, sogenannte Winker. Auf der nächsten Deutschen Automobilausstellung 1925 in Berlin wurde dieser tiefergelegte Kraftomnibus für Fahrvorführungen verwendet.

Der Kraftkarren. Die dritte Neuvorstellung 1924 war der sogenannte M.A.N.-Kraftkarren, ein batteriebetriebenes Kleinfahrzeug mit einer Nutzlast von 1,5 t. In der Werbung wurde betont, es könne mit einer Batterieladung bis zu 50 Nettotonnenkilometer zurücklegen. Der Kraftkarren war zugleich der Ausgangspunkt der Entwicklung alternativer Antriebskonzepte bei der M.A.N. Mit ihm begann die kommerzielle Elektrofahrzeug-Produktion bei der M.A.N. Weitere Informationen zu alternativen Antriebskonzepten für Nutzfahrzeuge bei der MAN folgen in Kapitel 11.

Kardanantrieb. Das vierte neue Produkt war ein 5 t-Lkw mit Kardanantrieb. Damit war die M.A.N. der erste Hersteller in Deutschland, der einen so schweren Lkw mit Kardanantrieb im Programm hatte. Der neue Lkw-Typ war erfolgreich und sorgte dafür, dass ab 1925 die Produktion der 5 t-Kettenwagen zugunsten des Kardanantriebs massiv zurückgefahren wurde. Verkauft wurde das erste Exemplar übrigens bereits im Juli 1924, ein halbes Jahr vor der Messe. Es wurde als Brauereiwagen eingesetzt. Nach der Messe ging die Entwicklung Schlag auf Schlag weiter: Seit Ende 1925 wurde das für Omnibusse entwickelte Niederrahmenfahrgestell auch für Lastwagen angeboten, z. B. für Möbeltransporter. Im gleichen Jahr brachte die M.A.N. auch den ersten Omnibus mit Dieselmotor auf den Markt – eine Europa-Premiere. Die ersten fünf Omnibusse mit Dieselmotor und Direkteinspritzung wurden an die städtischen Verkehrsbetriebe im sächsischen Freiberg ausgeliefert. Schnell folgten weitere Aufträge von der Reichspost und auch aus anderen Städten, vor allem aus München, Augsburg und Nürnberg. In diesen Städten wurden übrigens bereits ab November 1924 drei Versuchsdieselmotoren in Postomnibussen getestet.

Als sich die Zuverlässigkeit und Sparsamkeit des Dieselmotors bei Nutzfahrzeugen bewährt hatte, ging die M.A.N. dazu über, die eigenen Verkaufsbüros in Deutschland von 7 auf 15 auszubauen. Parallel fing der Konzern damit an, die kleinen Dieselmotoren auch für Schienen-, Eisenbahntriebwagen, Kleinbahn-Lokomotiven und Drehkräne sowie für Motorboote und Fähren anzubieten. Aus der ersten 10er-Großserie wurden die Dieselmotoren Nr. 4 und 5 als Hilfsmotor für eine russische Diesellokomotive und als Antrieb für ein Polizeiboot im Juli 1925 verkauft. Damit begann das externe Fahrzeugdieselmotorengeschäft.

Ende 1925 wurde Otto Meyer von GHH-Konzernchef Paul Reusch zum neuen technischen Leiter des Werks Nürnberg ernannt. Er prägte bis in die 1950er Jahre entscheidend die Entwicklung der Nutzfahrzeuge.

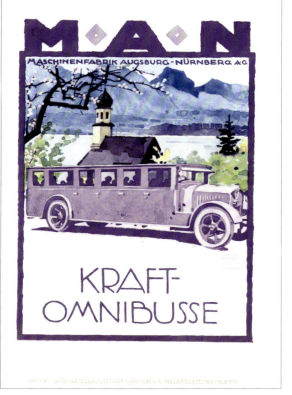

oben: Plakat für die Deutsche Automobilausstellung 1924.

oben rechts: Werbung für den neuen M.A.N.-Omnibus in Niederrahmenbauweise.

rechts: Messestand der M.A.N. auf der Deutschen Automobilausstellung 1924 in Berlin.

Der erste Diesel-Lkw mit Direkteinspritzung der Welt

Auf der Automobilausstellung in Berlin 1924 präsentierte die M.A.N. den ersten Nutzfahrzeug-Dieselmotor mit Direkteinspritzung. Bevor es aber soweit war, musste der Motor zahlreiche Belastungsproben bestehen. Zuerst wurde er in einen Versuchs-Lkw eingebaut.

Die Fotografien links und rechts zeigen das Testfahrzeug am 12. März 1924 auf dem Werksgelände in Augsburg. Der 4 t-Ketten-Lkw trägt das Nummernschild »IIZ 2049«, die ersten beiden Ziffern weisen ihn als Fahrzeug aus dem Land Bayern aus, das »Z« steht für den Kreis Schwaben. Es ist ein Nummernschild aus dem schwäbischen Augsburg, weil im dortigen M.A.N.-Werk die großen und kleinen Dieselmotoren gebaut wurden. Es ist Frühjahr, der Hof schlammig und kalt. Die Motorhaube steht offen, vermutlich wurde der neue Dieselmotor gerade noch mal inspiziert oder gewartet, denn im Anschluss wurde der Lkw nach Nürnberg überführt. Für die 150 km benötigten die Ingenieure Sturm und Wiebicke fünfeinhalb Stunden. Auf der Ladefläche hinten stand der ursprünglich eingebaute Benzinvergaser als Ersatzmotor. Gebraucht wurde er aber nicht, denn der neue Dieselmotor lief während der gesamten Fahrt einwandfrei. In Nürnberg wurde das Aggregat dann aus- und in einen neuen 3 t-Kardanwagen eingebaut. Der 3 t-Kardanwagen legte dann mit seinem neuen Motor rund 2.500 km an Versuchsfahrten rund um Nürnberg zurück. Ein weiterer Motor wurde in einem Motorpflug getestet.

Als im Dezember 1924 der Lkw mit Dieselmotor zur Automobilausstellung geschickt wurde, fuhr der M.A.N.-Ingenieur Sturm selbst mit dem Wagen in zwei Tagen nach Berlin. Auch auf dieser langen Fahrt gab es keine Pannen, von ein paar verdreckten Ventilen einmal abgesehen.

Das M.A.N.-Diesel-Messemodell

Auf der Messe 1924 wurde der Dieselantrieb auf den Straßen Berlins neun Tage lang vorgeführt – das neugierige Publikum und die Fachpresse fuhren bei Ingenieur Sturm oder bei Fahrmeister Wittmann mit und waren begeistert. Wittmann war übrigens einer der ersten Fahrlehrer in Nürnberg. Schon im Ersten Weltkrieg hatte er als Feldwebel die ersten M.A.N.-Saurer-4 t-Heeres-Lkw von Lindau aus in die militärischen Sammeldepots überführt. Bis 1955 arbeitete er als Fahrmeister für die M.A.N.

>>Ich habe immer noch die feste Überzeugung, daß auch der Automobilmotor kommen wird und dann betrachte ich meine Lebensaufgabe als beendet.<<
– Rudolf Diesel, 1913

Diesel im Omnibuseinsatz

Der erste Omnibus mit Dieselmotor ging an die Reichspost. Es war ein 2,5 t-Kardan-Lkw, der ab Herbst 1925 auf der Kraftpostlinie Nürnberg–Schwand im Einsatz war (oben).

Diesel im Lkw-Einsatz

rechts: Einer der ersten verkauften Diesel-Lkw der M.A.N. wurde 1925 an die Aktienbrauerei zum Hasen in Augsburg ausgeliefert. Der Wagen hatte die Diesel-Nr. »128170« und die Motorkennzeichnung »23957«. In der Brauerei blieb der Fünftonner bis 1942 im Dauereinsatz und wurde erst durch einen Fliegerangriff zerstört. Diese ersten Dieselfahrzeuge waren im Grunde immer noch M.A.N.-Saurer-Kardan- oder -Kettentypen, die sich seit 1915 äußerlich kaum verändert hatten. Das Innovative steckte unter der Haube.

Fünftonner mit Kardanantrieb, 1924

1924 brachte die M.A.N. nach zweijähriger Entwicklungs-
arbeit einen 5 t-Lkw mit Kardanantrieb auf den Markt.
Dieser wurde zunächst im Brauereibetrieb und im
Langholztransport eingesetzt. Es handelte sich um den
ersten von der M.A.N. selbst konstruierten beziehungsweise von Grund auf überarbeiteten Nutzfahrzeugtyp
überhaupt. Die M.A.N. konzentrierte sich somit von Anfang an auf die Optimierung der schweren Lkw-Reihe.

5 to laro

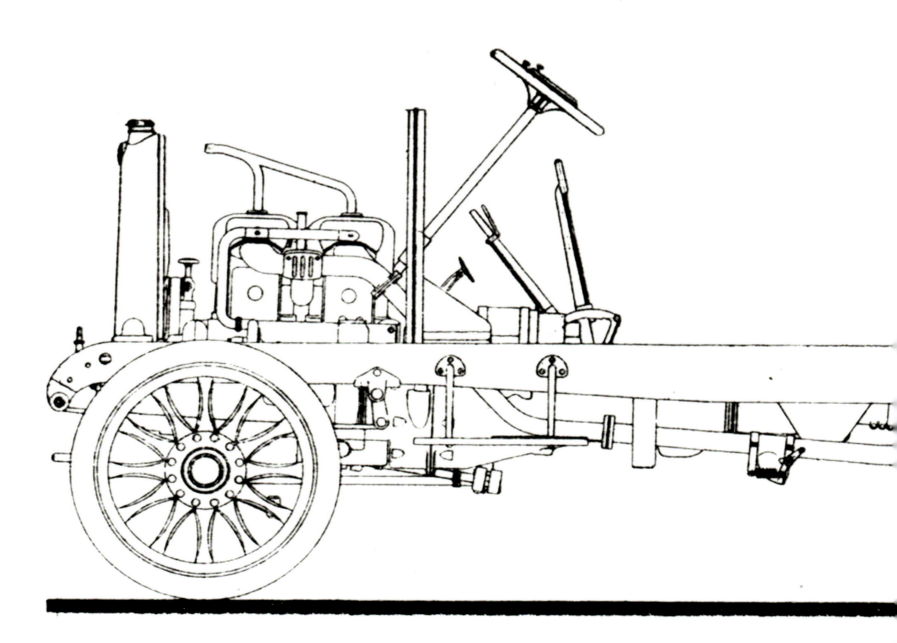

w Wagen

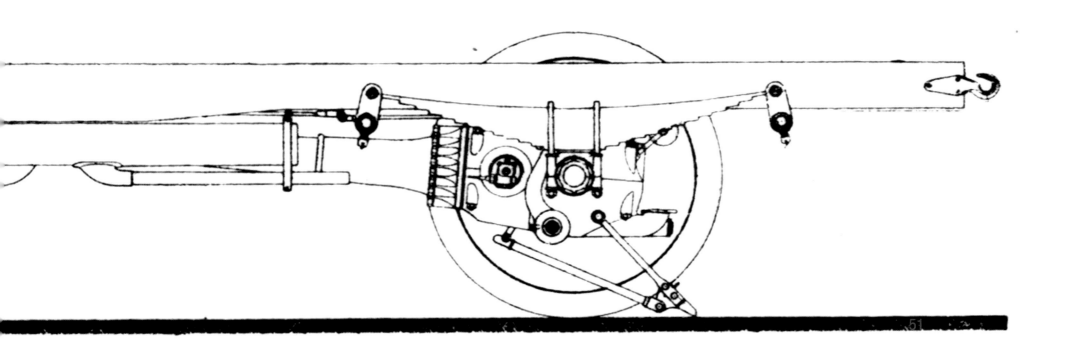

Von Exoten, Eintagsfliegen und Branchenvorreitern

Mitte der 1920er Jahre entstanden auch eine ganze Reihe von exotischen Spezialwagen, wie z. B. frühe Cabrio-Busse als Polizei-Mannschaftstransporter mit Anhänger (1), mit einem sogenannten amerikanischen Allwetterverdeck für den Ausflugs- und Reiseverkehr in den Alpen (2), Turmwagen für die Wartung von Oberleitungen und Straßenbahnen (3), und auch sogenannte Rohrbruchwagen (4), letzterer bereits aus dem Jahr 1920. Bemerkenswert ist nicht allein die Bezeichnung oder die ungewöhnliche Fahrerhausform des Lkw, sondern die mitgedachte Funktion als mobiler Arbeitsplatz. Im Prospekt von 1921 heißt es dazu: »Der Rohrbruchwagen besteht in seinem Aufbau im wesentlichen aus 3 Teilen: dem Führersitz, dem dahinter liegenden geschlossenen Raum für den Rohrbruchmeister, der darin die erforderlichen Pläne mitführt und sich während der Fahrt zur Bruchstelle über deren Lagen unterrichten kann, und dem rückwärtigen Teil für Mannschaften und Geräte.«

Den ersten Drehkipper präsentierte die M.A.N. im September 1921 auf der Berliner »Internationale Automobil- und Motorradausstellung« (5). Im Katalog heißt es: »Der M.A.N.-Drehkipper wird für eine Nutzlast bis 5.000 kg gebaut. Mittels einer vom Motor angetriebenen Vorrichtung wird dann die Ladebrücke gekippt, sodaß sie ganz nach den örtlichen Verhältnissen nach rückwärts, nach jeder der beiden Seiten oder in einer dazwischen liegenden Stellung entladen werden kann. Die Bedienung erfolgt beim Drehen wie beim Kippen vom Führersitz aus, ohne daß der Führer seinen Sitz zu verlassen braucht.«

Bierlaster – »Durschtlöscher«

links oben: 4 bis 5 t-Kettenwagen der Caspary Brauerei, Trier 1919.

links: Bierlaster der Brauerei Roth mit Werbung für Champagner-Weizenbier Edelweiss, 1927.

ganz oben: Hofbräu-Bierlaster 630 vor dem Hofbräuhaus in München, 1956.

oben: 16.256 F von Hacker-Pschorr auf dem Oktoberfest, 1976.

rechte Seite: TGX 26.480 von der Augustiner-Brauerei, 2014 (Foto: Max Kratzer).

»Ich mache wiederholt darauf aufmerksam, dass das Biertrinken auf den Büros verboten ist.«
— Heinrich Büssing, 1921

Der KVB und die Neuentwicklung der Schwerlast- und Fernverkehrsmodelle ab 1925

1925 entwickelte die M.A.N. ihren ersten komplett eigenen Lkw-Typ, den KVB, benannt nach dem Großauftraggeber – der Kraftverkehrsgesellschaft Bayern. Es gab den Fünftonner zunächst in 4-Zylinder-Ausführung mit Benzin- (50, 58 oder 65 PS) oder Dieselmotor (45 PS). Der KVB wurde mit 1.600 gebauten Fahrzeugen der erfolgreichste M.A.N.-Lkw der 1920er Jahre. Produziert wurde er sogar bis 1933. Er begründete den Ruf des Unternehmens als Hersteller schwerer Lkw von guter Qualität und Zuverlässigkeit. Der KVB unterscheidet sich im Vergleich zu den vorherigen M.A.N.-Saurer-Modellen auf den ersten Blick durch eine gerade und kantige Motorhaube. Das Modell wurde 1926 um eine 6-Zylinder-Variante erweitert. Damit wurde ein Unterscheidungsmerkmal notwendig und die M.A.N. führte zum ersten Mal eine Typenbezeichnung ein. Es gab nun den 5 KVB/4 und den 5 KVB/6. Die erste Zahl gab die Nutzlast, die letzte die Zylinderzahl an. Der KVB war der erste M.A.N.-Lkw, für den auch die neue Luftbereifung flächendeckend angeboten wurde.

Ab 1926/27 war auch die neue M.A.N.-Hinterachse serienreif. Ihr besonderes Merkmal war, dass die Tragachse und die Antriebswellen voneinander getrennt waren und dadurch die Achse von Schub- und Bremskräften entlastet wurde. Die Achse gab es zunächst für den KVB-Lkw und den sogenannten NON-Bus. Ab 1927 rüstete die M.A.N. ihre Fahrzeuge endgültig von Holz- auf Stahlgussräder um. Ab 1930 mussten schließlich laut Straßengesetz alle leichten Lkw auf Luftbereifung umgestellt werden.

Im Anschluss an den KVB entwickelte die M.A.N. mehrere Fahrzeugtypen, die als Urahnen der noch heute produzierten Lkw und Busse gelten können. Mit dem S1H6 entstand 1926 der erste Dreiachser der M.A.N. Der Lkw wurde 1928 auf der Leipziger Messe präsentiert und hatte zu dem Zeitpunkt noch einen 100 PS-Benziner. Er ist der Ausgangspunkt aller späteren Schwerlast-Lkw des Unternehmens und damit z.B. Vorgänger eines 38.320 DFAT 6×6, eines 48.700 VFAS 8×8 oder des TGX D38 35.560 8×4. Der S1H6 war für die M.A.N. ein Imageträger, der sich aber nur schlecht verkaufte. Erhältlich war der Dreiachser ab 1930. Berühmt wurde er etwas später mit dem großen Dieselmotor D 4086 als stärkster Diesel-Lkw der Welt.

Busse. Mit dem NOB und NOG gingen kurz darauf zwei Niederrahmen-Omnibusmodelle in Serie. Die NO-Reihe prägte das Produktprogramm der M.A.N.-Omnibusse bis Anfang der 1930er Jahre. Der Omnibustyp NOB/4 ging dabei auf den M.A.N.-Saurer-Kardanwagentyp zurück, während der NOB/6 auf dem Fahrgestell des 5 KVB/6-Lkw-Typs aufbaute und mit einem D 2086 Motor fuhr. Die Unterscheidung nach 4- oder 6-Zylinder-Baureihen galt auch für die Fahrgestelle der NON/4-, NOG/4- und NON/6-Modelle – Bezeichnungen für Busvarianten mit unterschiedlichen Fahrzeuglängen.

F1H6-Fernverkehr. Mit dem F1H6 brachte die M.A.N. einen Lkw auf den Markt, der zum ersten Mal speziell für den Fernverkehr ausgelegt war. Der F1H6 ist der Urvater aller MAN-Fernlaster. Er begründete einen Baureihentyp, der sich über den F8 und F90 bis zum TGX EfficientLine als spezialisierte Straßensattelzugmaschine für den Fernverkehr weiterentwickeln sollte. Die Abkürzung steht für Fernverkehr (F), erste Serie (1), hoher Rahmen (H), 6-Zylinder-Motor (6).

Ab 1931 bot die M.A.N. Schlafkabinen für Lkw im Ferntransport an. Als Alternative standen anfangs auch Segeltuchhängematten für 30 RM, eine umklappbare Rückenlehne für 90 RM oder eine Schlafgelegenheit für 180 RM unter dem geteilten Führersitz zur Verfügung. Letztere durfte nur bei »stillstehendem Wagen!« zur Pause genutzt werden, wie es im Prospekt heißt. Zum Stillstand kam der F1 über drei Bremsen. Er hatte eine Fuß-, eine Motor- und eine Handbremse. Der F1 wurde zum meistverkauften 5 t-Diesel-Lkw in Deutschland und wurde erst 1934 von seinem Nachfolgemodell F2 abgelöst.

Es gab den F1 auch in einer Niederrahmenausführung als F1N6, die vor allem für Spezial- und Möbeltransporte geeignet war. Besonders häufig wurde das niedrige Fahrgestell aber bei Omnibussen verbaut. Das Modell F1N6 löste die NOB- und NON-Bustypen ab.

Die durchschnittliche Jahresproduktion zwischen 1925 und 1929 belief sich auf 600 bis 800 Lkw und Busse. Zum Vergleich: In den Jahren von 1915 bis 1924 sind es im jährlichen Durchschnitt »nur« 200 bis 250 Nutzfahrzeuge gewesen.

»Lass mich mal ans Steuer«

Die frühen Nutzfahrzeuge waren alle Rechtslenker, da Kutscher auf Pferdewagen traditionell rechts saßen. Die Pedale waren zu diesem Zeitpunkt noch übersichtlich mit einem Buchstaben für Kupplung (K), Bremse (B) und Gas (G) markiert (unten).

Mit dem 5 KVB/6 von 1926 wanderte das Lenkrad zum ersten Mal von der rechten auf die linke Seite.

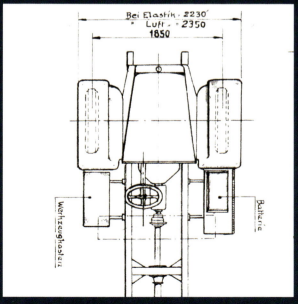

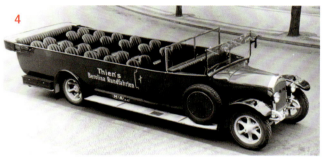

(1) M.A.N.-Verkaufsniederlassung in Düsseldorf, 1931. Davor steht ein S1H6-Müllwagen der Stadt, der Aufbau kam von der Firma Bauer aus Köln.

(2) F1N6 vor dem Berliner Dom, 1927.

(3) F1H6, 1930.

(4) NOG/4, 1927.

(5) 5 KVB/4 mit eckiger Motorhaube, 1928. Die Buchstaben »M.A.N.« waren nun auf der Fahrzeugfront oberhalb des Kühlergitters eingeprägt und lösten das vorherige Jugendstillogo ab.

KVB-Holztransporter im Allgäu
Man beachte den Bremser auf dem Anhänger.

S1H6

Mit dem S1H6 entwickelte die M.A.N. im Jahr 1926 ihren ersten Dreiachser. Die Abkürzung steht für Sechsradwagen (S), erste Serie (1), Hochrahmen (H) mit 6-Zylinder-Motor (6). Es gab den Dreiachser auch in einer Niederrahmenausführung als S1N6. Hier ein Größenvergleich zwischen einem S1H6 und einem BMW Dixi.

J. Hammel
MÜNCHEN

60

61

Jahreswechsel 1927/28: ein 5 KVB/4, ein M.A.N.-Ingenieur, ein Beifahrer und ein großes Abenteuer: 1.850 km in 26 Tagen, im Winter durch die Wüste und über den Paitalpass, von Beirut bis nach Teheran – und das haben sie erlebt: Am 22. Dezember 1927 traf der Nürnberger M.A.N.-Ingenieur Zacher per Schiff in Beirut ein. Entladen wurde ein 5 KVB/4, ein wie ihn die Einheimischen nannten »Camion Aleman«. Gemeinsam mit nur einem Beifahrer, dem arabischen Hilfschauffeur Abbas Ali Salim, begann Zacher seine Überführungsfahrt durch den Libanon und die syrische Wüste ohne Karten und mit nur einem Kompass, über Passhöhen auf bis zu 1.550 Höhenmeter, an Damaskus vorbei über bis zu 70 cm tiefe Schlaglöcher hinweg und dann quer durch Persien. Unterwegs wurden zahlreiche Araber, Beduinen-Reiter und unzählige Kamelkarawanen überholt. Manchmal wurde dabei auch der Lkw aus Deutschland mit Steinen beworfen, meist wurden sie aber freundlich begrüßt. »Es ist Wüstengesetz, dass sich alle einander begegnenden Fahrzeuge im Bedarfsfall bedingungslos helfen. Ich kurierte in diesem Fall den arabischen Beifahrer, der über heftiges Unwohlsein klagte, mit einem kräftigen Schluck Rizinusöl – ich erhielt dafür Datteln und guten Tabak und dazu Allas Segen.« (Tagebucheintrag 4. Januar 1928)

Bei solchen Treffen wurden auch die wichtigsten Nachrichten überbracht. Zu seiner Freude erfuhr Zacher bei der Rizinuskur beispielsweise, dass in Bagdad zuletzt kein Regen mehr gefallen sei und auch die Cholera wieder zurückgehe. Nur mit kurzen Pausen und ein paar Stunden Schlaf jede Nacht fuhren sie durch die Wüste über Sand und Steine. Diese Belastung bekamen auch die Vollgummireifen zu spüren: bis zu 37 cm lange Querschnitte schlitzten die Steine in das Gummi. Bei der Fahrt durch die Wüste orientierten sich die zwei an den Rauchsäulen vorausfahrender Fahrzeuge und an Fußspuren. Doch all zu oft verwehte der Wind alle Spuren. Dann gaben nur noch die Kamelkadaver rechts und links der Piste eine Orientierung. Der

Reise durch die Wüste

Wagen geriet auf der Fahrt beim Überqueren der Sanddünen ein halbes Dutzend mal in Schräglage bis zu 45° und kippte beinahe um. Nachts war es bitterkalt, doch tagsüber war die Hitze so groß, dass sich Fahrer und Beifahrer angefeuchtete Taschentücher vor das Gesicht banden. Durch zwei Wadi ging es in den Irak. Dort begegnete ihnen ein rauchender und klappernder 3 t-Lancia. Der »Effendi Aleman« stieg aus seinem M.A.N., schaute unter die Motorhaube des Lancia. Kühlerrohrbruch. Er schenkte großzügig Trinkwasser an die vier Passagiere des anderen Fahrzeugs aus und reparierte in einer knappen Stunde den Schaden zur Bewunderung aller Reisenden.

In der kommenden Nacht wurden sie von fackelschwingenden Beduinen angehalten. Sie sollten Wasser heraus geben und zwar einen großen Ziegenschlauch voll. Erst wurde gefeilscht, dann wurde Zacher ins Zelt des Scheichs geladen. Dort redete er mit Händen und Füßen, man kam sich näher – anscheinend waren die Deutschen ein gern gesehenes Völkchen, und dieser Aleman-Fahrer sei ein »großer, mächtiger und guter Mann« sagte der Scheich, während er immer wieder hinauf zum Mond zeigte, um seine Worte zu unterstreichen. Zacher trank zehn Tassen »Beduinenkaffee«, dann fuhr er mit seinem Begleiter weiter in Richtung Euphrat.

Am 7. Januar verschlechterte sich das Wetter, die Pisten versanken im Schlamm. Zacher musste Holzbohlen unter den Lkw schieben, den Lkw mehrmals ausgraben und machte sich zu Fuß kilometerweit auf die Suche nach einer Ausweichroute. An diesem Tag schoben Zacher und Abbas Ali Salim 75mal Bohlen unter den KVB, trotzdem legten sie 128 km zurück und erreichten die Oase Kamadi. Bei Fallujah überquerten sie den Euphrat auf einer Pontonbrücke aus zusammengenagelten Holzstücken, die mit Ziegenfellen bespannt waren und über die wiederum Strohmatten gelegt wurden. Zum Überfahren musste der M.A.N.-Lkw vorher entladen werden, gut vier Tonnen per Hand und alles einzeln über die wackelige Brücke getragen, was allein 2,5 Stunden dauerte. Erst dann fuhr der Lkw über die Brücke. Plötzlich gaben in der Mitte die Planken nach, Zacher setzte alles auf eine Karte, gab Vollgas und schaffte es gerade noch auf die andere Seite des Flusses. Zwei Sekunden später brach die Brücke in sich zusammen. Abbas Ali Salim streichelte den M.A.N.-Lkw liebevoll und sagte dem Effendi Aleman: »Mit dir fahre ich bis ans Ende der Welt«. Soweit wollten sie aber gar nicht. Die nächste Etappe war nur noch 55 km entfernt: Bagdad. Doch dann ging ein Wolkenbruch über der Wüste nieder und auf einem Dünenkamm kam der Fünftonner ins Rutschen und bleibt in einem Graben im Schlamm stecken. Nur mit Schneeketten kriegten sie den KVB nach über vier Stunden Schöpfen und Graben wieder frei. Weiter ging es, aber sehr langsam: 7 km in 6,5 Stunden. Es hörte nicht auf zu regnen und der Lkw schob eine Schlammwelle vor sich her. Erst um acht Uhr abends erreichten sie Bagdad. Hier wurden sie vom deutschen Konsul herzlich empfangen. Auf dem Tacho standen bisher 980 km. Es war das erste Mal, dass ein vollgummibereifter Fünftonner im Winter die lange Strecke von Beirut nach Bagdad quer durch die Wüste fuhr.

Die nächste Etappe konnte nur per Zug zurückgelegt werden, denn über viele Täler führten nur Eisenbahnbrücken. Dafür nahm der Nürnberger Ingenieur unterwegs zwei weitere Deutsche mit. Einer von ihnen sprach fließend Persisch. Während der Zugfahrt bekam Zacher Malariaanfälle. Doch als der M.A.N.-Lkw am 13. Januar wieder entladen wurde, setzte er sich trotz Fieber hinters Steuer. Die Laune sank weiter als er erfuhr, dass die Bahn seine Ausrüstung separat berechnet und eine kräftige Nachzahlung fordert.

So stand er mit zittrigen Knien, nur noch neunzig Litern Benzin und lediglich zwei englischen Pfund in der Tasche am Bahnhof. Auch der Proviant war aufgebraucht. Am Abend übernachtete er in einer Karawanserei. Am nächsten Morgen musste er sich entscheiden: Entweder gab er sein letztes Geld für Kühlwasser aus oder er kaufte Chinin gegen die Fieberattacken. Da lieh ihm ein anderer Reisender zwei Pfund. Damit wurde Treibstoff und Medizin gekauft, für Proviant reichte es aber nicht mehr.

Die anschließende Fahrt führte hoch auf den Paitalpass, über Serpentinen, bis zu 22 Prozent Steigung auf bis zu 2.000 m. Es schneite! Um neun Uhr abends war der Bergkamm erreicht und jetzt ging es in Haarnadelkurven bergab. Die Tour wurde gefährlich. Kein anderes Fahrzeug war unterwegs. Plötzlich stand ein großer Braunbär auf der Straße, der aber schnell das Weite suchte. Als das Schneetreiben immer heftiger wurde, musste immer einer der Reisenden mit der Laterne vorausgehen. Mehr als Schrittgeschwindigkeit war nicht mehr drin. Im Scheinwerferkegel tauchte ein Rudel Wölfe auf, die aber Gott sei Dank nicht angriffen. Um zwei Uhr nachts wurde Kermanschah nach einer Tagesetappe von 192 km erreicht. Am folgenden Tag ging es über den nächsten Pass, diesmal bis auf 2.350 m. Fast kamen sie von der Straße ab und stürzten 600 m tief in den Abgrund. Dann folgte mit dem Momian-Pass der nächste Höhenzug. Am 19. Januar musste Zacher Reparaturen durchführen, bevor sie endlich in Teheran ankamen. Am Ziel angekommen, stellte er den M.A.N.-Fünftonner in einer Garage ab. Wenig später strömten andere Fahrer und Interessierte aus aller Herren Länder herbei, um sich den Lkw anzuschauen. Trotz aller Widrigkeiten legte der Effendi Aleman auf seiner Fahrt von Beirut nach Teheran in 26 Tagen rund 1.850 km zurück und stellte damit einen Rekord für schwere Lkw auf.

Vor Ort wurde der zuverlässige M.A.N. 5 KVB/4 Lkw verkauft. Unter Leitung des M.A.N.-Ingenieurs Zacher entstand die erste eigene Auslandsverkaufsstelle in der persischen Hauptstadt Teheran. Etwas später kam eine Garage und eine Werkstatt mit Ersatzteillager hinzu und binnen weniger Jahre wurden Dutzende von M.A.N.-Lkw dort verkauft.

Das Ergebnis des Abenteuers sieht man auf dem Bild: 1933 warteten vier M.A.N. KVB/4 an der Zollstation Qasr-e Schirin in Persien auf die Weiterfahrt: Ein Markt war erobert!

Quelle: Werkszeitung, Ausgabe Mai 1928 in vier Ausgaben.

Der Wochenend-Wagen

1929 präsentierte die M.A.N. auf der Berliner Automobilausstellung eine Besonderheit, den »Wochenend-Wagen«
auf NOB/6-Basis, eine frühe Form des Wohnmobils. Der
für die Reichsbahn-Gesellschaft Mitropa konstruierte
Omnibus hatte unter der Haube den neuen D 2086-100 PS-
6-Zylinder-Motor mit 12,2 l Hubraum und war damit bis zu
60 km/h schnell. Der Wochenend-Wagen enthielt neben
einem salonartigen Aufenthaltsraum auch Schlafabteile,
eine Küche mit Kochfeldern und elektrischem Kühlschrank und sogar einen Waschraum mit »Brausebad«.

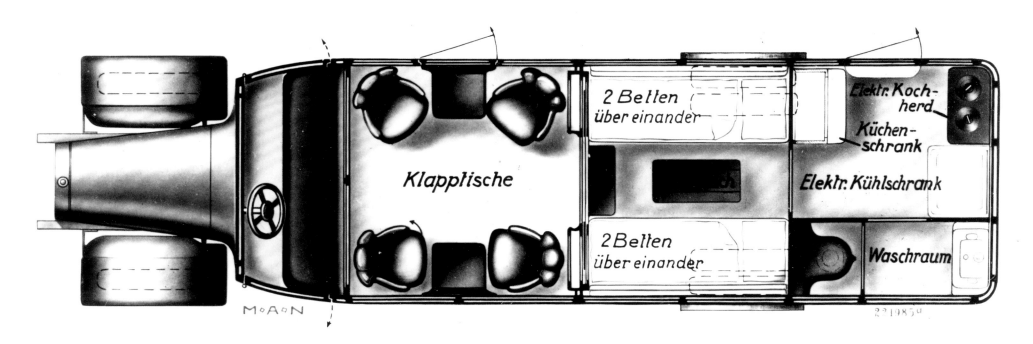

Klapptische

2 Betten über einander

2 Betten über einander

Elektr. Koch- herd

Küchen- schrank

Elektr. Kühlschrank

Waschraum

M·A·N

Busbau

Durch den Waggonbau bei der M.A.N. waren sehr gute
Voraussetzungen für die Herstellung kompletter Omni-
bus-Karosserien gegeben, die zunächst mit Holzgerippe
und später in Blech- und Stahlbauweise gefertigt wurden.
Ende der 1920er Jahre stellte die M.A.N. Omnibus-Aufbau-
ten in Gitterbauweise mit Stahlgerippe und Leichtmetall-
verkleidung her.

>>Das Geheimnis des Könnens ist das Wollen.<<

– Leitspruch von Otto Meyer

O-Bus

1930 entwickelte die M.A.N. einen ersten Oberleitungs-Omnibus für den städtischen Personentransport. Dieser wurde intern als Trolley-Bus und extern als Fahrdraht-Omnibus bezeichnet. Die Verkaufsbezeichnung der Oberleitungs-Omnibusse lautete S01, später MPE.

Die ersten Oberleitungs-Omnibusse basierten in ihrer Konstruktion auf dem S1N6-Modell, bauten auf dem 6×4 Chassis auf und waren mit ein oder zwei 38 kW-Siemens-Schuckert-Elektromotoren ausgestattet.

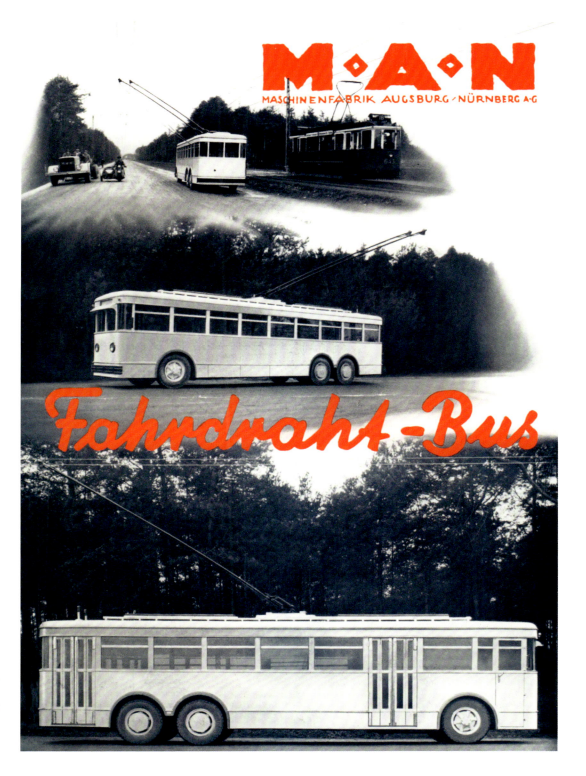

M.A.N.-Nutzfahrzeuge kurz vor dem Aus

1932 stellte die M.A.N. die Produktion von Lkw mit Ottomotoren ein, im täglichen Einsatz war der Dieselmotor zu überlegen. Von nun an konzentrierte sich das Unternehmen auf die Optimierung der innermotorischen Verbrennung des Dieselmotors und die Entwicklung des Abgasturboladers. Jetzt wurde auch der Schriftzug »DIESEL« auf dem Kühlergrill platziert und blieb dort bis 1981 stehen.

Anfang der 1930er Jahre übernahm die M.A.N. den Vertrieb von 2 t-Schnelllastwagen der Firma Ley, um ihre Produktpalette mit einem kleineren Modell zu ergänzen und sich dabei selbst auf die Entwicklung mittlerer und schwerer Lkw konzentrieren zu können. Dies war eine Strategie, die das Unternehmen in den 1960er, 1970er und 1980er Jahren erneut verfolgen sollte.

Die M.A.N. verstärkte ihren Nutzfahrzeugabsatz und begann, den Vertrieb auch auf internationalen Märkten immer weiter auszubauen. Dabei sah es 1932 für den Nutzfahrzeugbau der M.A.N. gar nicht gut aus. Trotz aller Vertriebsbemühungen konnten in dem Jahr nur 118 Lastwagen verkauft werden. Die Lkw-Produktion schrieb tiefrote Zahlen. Dies veranlasste Paul Reusch, Vorstandsvorsitzender der GHH, dem verantwortlichen Direktor in Nürnberg, Otto

Meyer, ein Ultimatum zu stellen. Binnen zwölf Monaten habe Meyer die Nutzfahrzeugproduktion wieder in den Gewinnbereich zu führen. Wenn ihm dies gelänge, bliebe die Lkw-Produktion erhalten und Reusch würde ein Essen ausgeben. Otto Meyer führte daraufhin die »Fließ-Fabrikation« ein. Als erstes wurde der Z1 mit der neuen Fließbandfertigung gebaut. Diese Produktionsverbesserung, verbunden mit der Einführung neuer Fahrzeugtypen, brachte den Lastwagenbau nicht nur aus den roten in die schwarzen Zahlen, sondern legte auch den Grundstein für den langfristigen wirtschaftlichen Erfolg der Nutzfahrzeugsparte.

1933 lieferte die M.A.N. wieder über 800 Lkw aus. Reusch und Meyer gingen im Nürnberger Grandhotel auf Kosten von Reusch Essen. Otto Meyer rettete nicht nur die M.A.N.-Lkw-Produktion, er war auch eine der wichtigsten Persönlichkeiten in der Geschichte des MAN-Konzerns. Eine besonders wichtige Neuerung für des gesamte Unternehmen war die Einführung der Betriebskommission. Hier trafen sich in regelmäßigen Abständen Führungskräfte über Abteilungs- und Werksgrenzen hinaus zu Arbeitstreffen, um die Organisation und Produktionsabläufe in den Werken zu optimieren. Dabei ging es um ganz konkrete Probleme und Lösungen. Alle sollten voneinander lernen und gemeinsam von neuen Ideen profitieren. Dieses offene Denken war 1933 ein absolutes Novum in der europäischen Industriekultur.

Otto Meyer modernisierte außerdem die Vertriebsstruktur von Grund auf. Bereits 1928 hatte er sich dafür eingesetzt, die althergebrachten Vertriebswege über externe Agenten zu reformieren. An ihre Stelle traten eigene Lastwagen-Verkaufs-Büros (LVB). Direktor Meyer forderte für diese LVBs mindestens je einen technischen und einen kaufmännischen Leiter, eine Schreibkraft und die Angliederung einer Reparaturwerkstatt mit Ersatzteillager. Sollte die Service-Leistung nicht selbst abgedeckt werden können, war der Service alternativ über eine Vertragswerkstatt vor Ort zu erfüllen. Vertrieb und Service gehörten für das Unternehmen also schon früh zusammen. M.A.N.-Lastwagen-Verkaufsbüros existierten in Deutschland 1928 in Barmen, Berlin, Bielefeld,

Breslau, Chemnitz, Dortmund, Dresden, Düsseldorf, Erfurt, Frankfurt, Hamburg, Hannover, Kassel, Köln, Leipzig, Magdeburg, Mannheim, München, Nürnberg und Stuttgart. Zu den ältesten LVBs zählen die Standorte Nürnberg, Berlin, München und Chemnitz, die schon vor den 1920er Jahren entstanden waren.

Ab 1929 gab es für die Verkäufer eine Provision von 75 RM für jeden abgeschlossenen Kaufvertrag und 50 RM Prämie, wenn an einem Vertragsabschluss maßgeblich mitgewirkt wurde. Für die Büroleiter der LVBs gab es eine jährliche Sonderprämie von je 150 bis 250 RM, wenn die vereinbarte Absatzquote von 800 Wagen in Deutschland um 25 oder sogar 50 Prozent überschritten wurde.

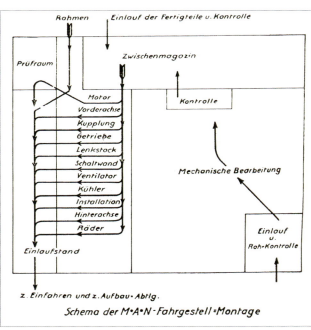

Schema der M·A·N·Fahrgestell=Montage

ganz oben: Blick in die Montagehalle mit der neuen Fließbandfertigung.
oben: Ablaufplan der Fließbandproduktion.

linke Seite:
oben: Von 1933 bis 1981 zierte der selbstbewusste Schriftzug »DIESEL« den Kühlergrill eines M.A.N.
unten: Otto Meyer (1882–1969) prägte ab 1925 die M.A.N., besonders die Nutzfahrzeugproduktion, und führte das Unternehmen erfolgreich durch zahlreiche Krisen.

100.000 km störungsfrei

Anfang der 1930er Jahre wurde der Fahrzeug-Dieselmotor dem Ottomotor ebenbürtig. Die M.A.N. stiftete eine Plakette, die ab 1933 an alle Fahrer nach 100.000 km störungsfreiem Betrieb verliehen wurde. Später war das Unternehmen gezwungen, die benötigte Kilometerzahl für die Plaketten zu erhöhen. Die Dieselmotoren liefen einfach »zu gut«.

Zu den ältesten Bierlastern der ersten Generation gehörte ein M.A.N.-45 PS-Lkw der Brauerei Bremme aus Wuppertal-Barmen. 1924 gekauft übernahm 1929 der Fahrer Paul Böhmer diesen Lkw. Er transportierte bis 1954 insgesamt 10 Mio. Liter Bier und legte 600.000 km zurück.

Im Bild unten verleiht Otto Meyer (mit Hut) 1957 die Medaille nach 300.000 störungsfreien Kilometern an einen MK 26.

Der S1H6, der stärkste Diesel-Lkw der Welt

1932 ging der S1H6 mit einem 140 PS-Dieselmotor auf Deutschlandtour und erreichte im Sommer Berlin. Ein Jahr später wurde der Lkw mit einem noch stärkeren Motor ausgestattet, diesmal mit 150 PS. Mit einem Werbeaufbau wurde der schwere Dreiachser landesweit beworben. Nicht nur der Motor war Hightech. Die M.A.N. setzte beispielsweise auch bei der Produktion des Rahmens auf neueste Technik. Darauf wies auch der Verkaufsprospekt hin: »Die Hauptachse der Hinterachse besteht aus Molybdän-Elektrostahlguss von hoher Festigkeit ... womit die Achsstummel aus hochvergütetem Chrom-Nickelstahl fest verbunden sind ... und die Seitenwellen werden durch geräuschlos arbeitende Schneckengetriebe angetrieben. Die Schnecken bestehen auch aus Chrom-Nickelstahl und die Schneckenräder aus hochwertiger Spezial Phosphorbronze.« Der Schneckenantrieb der beiden Hinterachsen erfolgte durch einen zentral gelagerten durchgehenden Wellenzug mit drei Differenzialen für einen geräuscharmen und schonenden Antrieb. Die Kraft wurde auf die Hinterräder durch wasser- und staubdicht gekapselte Stirnrad-Nebenantriebe übertragen. Für eine leicht zugängliche Wartung lagen die Bremsen außen.

Der S1H6 war ein Prestigeprodukt der M.A.N. Der Dreiachser wurde aber nur 44mal als Lkw verkauft, hinzu kamen lediglich 24 Busse. Die Hauptabnehmer waren in Sachsen zu finden, hier fuhren 26 dieser M.A.N.-Dreiachser im Raum Leipzig.

1932 – Die erste EfficientLine Tour Deutschlands …

… fand vor über 80 Jahren mit dem stärksten Diesel-Lkw der Welt statt, dem Dreiachser S1H6 mit 140 PS-Motor. Die Werbetour quer durch Deutschland begann in der zweiten Juniwoche 1932 und dauerte 60 Tage. Unterwegs wurde oft Station gemacht, die Stopps boten »allen wichtigen Interessenten, Fachleuten und der Presse Gelegenheit, sich persönlich von der Leistungsfähigkeit des Motors und den Fortschritten des Fahrzeugdieselbaues zu überzeugen« – wie es in einem Artikel der Werkszeitung heißt.

Die Tour führte von Nürnberg über München, Augsburg, Ulm, Stuttgart, Karlsruhe, Mannheim, Frankfurt, Mainz, Wiesbaden, Köln und Düsseldorf, von dort weiter nach Hannover, Hamburg, Berlin und Dresden. Der Lkw war leuchtend rot lackiert und nahm unterwegs sogar an der Kesselbergfahrt am Walchensee teil.

Die Fahrstrecke inklusive aller Probefahrten betrug am Ende 6.464 km mit 8.500 kg Nutzlast bei einem Verbrauch von 2.210 kg Gasöl und 60 kg Schmieröl. Daraus ergaben sich Betriebs-/Brennstoffkosten von 4,5 Pfennig pro Kilometer gegenüber 20,5 Pfennig bei Benzinbetrieb. Das Urteil lautete: »Ohne die geringste Störung bei stärkster Beanspruchung – größte Zuverlässigkeit!«

Die Presse schrieb: »Die Maschinenfabrik Augsburg-Nürnberg steht auf dem Gebiete des Dieselmotorbaues an der Spitze. Der Motor stellt ein kleines Wunder für sich dar …«

1955: Zu dritt ins Morgenland

Ein M.A.N.-Hauber, ein Frontlenker und ein Omnibus verließen in Kolonne im Oktober das Werk Nürnberg. Vor Serienanlauf sollte die 400er Baureihen mit Blick auf den steigenden Exportanteil unter anspruchsvollen klimatischen Verhältnissen intensiv erprobt werden. Es ging durch Österreich, Jugoslawien, Griechenland, die Türkei, den Iran und Irak, Jordanien, Palästina, den Libanon, Syrien und wieder zurück bis nach Nürnberg. Insgesamt wurden 16.000 km über raue Pisten zurückgelegt.

1960–61: Heiß und kalt

Im Winter 1960 ging ein M.A.N. 745 L1 auf Erprobungsfahrt in die Sahara. Er fuhr von Tripolis nach Süden quer durch die libysche Wüste. Knapp 2.400 km wurden in 166 Fahrstunden zurückgelegt, um die Belastbarkeit des M.A.N. unter extremen Hitzebedingungen zu testen.

Im Frühjahr 1961 absolvierten ein 635er und 770er L1-Lkw eine 6.000 km lange Test- und Werbetour durch Skandinavien. Sie begann in Helsinki und führte die Wagenkolonne durch Lappland bis zum Polarkreis, wo bis zu -25 °C herrschten.

1964: Bergsteiger

Um die neuen Nutzfahrzeugtypen zu testen, gingen ein M.A.N. 535 HO-R9 Reisebus, ein M.A.N. 10.212 Hauber-Kipper und ein 1580 DHK-Lkw auf eine Belastungstestfahrt hinauf zum Stilfser Joch. Die Gesamtstrecke betrug mehr als 1.000 km, ein Viertel davon steil bergauf. Mit 22 Personen samt Gepäck verbrauchte der M.A.N.-Reisebus im Schnitt nur 22,1 l/100 km (rechts).

1973: Autobahnchampion

Der mit Anhänger 38 t schwere 22.320 UNL Fernverkehrslastzug absolvierte einen Autobahnlangstreckentest von Hamburg nach München (1). Auf der Strecke von rund 750 km verbrauchte der mit 320 PS aufgeladene Unterflurmotor U12 DA nur rund 35 Liter auf 100 km. Die »Deutsche Verkehrszeitung« zeichnete daraufhin den M.A.N.-Büssing-Lkw als »Auto des Jahres 1972« aus.

1985: Europatour

Von einem belgischen Motorjournalisten ging die Initiative aus, zwei MAN-Fernverkehrs-Lkw in einem Langstreckentest zu vergleichen. Mit je 38 t Gesamtgewicht machten sich ein MAN 19.291 und ein 19.331 FLS auf eine dreitägige Vergleichsfahrt von Antwerpen nach Marseille und zurück. Bei einer Durchschnittsgeschwindigkeit von 77 km/h verbrauchten beide Lkw nahezu identisch knapp 32 l/100 km.

1988: Verbrauchsfahrt durch Spanien

Einen MAN 19.462 FS F90 mit seinem 460 PS 10-Zylinder-Motor und 18,3 Liter Hubraum nahm ein spanisches Team der Fachzeitschrift »Campus« mit auf eine ausgiebige Testfahrt durch Spanien (2). Das Urteil lautete: »Ein super Truck mit viel Power, die spontan zur Wirkung kommt und Komfort mit einfachem Handling und viel Sicherheit im Verkehr verbindet. Der Kraftstoffverbrauch von 42,8 l/100 km einschließlich Passüberquerung stellt bei einer Marschgeschwindigkeit von 63,3 km/h einen Spitzenwert in der 40-Tonnen-Sattelzugklasse dar.« Bei einer Testfahrt in Österreich über gut 400 km und bei 73 km/h Durchschnittsgeschwindigkeit lag der Dieselverbrauch des F90 bei bemerkenswerten 33,3 l/100 km.

1995: Rekord auf der Eco-Challenge Tour

Auf der MAN Eco-Challenge Tour vom schottischen Edinburgh bis ins süditalienische Bari verbrauchte der mit aerodynamischen Verkleidungen ausgerüstete und von geschulten Fahrern gelenkte F2000 lediglich 25,2 l/100 km – eine bis dahin nicht für möglich gehaltene Bestmarke für 40-Tonnen-Züge. Es war ein Verbrauchs-Weltrekord (3).

2000: 1.000 Meilen

Im Jahr 2000 folgte eine Testfahrt für und mit Journalisten durch Italien über eine Länge von 1.000 Meilen. Die Fahrt wurde »Mille Miglia« getauft. Sechs TGA mit 360, 410 oder 460 PS standen ab Verona den internationalen Journalisten zur Verfügung, die sich selbst hinter das Steuer setzten. Der Flottenverbrauch lag bei einer Durchschnittsgeschwindigkeit von 68,6 km/h bei 34,74 l/100 km (6).

2011: Start der MAN Consistently EfficientLine Tour

Drei MAN TGX Sattelzüge, darunter zwei MAN TGX EfficientLine, traten bei der einzigartigen Testfahrt quer durch Europa den Beweis dafür an, dass sich der Kraftstoffverbrauch im Fernverkehr um bis zu drei Liter je 100 km reduzieren lässt. Am 16. Mai 2011 starteten die drei Fahrzeuge zu einer Tour von über 10.000 km. Die Trucks machten an 20 MAN-Niederlassungen in zehn Ländern halt, wo MAN-Experten Journalisten, Kunden und Interessierte zum Thema Kraftstoffsparen betreuten. Die nächste EfficientLine Tour ging durch Russland, dann folgte eine weitere durch Südafrika. Und der Beweis wurde erbracht: Drei Liter Einsparung sind möglich. Die Effizienz wurde belohnt: Im selben Jahr wurde der MAN TGX EfficientLine zum »Green Truck« des Jahres gewählt. Die Effizienz sorgte auch für einen großen Verkaufserfolg: Nur zwei Jahre nach Markteinführung verließ das 10.000. Exemplar des MAN TGX EfficientLine die Produktionshallen. Innovative Technologien zur Reduzierung des Kraftstoffverbrauchs und der CO_2-Emissionen im Fernverkehr rechnen sich für alle Seiten (5).

2012: TGX EfficientLine in Fernost – sauber und effizient durch Südkoreas Fernverkehr

Unterwegs auf den viel befahrenen Expressways zwischen Seoul und Gwangyang zeigte der Effizienz-Champion, wie man den Transportboom wirtschaftlicher und sauberer machen kann. Im selben Jahr erhielt der TGX EfficientLine die Auszeichnung »Irish Truck of the Year 2012«. Die Begründung der Jury: Der MAN TGX EfficientLine erfüllte hervorragend die Erwartungen in punkto Design, Komfort und Wirtschaftlichkeit.

2014: Der TGX EfficientLine übertrifft sich selbst

Kurz bevor die MAN den neuen TGX EfficientLine 2 auf der Messe IAA 2014 präsentierte, wurden der Fernverkehrs-Lkw und sein Vorgängermodell auf eine 5.217 km lange, topografisch anspruchsvolle Vergleichsfahrt quer durch Europa geschickt. Die achttägige Tour, bei der über 31.000 Höhenmeter überwunden wurden, machte eines klar: Der neue MAN TGX EfficientLine 2 verbraucht so wenig Kraftstoff und fährt so umweltschonend wie nie zuvor.

Das Modell ist ausgestattet mit neuen Technologien zur Kraftstoffreduzierung wie dem D 26-Motor mit TopTorque Drehmomenterhöhung, dem GPS-gesteuerten Tempomat MAN EfficientCruise® sowie der MAN TipMatic® 2 mit neuen kraftstoffsparenden Getriebefunktionen. Der TGX EfficientLine 2 setzt damit neue Maßstäbe im Transportverkehr (4).

Effizienz- und Zuverlässigkeits-Touren bis 2014

Eine neue Feuerwehr für die GHH

Anfang der 1930er Jahre bekam die GHH ein neues
Feuerwehrlöschfahrzeug von der M.A.N. Kaum vorstell-
bar, dass nur zehn Jahre zuvor der Löschzug noch mit
Pferdekraft gezogen wurde, wie das Bild unten zeigt.

Zur Geschichte der Reparaturwerkstätten: der Aftersales-Service entsteht

Kunden, die 1916 einen LWW-Lkw erstanden und zur Wartung oder zu einer Reparatur mussten, waren gezwungen, entweder direkt ins Werk oder zu einer Vertragswerkstatt zu fahren. Weitere Ansprechpartner waren das Konstruktionsbüro und die Verkaufsabteilung im Werk beziehungsweise bei den LWW und bei Saurer. Ein M.A.N.-eigenes Servicenetz existierte damals nicht. Die erste Reparaturwerkstatt wurde 1917 auf dem Werksgelände in Nürnberg eingerichtet. Dies war notwendig, da die M.A.N. sich zunehmend auch auf Direktverkauf und Wartung einstellen musste. Parallel gab es eine ganze Reihe von Vertragswerkstätten und externen Verkaufspartnern. Die LWW übernahmen etwa Reparaturwerkstätten von Saurer in Berlin-Wilmersdorf. Die vormalige Saurer-Zweigniederlassung Berlin wurde in ein technisches Büro umgewandelt. Die Verkaufsbüros wurden nach Ende des Ersten Weltkrieges durch freie Vertreter, Agenten und Verkäufer auf Provisionsbasis unterstützt, etwa in Hamburg, Lübeck, Köln, Erfurt, Dortmund, Königsberg und Würzburg.

1920 wurde die erste eigene Reparaturwerkstatt außerhalb des Werksgeländes in München in der Türkenstraße 29 eröffnet und ein Ersatzteillager eingerichtet. Im selben Jahr ging von der Reparaturwerkstatt München die Initiative aus, die Kunden direkt vor Ort zu betreuen. Das Ziel war es, die Nutzfahrzeuge nicht erst zu einer Reparatur in die Werkstatt zu bringen, sondern durch fachkundige Inspektion, Wartung und Pflege beim Kunden, Schäden und Ausfallzeiten präventiv zu verhindern. Der Revisionsmeister reinigte zum Beispiel die Einspritzdüsen am Motor, justierte die Ventile nach und erstellte am Ende einen genauen Prüfbericht über den Fahrzeugzustand. Der Kunde konnte durch einen Abonnementzusatz von 50 RM pro Fahrzeug drei bis vier solcher Revisionsdienste pro Jahr buchen. Für jeden weiteren Lkw oder Bus gab es einen Nachlass von 10 RM. Der Revisionsdienst boomte insbesondere in den 1930er Jahren. Ende 1938 wurden bereits mehr als 2.400 Kundenfahrzeuge im Jahr betreut. So heißt es in einem Werbeprospekt aus jener Zeit: »Erhebliche Vorteile für den M.A.N.-Kunden bietet die umfassende M.A.N.-Verkaufsorganisation mit eigenen Verkaufsbüros und Reparaturwerkstätten, die persönliche Bedienung jedes Kunden ermöglicht, sowie der seit Jahren bewährte M.A.N.-Revisionsdienst.« Noch prägnanter schrieben im Juli 1934 die »M.A.N. Verkäufer-Nachrichten«, ein regelmäßig erscheinendes Rundschreiben aus dem Werk Nürnberg: »Der Revisionsdienst schützt den Kunden und nützt dem Werk.«

Im Service existierten M.A.N.-eigene Reparaturwerkstätten, sortiert abnehmend nach Umsatzgröße, in München (1920 gegründet), Stuttgart (1928), Frankfurt/Main (1927), Neustadt (1929), Barmen (1923), Berlin (1926), Hamburg (1926), Köln (1929), Breslau (1936), Dresden (1931) und Düsseldorf (1931). Hinzu kamen Vertragswerkstätten unter anderem in Augsburg, Hof, Leipzig, Plauen, Stockholm und Würzburg.

Manche der Reparaturwerkstätten haben eine lange Vorgeschichte. Der MAN-Service in Chemnitz geht beispielsweise über Vertragspartner der LWW und von Saurer bis ins Jahr 1913 zurück und begann dort mit der Firma Müller & Steinle in der Zwickauer Straße. Ab 1922 gehörte die Werkstatt dann zur M.A.N. Die Brauhausstraße in Wandsbek war ab 1930 die zwei-

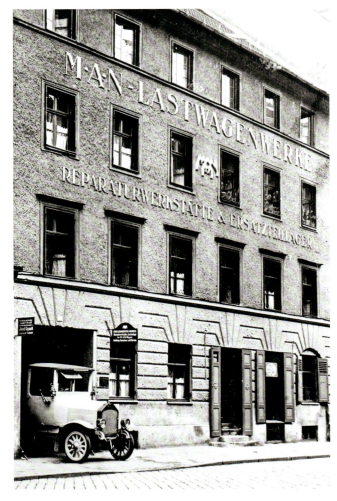

te M.A.N.-Adresse in Hamburg. Die Werksatträume waren im Hinterhof eines Mietshauses beheimatet. Die Toreinfahrt war so eng und niedrig, dass bei den Omnibussen die Luft aus den Reifen gelassen und sämtliche Hand- und Türgriffe vorher abgeschraubt werden mussten, um überhaupt durch die Einfahrt zu passen. 60 M.A.N.-Nutzfahrzeuge wurden von hier aus in der Hansestadt ab 1926 betreut.

Auf dem Grundstück des M.A.N.-Lastwagenbüros in Stuttgart in der Cannstatter Straße 162–168 gab es seit den 1930er Jahren neben dem M.A.N.-Verkaufsbüro eine Reparaturwerkstatt mit angeschlossenem Ersatzteillager und Revisionsdienst, einen Großparkplatz für Fernfahrer direkt vor der Haustür, eine Tankstelle für alle Betriebsstoffe bis hin zu Gasöl, die Tag und Nacht betrieben wurde, und ein Büro des Reichsverbandes der Fernfahrer, das Frachttransporte für die Rückfahrt vermitteln konnte. Gute und preiswerte Gasthäuser gab es in der unmittelbaren Nachbarschaft und im Winter öffnete sogar eine beheizte Garagenhalle, die für 50 Lkw Stellplätze bot.

rechts oben: Der Revisionsdienst kümmerte sich um die regelmäßige Wartung der Kundenfahrzeuge vor Ort.

ganz rechts oben: Mitarbeiter des Revisionsdienstes, 1927.

rechts: Toreinfahrt zur Serviceniederlassung Hamburg, um 1930.

ganz rechts: M.A.N.-Lastwagenbüro mit Autohof in Stuttgart in der Cannstatter Straße 162–168. Toreinfahrt zur Serviceniederlassung Hamburg, um 1930.

linke Seite:

oben: Die erste Reparaturwerkstatt außerhalb des Werksgeländes in München in der Türkenstraße 29.

unten: Lkw-Produktion und Reparaturbetrieb Nürnberg, Halle M11 in den 1920er Jahren.

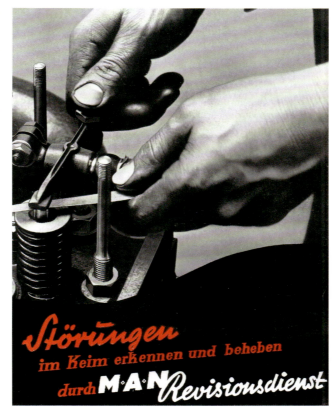

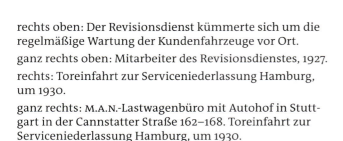

3

Abnahme und Qualitätsprüfung

Spätestens ab Mitte der 1930er Jahre folgte als letzte Produktionsstation am Fließbandende das Einrollen und der Wagen-Prüfstand. Direkt danach wurden die neuen Fahrgestelle der Einfahr-Abteilung übergeben, deren Fahrer jeden Wagen auf einer 120 km langen Strecke rund um Nürnberg einfuhren und dabei Steigungen von bis zu 20 Prozent absolvierten. Auf einer 50 km langen Teilstrecke wurde der Verbrauch exakt gemessen. Im Anschluss folgten ein Geschwindigkeits- und Bremstest, bevor alle Baugruppen wie Motor, Getriebe und Kupplung noch einmal überprüft wurden. Danach ging es zurück ins Werk, wo die Fahrgestelle gemäß dem Abnahmeprotokoll überholt wurden und es erneut auf eine zweite, 30 km lange Testfahrt ging. Erst danach wurde mit dem Aufbau begonnen und die Chassis kamen in die Auslieferung.

Typenvielfalt der 1930er Jahre

Der Boom in den 1930er Jahren

In den 1930er Jahren erlebte der Nutzfahrzeugbau der M.A.N. einen Boom, ausgelöst durch die Umstellung auf Fließbandproduktion, eine neue Modellpalette, neue Motoren, verstärkten Service sowie den generellen Wirtschaftsaufschwung. Wegweisend war das modifizierte Typenprogramm, das zwischen leichten, mittleren und schweren Lkw-Baureihen unterschied. Diese Einteilung zieht sich bis heute als roter Faden durch die Geschichte des Nutzfahrzeugbaus bei der MAN.

Die meisten Lkw-Typen der 1930er Jahre wurden bei einer zulässigen Fahrzeugbreite von 2,1 m nach einheitlichen Konstruktionsprinzipien mit Halbniederrahmen und 4- und 6-Zylinder-Dieselmotoren mit Leistungen von 70 bis 110 PS gebaut. Nun sollte die M.A.N. schwerpunktmäßig 6-Zylinder-Dieselmotoren für Lkw und Busse (mit Ausnahme der Typen E1 und E2) entwickeln. Bei der Montage von Bussen und Lkw wurden zudem zum Teil gleiche Komponenten verwendet, wie etwa ein Universalchassis. Gleichzeitig kamen vermehrt spezielle Fahrzeugteile von Zulieferern wie Knorr-Bremse, ZF und Bosch zum Einsatz.

Infolge des neuen Produktprogramms stieg der Absatz im In- und Ausland deutlich an. In den »Ver-käufer-Nachrichten« finden sich 1934 zwei passende Leitmotive für die Vertriebsmannschaft: »Zuerst beraten – dann verkaufen«, und: »Zufriedene Kunden – die beste Werbung«.

Im Gesamtunternehmen wuchs die Bedeutung des Nutzfahrzeugbaus. Im Geschäftsbericht 1935/36 wurden zum ersten Mal die Hauptproduktionsbereiche separat dargestellt. Es gibt Ausführungen zum Stahlbrückenbau, zur Entwicklung bei Druckmaschinen, zum Theaterbau, zur Konstruktion von Schleusen und Klimaanlagen sowie besonders zum Lastwagenbau. Der erste Satz des Nutzfahrzeugberichts lautet: »Der Lastwagenbau wird vollkommen beherrscht durch den Dieselmotor.«

Im April 1938 wurde der 15.000. M.A.N.-Lkw gebaut und verkauft. Insgesamt stieg die Zahl der produzierten Lkw von 440 im Jahr 1930 bis auf 2.352 im Jahr 1939 an. Der Anteil des Lastwagenbaus an der gesamten M.A.N.-Produktion betrug 1938 rund 20 Prozent; damit war dies die zweitgrößte Sparte nach dem Dieselmotorenbau mit 24 Prozent. In der Lkw-Produktion startete 1938 der ML 4500, außerdem wurde auch die Fertigung von Ackerschleppern wieder aufgenommen. Im selben Jahr erwarb die M.A.N. die Aktienmehrheit an der Österreichischen Automobil-Fabriks-AG, ÖAF genannt (siehe S. 178).

Neue Modelle. Es kamen zahlreiche neue Bus- (siehe S. 88 und 89) und Lkw-Modelle auf den Markt. Bei den Lkw waren das: E, Z, D, M und F für 2,5, 3, 4, 5 und 6,5 bis 7 t. Von diesen wurden zusammen weit über 10.000 Stück verkauft. 1934 führte die M.A.N. den F2 mit der neuen zulässigen Fahrzeugbreite von 2,5 m ein. Einen F3-Typ gab es auch, aber er wurde nur auf der Berliner Automobilausstellung 1935 gezeigt und lediglich in kleiner Stückzahl verkauft. 1936 kamen weitere Lkw-Neuheiten dazu: der E2 (2,5–3 t) und der F4 (6 t). Der F4 mit verstärktem Rahmen wurde zwei Jahre später in den F5 (6,5 t) umbenannt. Alle drei Modelle gingen auch in den Export. Ab 1939 wurde der 4,5 t-Lkw Typ L1 angeboten, der mit einer Motorleistung von 100 PS auch im Export erfolgreich war.

oben: Als am 19. Mai 1935 die erste Reichsautobahnstrecke zwischen Frankfurt am Main und Darmstadt eröffnet wurde, nahm die M.A.N. mit diesen vier Schwerlastwagen an der feierlichen Eröffnungsfahrt teil.

rechts oben: 1933 wurde die Fahrerhausproduktion am Fließband in Halle W4 eingeführt.

beide rechts: Im Jahr 1935 wurde ein M.A.N.-Emblem als Kühlerverschraubung auf der Motorhaube ergänzt. Der Prospekt rechts außen kündigt die neue Kühlerverschraubung an. Die Nutzfahrzeuge folgten damit dem erfolgreichen Trend, den die Pkw-Kühlerverschraubungen vorgemacht hatten. Über 20 Jahre lang blieb dieses Emblem bestehen, wie die Werbung rechts für den 630 L1 aus den 1950er Jahren zeigt.

TYP 630 L1 - 130 PS

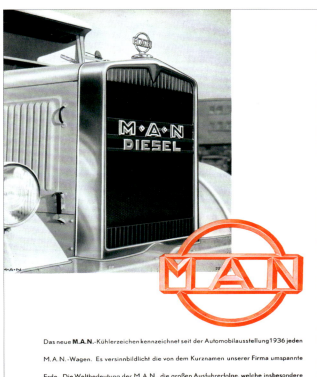

Das neue M.A.N.-Kühlerzeichen kennzeichnet seit der Automobilausstellung 1936 jeden M.A.N.-Wagen. Es versinnbildlicht die von dem Kurznamen unserer Firma umspannte Erde. Die Weltbedeutung der M.A.N., die großen Ausfuhrerfolge, welche insbesondere auch unsere Abteilung Lastwagenbau erringen konnte, rechtfertigen diese Sinngebung.

"E1"

M·A·N DIESEL

B - 1471

M·A·N
2½ Tonner

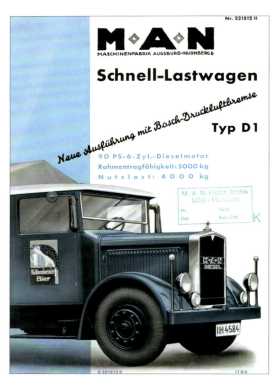

M·A·N
MASCHINENFABRIK AUGSBURG·NÜRNBERG

Schnell-Lastwagen

Neue Ausführung mit Bosch-Druckluftbremse

Typ D1

90 PS-6-Zyl.-Dieselmotor
Rahmentragfähigkeit: 5000 kg
Nutzlast: 4000 kg

M·A·N-DIESEL
Schnell-Lastwagen
TYP **E**

IA- 6753

M·A·N-DIESEL
Schnell-Lastwagen
TYP **E2**

IA- 6753

M·A·N
MASCHINENFABRIK AUGSBURG · NÜRNBERG A·G

*Z1 Diesel-
3-Tonner*

ist für jeden
Zweck und jeden
Aufbau geeignet!

TYP Z1

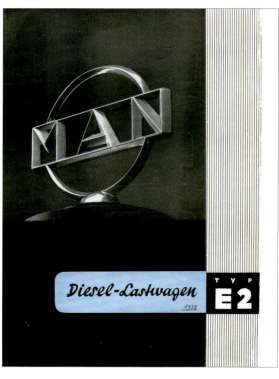

MAN

Diesel-Lastwagen
TYP **E2**

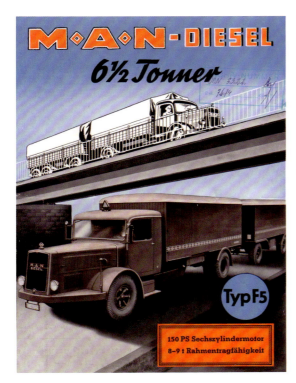

M·A·N·DIESEL

6½ Tonner

Typ F5

150 PS Sechszylindermotor
8–9 t Rahmentragfähigkeit

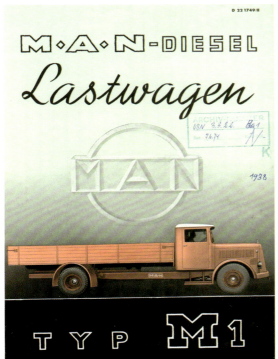

M·A·N-DIESEL

Lastwagen

MAN

1938

TYP M1

Nr. D 22 1460/II

M·A·N

MASCHINENFABRIK AUGSBURG-NÜRNBERG A·G·

DIESEL-SCHNELL-LASTWAGEN

TYP Z1

75 PS - 6 - Zyl. - Dieselmotor
völlig nietloser Rahmen
Rahmentragfähigkeit: 4000 kg
Nutzlast: 3000 kg

HH-1556

D 22 1460/II

Z1

Etwas Besonderes war der Z1, dessen Rahmen zum ersten Mal elektrisch geschweißt statt vernietet wurde. Seine Spitzengeschwindigkeit betrug 75 km/h. Auf Touren brachte ihn ein 6-Zylinder-Dieselmotor mit 70 PS. Damit war der Z1 der erste 3 t-6-Zylinder-Diesel-Lkw in Deutschland.

F4

1936 kam der F4 auf den Markt. Schon 1937 erreichte die F4-Produktion mit 328 Stück ihren Höhepunkt. Bis 1940 produzierte und verkaufte die M.A.N. insgesamt 1.325 Exemplare dieses Fernlasters. Hier zu sehen: F4-Kipper für den Export nach Mexiko. 1938/39 wurden 28 F4-Muldenkipper speziell für den Bau einer Talsperre exportiert; die Stahlblechmulden kamen von Meiller aus München.

Exportschlager E1

links oben: Der E1 war als Schnelllastwagentyp sehr erfolgreich. Er wurde dank seines sparsamen Motors und der hohen Bodenfreiheit auch zum Exportschlager. Es gab sogar eine Sonderausführung, ausgelegt für den Offroad-Einsatz – ein E1 »for global applications« würde man heute sagen.

links: E1 in Mittelamerika, 1934.

oben: Verladung eines E1 im Hamburger Hafen.

Neue Busse in den 1930er Jahren

Die ersten Busse der M.A.N. basierten noch auf den Lkw-Fahrgestellen der M.A.N.-Saurer-Kardanwagen. Für spätere Busmodelle dienten entweder spezielle Niederrahmenchassis wie die NO-Baureihe, der F1N6 und F2N6 sowie der S1N6 als Aufbaurahmen oder auch Lkw- und Universalchassis wie der E1 (2,5 t), Z1 (3 t), D1 (4,5 t) oder M1 (5 t). Die Aufbauten kamen oft von Spezialfirmen wie Kässbohrer, Minnameier, Schumann-Werdau und Trutz-Coburg, später aber auch von Beuchelt, Westwaggon, Lindner, Emmelmann, Krauss-Maffei oder Steib, um nur einige zu nennen (1: Z1 mit Kässbohrer-Aufbau; Copyright: Bildarchiv Kässbohrer).

Im Jahr 1937 brachte die M.A.N. dann den neuen Stirnsitzomnibus LPS auf den Markt. Dieser Omnibus basierte nicht mehr auf einem Lkw-Fahrgestell, sondern war eine eigene Konstruktion. Auf den ersten Blick, besonders von vorne, sind die beiden Versionen nur schwer voneinander zu unterscheiden: der LPS (2) und der etwas kürzere DS (3), der auf dem Universalchassis des D1 basierte. Der kürzere DS-Bus wurde auch exportiert. Allein 1938 wurden 95 Exemplare nach Lima, die Hauptstadt Perus, geliefert. Sie alle waren elfenbeinfarben und dunkelrot lackiert und mit glänzenden Chromleisten verziert.

Daneben gab es noch den MP (4), der sich an dem 5 t-M1-Lkw-Typ anlehnte. Das MP-Modell wurde zum Ausgangspunkt für die O-Busvarianten MPE I und II. Zu Klassikern im Omnibusbau wurden die Modelle D1 und der Z1 in Stromlinienform (5). Ende der 1930er Jahre gab es auf der Produktseite sogar eine Kombination aus Lkw und Bus, den sogenannten »Sattelschlepper-Bus« DT (6), ausgelegt auf den Personentransport von bis zu 100 Fahrgästen.

Im Jahr 1934 gewann die M.A.N. den ersten Preis bei einer Belastungsfahrt für Lkw durch Russland, dem sogenannten Dieselwettbewerb. Die Strecke führte von Moskau nach Tiflis und wieder zurück, mehr als 5.000 km bei größtenteils widrigsten Straßenverhältnissen. Straßen im eigentlichen Sinne gab es an vielen Stellen nicht, sondern lediglich befestigte Feldwege, ab und an fehlte eine Brücke, und Richtungsschilder waren auch nicht vorhanden. Der Start erfolgte am 24. Juli 1934 um 11.00 Uhr, das Ziel wurde einen Monat später, am 25. August um 15.00 Uhr erreicht. Die Durchschnittsgeschwindigkeit während des gesamten Rennens lag bei 30 km/h. Angesetzt waren 42 Tage, aber die Prüfungsfahrt wurde innerhalb von 32 Tagen absolviert. 40 Fahrzeuge, ausgestattet mit Dieselmotoren von 15 unterschiedlichen Herstellern aus acht Ländern, nahmen an der Wettfahrt teil. Die Dieselantriebe der verschiedenen Wettbewerber wurden auf russische Fahrgestelle montiert, um die Motorenleistung besser vergleichen zu können. Bewertet wurden vier Kategorien: die Zuverlässigkeit und Einfachheit der Bauart, die Wirtschaftlichkeit im Verbrauch, die Zugkraft sowie die Anlasseigenschaften.

Die vier für den Wettbewerb gelieferten M.A.N.-Dieselmotoren wurden von dem russischen Veranstalter nach dem Rennen inklusive aller Ersatzteile und Werkzeuge gekauft. Mit dem Sieg stellte die M.A.N. die Leistungsfähigkeit des Nutzfahrzeug-Dieselmotors auch international unter Beweis und profitierte vom Renommee der Veranstaltung. In der M.A.N.-Werkszeitung hieß es: »Diese Prüfungsfahrt hat die in Deutschland bereits seit langem bekannte Bedeutung des Dieselmotors für die Kraftverkehrswirtschaft erneut bewiesen und einwandfrei gezeigt, daß die Dieselmaschine im Nutzkraftwagen dem Vergasermotor nicht nur an Wirtschaftlichkeit, sondern auch an Leistungsfähigkeit und Widerstandsvermögen überlegen ist.«

Der Reichs- und Preußische Verkehrsminister Ernst Brandenburg gratulierte zum Rallye-Sieg mit den Worten: »Ich hoffe, daß die Anerkennung deutscher Qualitätsarbeit durch Erweiterung der Auslandsaufträge ihre wohlverdienten Früchte tragen möge.« Und genau das traf ein. Der Absatz im Ausland stieg deutlich an, was wiederum dazu führte, dass neue Verkaufs- und Serviceniederlassungen außerhalb Deutschlands entstanden.

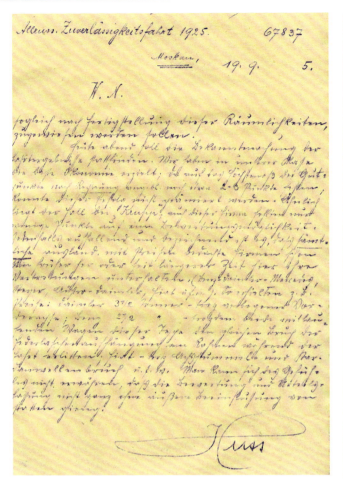

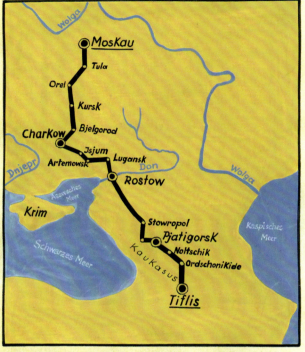

oben: Der Streckenverlauf des Dieselwettbewerbs in Russland 1934.

oben links: Aus einem Brief des Nürnberger Ingenieurs Huss wissen wir, dass die M.A.N. bereits 1925 an einer »Allrussischen Zuverlässigkeitsfahrt« teilnahm. Diese Tour führte von Leningrad über Moskau und Tula bis nach Kursk und wieder zurück. Die beiden M.A.N.-2,5 t-Kardanwagen gewannen zwar nicht den Wettbewerb, aber »erzielten in unserer Klasse die beste Ökonomie«, so Huss. Die beiden Lkw wurden nach der Wettfahrt vom Veranstalter gekauft und 30 Busse von einer Moskauer Behörde bestellt. Erste Geschäftsbeziehungen nach Russland waren geknüpft. Der Sieger von 1925 war nach über 2.000 km ein Steyr Typ III.

Sieger im Dieselwettbewerb in Russland 1934

links oben: Am Start 1934: Der Wagen Nr. 7, hier in der Mitte, war mit einem Dieselmotor der M.A.N. ausgestattet. Der D 0540 leistete 90 PS, hatte 7,3 Liter Hubraum und ging als Sieger aus dem Wettbewerb hervor.

ganz links: Zwischenstopp.

links: Am Ziel.

oben: Lkw-Fahrerlager in Tula während des Dieselwettbewerbs 1925.

Die M.A.N. weltweit unterwegs

oben: D1 Omnibusse mit ihren Fahrern im Bundesstaat
Rio de Janeiro in den 1940er Jahren. Bereits 1926 wurden
M.A.N.-Lkw mit Dieselmotor nach Brasilien exportiert.

rechts: M.A.N.- und GHH-Verkaufsniederlassung in China,
davor ein Lkw-Chassis, 1935.

Schon wenige Jahre nach der Gründung der Nutzfahrzeugsparte begann die M.A.N. beziehungsweise damals noch die LWW, ihre Lastwagen international zu verkaufen. Dies war zunächst noch eingeschränkt durch die Vereinbarung mit Saurer, änderte sich aber ab 1921; und so fuhren die Lkw bald nicht nur in Deutschland. In den 1920er Jahren konnten der Exportanteil gesteigert und Lastwagen-Verkaufsbüros und Kundendienstniederlassungen im Ausland gegründet werden.

1928 wurden 275.000 RM Umsatz im Ausland erzielt, bis 1932 stieg der Absatz deutlich auf 657.000 RM und bis 1936 sogar auf 4,8 Mio. RM. Innerhalb von nur acht Jahren verachtzehnfachte sich das Auslandsgeschäft, es wurde in 47 Länder geliefert. Der Exportanteil stieg auf 30 Prozent.

Es gab spezielle Exportmodelle, etwa eine Sonderausführung des Fahrgestells Typ E für Steppen und Wüsten. Dieses Lkw-Chassis hatte eine einfache Hinterradbereifung mit einer größeren Bodenfreiheit von 35 cm, eine staubsichere Kapselung des Dieselmotors, größere Luft- und Ölfilter und eine ausstellbare Windschutzscheibe. Das Export-E-Modell kam in der südafrikanischen Steppe und der nordafrikanischen Wüste ebenso zum Einsatz wie in den Tropen Mittelamerikas.

Der Typ E ermöglichte der M.A.N. darüber hinaus den Einstieg in den indischen Markt. Im Herbst 1936 reiste ein Verkaufsbeauftragter aus Nürnberg mit sechs Fahrgestellen vom Typ E und sechs D 0534-Motoren nach Indien. Nach wenigen Wochen hatte er sie erfolgreich an den Mann gebracht und kam mit einem Auftrag über 30 weitere Chassis zurück. Im Jahr darauf wurde eine deutsch-indische Verkaufsvertretung in Bombay ins Leben gerufen. Seitdem unterhält die MAN Geschäftsbeziehungen zu Indien.

ganz oben: E2 Lkw in Guatemala bei der Bananenernte, ca. 1938.

oben: Lastwagen-Verkaufsbüro in Jugoslawien, 1935.

Motorenlizenz und Einbaudiesel

Neben dem Verkauf eigener Motoren vergab die M.A.N. auch Lizenzen für den Dieselmotor mit Direkteinspritzung. In den 1930er Jahren erwarben folgende Firmen eine Baulizenz für M.A.N.-Fahrzeugdieselmotoren und/oder M.A.N.-Lkw: Austro-Fiat in Wien, die Tatra-Werke in Tschechien, Isotta-Fraschini in Mailand, Raba in Budapest, die Société Générale de Constructions Mécanique in Frankreich und die Rumänische Lokomotivfabrik.

Neben den Lizenzen verkaufte die M.A.N. auch sogenannte Einbaudiesel: In den M.A.N.-Reparaturwerkstätten wurden Vergasermotoren aus Fremdkundenfahrzeugen ausgebaut und durch M.A.N.-Dieselmotoren ersetzt. Aus diesem Grund hießen sie Einbaudiesel. Sie sparten dem Betreiber durchschnittlich 75 Prozent der Brennstoffkosten ein. Zum Verkaufsschlager wurde der D 2086 mit 110 PS.

oben: Mercedes-Lkw mit »M.A.N.-Dieselmotor inside«.

4

Einheits-Heeres-Lkw

Ein Heeres-Lkw-Chassis mit neuem Allradantrieb bei der Erprobung Mitte der 1930er Jahre. Den Einheits-Heeres-Lkw mit den HWA-Motoren 526 oder 538 bauten damals rund ein Dutzend Firmen in Deutschland nach standardisierten Plänen und mit einheitlichen Komponenten, um die Versorgung mit Ersatzteilen möglichst lückenlos zu gewährleisten.

Fahrzeuge für die Wehrmacht – die M.A.N. im Zweiten Weltkrieg

Kriegs- und Rüstungs-produktion

Die Geschichte der M.A.N. in den Jahren 1933 bis 1945 ist eine Geschichte von großen Erfolgen, von technischen Entwicklungen, von Rückschlägen und von Selbstbestimmung. Es ist aber auch eine Geschichte des Krieges und der Zerstörung, eine Geschichte von Zwangsarbeit und Tod. Bei der M.A.N. wurden, wie in nahezu der gesamten deutschen Wirtschaft, Zwangsarbeiter eingesetzt. Mehrheitlich waren es sogenannte Zivilarbeiter aus den besetzten Gebieten im Osten und einige wenige Kriegsgefangene. In Nürnberg waren bis zu 4.000 Zwangsarbeiter (Höchststand März 1945) beschäftigt. Sie bildeten damit über 40 Prozent der Gesamtbelegschaft. In Augsburg waren es bis zu 3.100 Zwangsarbeiter und damit rund 34 Prozent (Stand März 1945). KZ-Häftlinge arbeiteten nicht bei der M.A.N.

Im Jahr 2000 beteiligte sich die MAN am Stiftungsfond der deutschen Wirtschaft zur Wiedergutmachung von Zwangsarbeit. Die Geschichte des MAN-Konzerns und der Nutzfahrzeugsparte in den Jahren 1933 bis 1945 wurde in dem Buch von Johannes Bähr u. a., »Die MAN. Eine deutsche Industriegeschichte«, München 2008, umfassend aufgearbeitet und kann dort nachgelesen werden. In den folgenden Absätzen werden wir uns auf die Produktgeschichte

der M.A.N. während des Zweiten Weltkrieges konzentrieren.

Die Rüstungsproduktion bei der M.A.N. begann im Jahr 1934 mit einem Geheimprojekt. Nach der Niederlage Deutschlands im Ersten Weltkrieg verboten die Versailler Verträge unter anderem die Aufrüstung mit schweren Waffen, etwa durch die Produktion von Panzern. Bei der M.A.N. wurde trotzdem 1934 mit der Panzerentwicklung und -fertigung begonnen. Die Arbeit lief allerdings verdeckt ab und bekam die Tarnbezeichnung »L.A.S. 100 oder 138« – diese Abkürzung stand für einen landwirtschaftlichen Ackerschlepper. Im Bildarchiv der MAN ist diese Tarnung bis heute nachvollziehbar, die Bildnummern der Panzerfotos beginnen mit den Zahlen »23 ... «. Diese Nummernfolge war der Traktorenproduktion zugeordnet. Sämtliche Unterlagen über die Verschleierungsaktion und die Rüstungsaktion galten in jenen Jahren als streng vertraulich und geheim.

Die offene Panzerproduktion begann im Jahr 1938. Im Sommer 1941 zeigte sich, dass der russische Kampfpanzer T34 den deutschen Modellen, vor allem den Typen II und III, überlegen war. Das Oberkommando des Heeres forderte daraufhin, einen neuen deutschen Panzer zu entwickeln, der dem russischen Modell in Panzerung, Beweglichkeit und Feuerkraft ebenbürtig sei. Bei der Konstruktion dieses Panzerkampfwagens V gab es längere Zeit einen harten Wettbewerb zwischen der M.A.N. und Daimler-Benz. Am Ende setzte sich der Konstruktionstyp der M.A.N. gegen die Entwürfe der Schwaben und die von Ferdinand Porsche durch und gewann im Mai 1942 die Ausschreibung. Obwohl das Heereswaffenamt erst im Februar 1942 das Lastenheft für den neuen Panzer herausgab, lief die Produktion im Nürnberger M.A.N.-Werk bereits im November desselben Jahres an. Der Geschützturm des Panthers, so die Alltagsbezeichnung des Panzerkampfwagens V, wurde vor allem von Rheinmetall unter Zulieferung aus den Borsig-Werken gebaut und zur Montage nach Nürnberg gebracht. Die Motoren (z. B. Typ HL 230) kamen oftmals von Maybach und beschleunigten das Fahrzeug auf eine Höchstgeschwindigkeit von bis zu 55 km/h. Die M.A.N. erprobte Anfang der 1940er

Jahre aber auch eigene Panzermotoren, wie z. B. den HWA 1038 GL. Insgesamt bauten vier Firmen während des Krieges den Panther. Die Gesamtentwicklung ist ausführlich dokumentiert in dem Buch »Der Panzer-Kampfwagen Panther und seine Abarten«, Band 9 der Reihe Militärfahrzeuge, von W. J. Spielberger. Für weitere Informationen sei außerdem auf Roddy MacDougalls und Darren Neelys 2013 erschienenen Bildband »Nürnberg's Panzer Factory« verwiesen.

Insgesamt wurden folgende Panzer von der M.A.N. produziert: von 1938 bis 1944: 501 Kampfpanzerwagen Typ II, von 1939 bis 1942: 652 Kampfpanzerwagen Typ III, von 1942 bis 1945: 1.982 Kampfpanzerwagen Typ V (Panther). Das Nürnberger Werk baute im Zweiten Weltkrieg außerdem zahlreiche Lkw für die Wehrmacht. Es entstanden ca. 1.800 Fahrzeuge Typ »Einheitsdiesel« (3 t), 10.000 Exemplare des (s)ML 4500 (4,5 t) sowie 2.500 schwere Lkw der Baureihe F (6,5 t). Ab Sommer 1940 wurden die F4 an Privatkunden nur noch ohne Reifen ausgeliefert. Der Besteller musste zur Fahrzeugabholung eigene Reifen mitbringen. Die Verfügbarkeit von Gummi war im Krieg stark eingeschränkt und Priorität hatten damals die Wehrmachtsaufträge.

Für die Heeres-Lkw entwickelte die M.A.N. 1937 den Allradantrieb. Neben dem normalen Allradantrieb wurde 1938 auch an einem geländegängigen Vierachsantrieb geforscht.

Während des Krieges produzierte die M.A.N. auch Berge- und Trümmerräumpanzer, Fahrzeuge für das Deutsche Rote Kreuz sowie in kleinen Stückzahlen Kran- und Operationswagen. Außerdem entwickelte sie einen Schwimmwagen und baute tausende Lkw und Busse für den Güter- und Personentransport.

Wie die Prospekte aus den Jahren 1939 und 1941 zeigen, wurden aber auch weiterhin Busse für zivile Zwecke produziert, vor allem Oberleitungsbusse. Allein nach Salzburg wurden 39 Stück geliefert. Diese O-Busse fuhren beispielsweise in Trier über 28 Jahre im Personennahverkehr bis ins Jahr 1967. Dabei legten die O-Busse bis Ende der 1950er Jahre weit über eine Mio. Kilometer zurück und beförderten über sechs Mio. Fahrgäste. Trotz der vergleichsweise hohen Stückzahlen war die Produktion aller Baureihen stark reglementiert. Nicht nur wurde der Panther von unterschiedlichen Unternehmen nach gleichen Plänen gefertigt, auch bei der Lkw-Fertigung gab es Einschränkungen. Gemäß dem Schell-Programm durfte die M.A.N. ab 1938/39 nur noch 4,5 t- (Typ SML) und 6,5 t-Lkw (Typ F5) produzieren. Ab Januar 1944 wurde der Lkw-Bau bei der M.A.N. sogar verboten. Die Nürnberger durften nur noch Ersatzteile produzieren und Reparaturen durchführen. Ähnlich war es auch 1943 dem Waggonbau ergangen, als Rüstungsminister Albert Speer die Fertigung von Eisenbahnwaggons bei der M.A.N. untersagte.

Insbesondere Otto Meyer setzte sich persönlich immer wieder gegen vielfältige Widerstände ein, um die Produktion von zivilen Nutzfahrzeugen so lange wie irgend möglich aufrechtzuerhalten. In den Jahren 1941/42 wurden 1.085, 1942/43 1.719 Stück und im Juni 1944 sogar noch 63 Lkw gebaut, bevor im Oktober 1944 die Hallen und Maschinen für den Lastwagenbau in Nürnberg fast vollständig durch Luftangriffe zerstört wurden.

Die Verlagerung der ML beziehungsweise SML 4500-Produktion (Schell-Plan, Mittelklasse, Lastwagen, 4,5-t) nach Wien zur ÖAF (Austro Fiat Wien) begann bereits ab 1941. Die Wiener Tochtergesellschaft ÖAF sollte Ende 1944 die Lastwagenfertigung mit den noch vorhandenen und brauchbaren Materialien für Nürnberg weiterführen. Es wurden rund 2.000 Viereinhalbtonner bei der ÖAF für die deutsche Wehrmacht gebaut sowie zahlreiche M.A.N.-Achsen produziert.

Ebenfalls 1941 erfolgte die Produktionsverlagerung der Ackerschlepper zur Firma Latil ins französische Suresnes, einem Vorort von Paris. Am Kriegsende gingen für die M.A.N. alle dort produzierten Traktoren, sämtliche Ersatzteile und Maschinen verloren.

Die Produktionsvorgaben seitens des NS-Regimes für die Rüstungsindustrie waren umfassend und bedingten gegenseitige Kooperationen, innerhalb von Produktionsketten auch über Firmengrenzen hinaus. So musste die M.A.N. die Panzerkampfwagen Typ II und III nach fremden Konstruktionszeichnungen bauen, während gleichzeitig andere Unternehmen beispielsweise Standardachsen nach M.A.N.-Plänen fabrizierten. Die M.A.N. musste außerdem Panzermotoren nach Bauart Maybach herstellen und die Firma Fross-Büssing fertigte Drei- und Sechseinhalbtonner-M.A.N.-Lastwagen in Lizenz in Wien.

Die Rüstungsproduktion im M.A.N.-Konzern betraf nicht nur den Nutzfahrzeugbereich, sondern das gesamte Unternehmen wurde auf die Kriegswirtschaft umgestellt: In Gustavsburg wurden Kran-, Hafen- und Industrieanlagen für die besetzten Gebiete, U-Boot-Teile wie geschweißte Panzertüren sowie Abschussrampen für die V1 produziert; in Augsburg waren es wie bereits im Ersten Weltkrieg Schiffs- und vor allem U-Boot-Motoren des Typs MV 40/46. Der Viertakter MV 40/46 hatte Anfang der 1930er Jahre rund 175 PS und erfuhr bis Ende des Jahrzehnts durch die Aufladung eine Leistungssteigerung um 70 Prozent auf 300 PS. Aus diesem Produktionsbereich kommt auch die Erstentwicklung der Abgasturboaufladung. Der Abgasturbolader sollte in der Nachkriegszeit etwa für die Nutzfahrzeugtechnik von Bedeutung werden.

Es gehört zu den Lebensleistungen von Otto Meyer und Paul Reusch, die M.A.N. weitgehend unbeschadet durch die Zeit des Nationalsozialismus geführt zu haben. Dies gilt umso mehr, weil sich beide trotz ihrer patriotischen Haltung und ihrer Leitungsfunktion innerhalb eines großindustriellen Rüstungsbetriebes über viele Jahre gegen eine bedingungslose Hinwendung zum NS-Regime wehrten, nie in die NSDAP eintraten und dafür persönlich oft angegriffen wurden. 1942 wurde Paul Reusch als Vorstandsvorsitzender der GHH zum Rücktritt gezwungen und Otto Meyer entging nur um Haaresbreite einer Inhaftierung durch die Gestapo kurz vor dem Ende des Zweiten Weltkrieges. Seine Familie hatte Otto Meyer vorausschauend bereits 1933 in die Schweiz gebracht, galt seine Ehefrau Stella Meyer, geborene Reichenberger, eine weltgewandte und bedeutende Pianistin, in den Augen der Nazis doch als »Halbjüdin«.

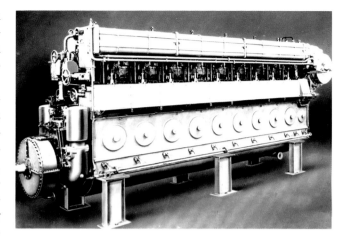

ganz oben: U-Boot-Diesel aus der Produktion in Augsburg, 1938.

oben: Ausgelagerte Ackerschlepperproduktion in Suresnes bei Paris in der Firma Latil, 1941.

ganz links: Serienproduktion Kampfpanzer Typ II, 1938.

links: Fertige Kampfpanzer Typ III, 1939.

links unten: Pantherproduktion, 1942–1943.

unten: Die Panzer wurden geschmückt, im Anschluss wurden sie zum Schutz vor Fliegerangriffen noch vor der Auslieferung getarnt. Aufnahme von 1944.

linke Seite: Kettenmontage in der Pantherproduktion, 1942–1943.

Rüstungsprojekte

links: Heereswagen-Allradfahrgestell, 1936–1937.

ganz oben: Vorderachse mit Allradantrieb, 1937.

oben: Nicht-angetriebene Vorderachse zum Vergleich.

rechte Seite:

rechts oben: Trümmerräum-Panzer, 1944.

ganz rechts oben: Achtrad, geländegängiges Fahrgestell mit Vierachsantrieb, 1938.

rechts unten: Erprobung des Schwimmwagens mit Achtrad-Chassis, 1938–1941. Schwimmfahrt im Traunsee bei Gmunden.

Holzvergaser

Seit Anfang der 1930er Jahre verwendete die Nutz-fahrzeugsparte der M.A.N. Holzvergaser für Lkw und Traktoren. Diese Vergaser verbrannten beziehungs-weise verschwelten Holz, Anthrazit, Kohle oder Torf und erzeugten damit sogenanntes Holzgas, das den Motor antrieb. Diese alternative Antriebsart wur-de mit der Verknappung von Rohstoffen im Zwei-ten Weltkrieg relevant, da auf heimische Holz- und Koksbestände zurückgegriffen werden konnte. Der Holzvergaser-Lkw auf Basis des Typs SML wurde 1940 in die Serienproduktion eingeführt, seine Ent-wicklung geht bei der M.A.N. sogar bis ins Jahr 1924 zurück.

Lkw für das Heer

oben: Auf dem Fahrerhausdach des ML 4500 S von 1940 befand sich ein sogenanntes Anhängerdreieck, es war gelb und musste beim Hängerbetrieb aufgerichtet und bei Fahrten ohne zusätzlichen Anhänger umgeklappt werden. Auf der Stoßstange war ein kleiner Tarnscheinwerfer montiert, der Fahrten bei Dunkelheit und ausgeschalteten Hauptscheinwerfern ermöglichte. Dies war eine Vorsichtsmaßnahme, um sich gegen Fliegerangriffe in der Kolonnenfahrt zu schützen. Der ML 4500 hatte links und rechts vorne an der Motorhaube eine kurze zweite Reihe von Lüftungsschlitzen. Diese entfielen beim späteren Nachfolge-Modell MK.

rechts: Heereswagen beziehungsweise Einheitsdiesel mit Sechsradantrieb und Tarnverdeck, 1940.

E 3000

Die Omnibusse vom Typ E2 wurden aufgrund der Vereinheitlichungen im Zusammenhang mit dem Schell-Plan in E 3000 umbenannt. Von ihnen wurden über 2.900 Stück ausgeliefert. Das Bus-Modell E 3000 hatte 60 bis 70 PS, war erstmals vollständig in Schweißtechnik ausgeführt, bot 26 bis 31 Fahrgästen Platz und erreichte mit einem Schnellganggetriebe eine Höchstgeschwindigkeit bis zu 70 km/h. Auf dem Bild ist das 2.000. Exemplar des E 3000 aus dem Jahr 1941 zu sehen.

Zivile Produkte

oben: F4 in einer Ausführung für das Rote Kreuz, 1940.
rechte Seite: Prospekt für O-Busse, 1941.

Vor Schloß Mirabell in Salzburg

MAN
Obusse

Die M.A.N. in Ruinen

Ab 1944 wurden die M.A.N.-Werke vermehrt bei Luftangrif-
fen getroffen. In Nürnberg wurden im Oktober 1944 die
Hallen und Maschinen weitgehend zerstört.

5

150

M·A·N DIESEL

M.A.N.-Werk Nürnberg, 1946

Trotz der Besetzung des Werkes durch die amerikanischen Truppen und der Kriegszerstörungen konnte schon 1945 wieder mit der Produktion begonnen werden. Am 10. September 1946 wurde bereits der 150. Lkw nach dem Krieg produziert, was auf dem Werksgelände vor der Ruinenlandschaft gefeiert wurde.

Auf dem Bild ist nicht nur links das geschmückte Jubiläumsfahrzeug interessant, sondern auch die Fahrzeuge dahinter sind spannend. Sie fuhren aufgrund der Materialknappheit auf Vollgummireifen wie in den 1920er Jahren.

Mit dem MK und dem F8 vom Wiederaufbau zum Wirtschaftswunder

Die ersten Jahre nach dem Krieg

Am 30. April 1945 besetzten amerikanische Truppen das Werk Nürnberg. 70 Prozent des Werksgeländes waren zerstört. Die US-Armee untersuchte die dortigen Bombenschäden genau, um die Trefferquote und Durchschlagskraft ihrer Luftangriffe in Augenschein zu nehmen, dabei beschlagnahmte sie den Rest der fertiggestellten oder im Bau befindlichen Panzer.

Bereits am 14. Juli 1945 erteilte die 3. amerikanische Armee der M.A.N., genauer gesagt dem Werk Nürnberg, die Genehmigung für die Instandsetzung amerikanischer Armeewagen und für die Produktion von zivilen 5 t-Lkw, die für den Wiederaufbau dringend benötigt wurden. Die Lkw-Fertigung begann in Nürnberg mit 18 Arbeitern und 4 Angestellten in der Halle M11. Ende des Jahres 1945 waren es bereits wieder 388 Kollegen. Am 10. September 1946 wurde der 150. Lkw nach dem Krieg produziert.

Beim Neustart der Produktion waren Resteverwertung und Improvisation gefragt. Die Augsburger Abteilung Allgemeiner Maschinenbau ist hierfür ein gutes Beispiel. »Aus alt macht neu, aus zwei macht eins« – nach diesem Motto fabrizierten und improvisierten die Mitarbeiter alles, was gebraucht wurde: von Küchenherden über Hobelmaschinen bis zu Fensterbeschlägen und vielem mehr. Dies brachte der Abteilung den neuen Spitznamen »Macht Alles« für ihr Kürzel »M.A.« ein.

Dem Augsburger Werk drohte aber zunächst die Demontage von Maschinen und Industrieanlagen. Es war Heinrich Thielen, der in langen und schwierigen Verhandlungen mit den amerikanischen Soldaten sichern konnte, dass das Werk verschont blieb und nur die Einrichtungen der Versuchsanstalt für Motorenbau und Entwicklung abgebaut und in die USA verschifft wurden. Auf der Fläche der damaligen »Versuchsanstalt für Gestaltfestigkeit« in der Heinrich-von-Buz-Straße steht heute das Augsburger MAN-Museum. Wichtige Aufgaben zu Beginn waren auch die Beseitigung der Trümmer sowie der Wiederaufbau des Werkes. Allein in Nürnberg wurden 85.000 m³ Schutt und 48.000 t Schrott aufgeräumt.

Die Gesamtzahl der Beschäftigten im Konzern stieg von 5.000 im Juli 1945 wieder auf 14.500 Arbeiter und Angestellte bis Ende Juni 1946 an. Im Juli 1946 kehrte Otto Meyer, vom Aufsichtsrat offiziell als Vorstandsvorsitzender berufen, zur M.A.N. zurück. Zuvor war er von den amerikanischen Militärbehörden inhaftiert worden, wie Hunderte andere Wirtschaftsführer auch. Er war von 1945 bis 1946 zunächst im Gefängnislazarett und stand bis zur Rehabilitierung durch die amerikanische Militärregierung in Bayern unter Hausarrest.

In der GHH übernahm Hermann Reusch ab dem 1. Dezember 1945 die oberste Leitungsfunktion im Konzern. Am 1. Juli 1946 wurden die Reparaturabteilung für amerikanische Armee-Fahrzeuge und der Lastwagenbau im Nürnberger Werk voneinander getrennt. Erstere übernahm Dr. Meyercordt mit der Abteilungsbezeichnung »Wla« und Herr Barth kümmerte sich um die Nutzfahrzeuge unter dem Kürzel »Wl«.

Bei den Lastkraftwagen war der 4,5 t-MK ab 1946 das erste Nachkriegsmodell. Er basierte noch auf dem ML-/SML-Vorgänger-Typ 4500 und hatte den gleichen 110 PS-D 1040-G-Dieselmotor unter der Haube. Das Blech für das Fahrerhaus kam aus dem Werk Gustavsburg, der Motor aus Augsburg, und in Nürnberg erfolgte die Endmontage. Allradmodelle gab es zunächst nicht. 1949 folgte der MK1 und 1950 kamen die Modelle MK 25 und 26 heraus. Letztere erhielten

Berlin

Der Wiederaufbau war nicht nur im Werk Nürnberg schwierig und langwierig, sondern an fast allen M.A.N.-Standorten in Ost- und Westdeutschland, so beispielsweise auch in der M.A.N.-Werkstatt in der Germaniastraße 87–88 in Berlin-Tempelhof.

Bei einem Fliegerangriff im März 1943 war die Werkstatt weitgehend zerstört worden. Als die größten Schäden gerade wieder behoben waren, wurde das komplette Dach im Dezember desselben Jahres erneut zerbombt und musste zum zweiten Mal in Stand gesetzt werden. Zum Kriegsende beschlagnahmten Besatzungstruppen die Hallen, nutzten diese als Pferdestall und nahmen alles mit, was nicht niet- und nagelfest war. Werkstattleiter Hartländer erinnerte sich: »Aus dem Nichts musste wieder angefangen werden.«

als erste Typen serienmäßig eine Heizung. Das erste M.A.N.-Kommunalfahrzeug, ein Müllwagen mit Haller-Aufbau, erhielt die Stadt Stuttgart.

Stadt- und Überlandbusse wurden ebenfalls wieder produziert. Ein frühes Busmodell war der MKP. Die städtischen Verkehrsbetriebe forderten insbesondere Busse mit einer großen Fahrgastkapazität. Dies lag zum einen am prinzipiellen Mangel an Verkehrsmitteln und zum anderen aber auch an der Verlagerung der Wohnungen aus den zerstörten Städten in die Vororte und aufs Land. In den Städten kam vor allem der Oberleitungsomnibus MKE ab 1948/49 zum Einsatz.

1947 griff die M.A.N. erneut die Entwicklung von Ackerschleppern auf und begann die Serienproduktion des Traktoren-Typs AS 325 A. Allein von 1948 bis 1950 wurden 1.728 Stück verkauft. Im Dezember 1947 wurde der 1.000. Nutzfahrzeugmotor nach dem Krieg gebaut, ein halbes Jahr später und im Februar 1948 folgte der 1.000. Lkw sowie im November 1949 der 1.000. Ackerschlepper. Der erste Großauftrag war 1947 eine Exportorder über 460 Lkw von der Industrial Products Trading Company aus der Schweiz. Im Juli 1951 wurden bereits der 5.000. Lkw und im November der 5.000. Ackerschlepper produziert. Die Wirtschaft erholte sich und der Absatz zog wieder an.

Nach dem Kriegsende erfolgte die Entflechtung des GHH-Konzerns durch den Alliierten Kontrollrat. Beispielsweise wurden der Bereich Eisen- und Stahlerzeugung sowie die Kohleförderung ausgegliedert. Am 29. Oktober 1948 wurde der M.A.N.-Konzern schließlich aus der Vermögensverwaltung der Alliierten entlassen und konnte wieder weitgehend unabhängig agieren.

1949 gab es den ersten Mai-Betriebsausflug in der Nachkriegszeit, für welchen der Vorstand jedem Arbeiter und Angestellten 10 DM bewilligte. Auch fand wieder das Treffen der regionalen Verkaufsleiter statt. Seit diesem Jahr bot die M.A.N. darüber hinaus einen mobilen Kunden- und Revisionsdienst zur Behebung von kleinen Störungen direkt vor Ort an.

Der F8. Der Schwerlastwagen F8 wurde 1951 auf der IAA in Frankfurt am Main mit dem ersten wassergekühlten 8-Zylinder-Dieselmotor Deutschlands mit V-förmiger Zylinderanordnung und 180 PS Leistung vorgestellt. Der Lkw war ein echtes Highlight mit einem zulässigen Gesamtgewicht von 16 t, und sogar 19 t im Export, bei 7,8 t Eigengewicht. Der F8 wurde zum Flaggschiff der M.A.N. und prägte nachhaltig das Bild auf den westdeutschen Straßen zu Beginn des einsetzenden Wirtschaftswunders in der jungen Bundesrepublik.

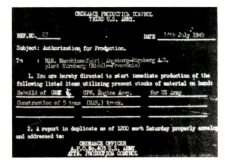

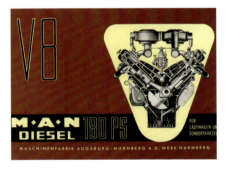

rechts, von oben nach unten:

Original-Durchschlag der Lkw-Produktions-Genehmigung der 3. US-Armee 1945.

Präsentation des F8 auf der Internationalen Automobilausstellung in Frankfurt am Main 1951.

Prospekt für den M.A.N.-V8-Motor, der auch im F8-Lkw eingebaut war.

Der F8 war Protagonist im Film »Nachts auf den Straßen«, der 1952 in die deutschen Kinos kam. Der Film wurde von Erich Pommer produziert, Regie führte Rudolf Jugert. Hans Albers spielte den Fuhrunternehmer Heinrich Schlüter. Hier posieren die Hauptdarsteller Hans Albers und Hildegard Knef vor einem F8. 1953 erhielt der Film den Deutschen Filmpreis.

MK 25, MK 26

1949 kam der neue Lkw-Typ MK1 auf den Markt. Ein Jahr später folgten die Modelle MK 25 und 26 mit 5 beziehungsweise 6,5 t Nutzlast. Der MK 25 war mit einem 120 PS starken 6-Zylinder-Dieselmotor D 1046 D ausgestattet und der MK 26 mit dem größeren D 1546 G mit 130 PS. Es war die zweite Lkw-Modellgeneration nach dem Krieg, daher stammte die Zahl »2« in der Produktbezeichnung, die »5« beziehungsweise die »6« wiesen die Nutzlast in Tonnen aus.

F8

Der F8 hatte im Vergleich zu den MK 25 und MK 26 rundere Profilkanten von der Motorhaube bis zum Fahrerhausdach und ebenfalls elegante chromumrahmte Ovale für die Lüftungsschlitze. Nur beim F8 waren die Scheinwerfer in die Kotflügel eingebaut.

M·A·N
DIESEL

MKN 26 *Omnibusse und Sonderfahrzeuge*
Niederrahmen-Fahrgestell

F8

Werbung

diese Seite: Der Fahrer grüßt aus seinem F8 Passagiere eines roten M.A.N.-Busses.

linke Seite: Werbung für die MKN-Reihe, die es auch als Omnibusversion mit Niederrahmenfahrgestell gab.

F8

diese Seite: Der F8 im Einsatz, nicht nur in Deutschland, sondern auch darüber hinaus: wie in Istanbul (ganz links) und in Ägypten (ganz links unten).

linke Seite: Das Armaturenbrett des F8.

»Bevor irgendeine Einstellung gemacht wird, überzeuge man sich von der Natur und der Lage des Spieles. Blindes Herumrichten in dem Lenkgetriebe kann in einer hohen Reparaturrechnung enden … «

– aus der Bedienungsanweisung des F8, 1959

Aus- und Weiterbildung

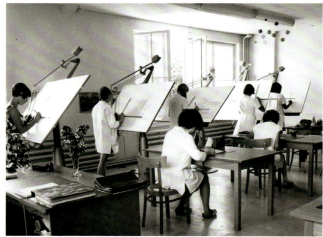

Aus- und Weiterbildung

oben: Lehrwerkstatt in München in der Halle F3, 1955.
rechts oben: Mitarbeiterinnen im Konstruktionsbüro.
rechts: Lehrlinge, 1915.
ganz rechts: Auszubildende heute.

Bildung und Ausbildung haben bei der MAN eine lange Tradition. Die erste Schule für Fabrikkinder gründete Freiherr Cramer-Klett, Schwiegersohn von Firmengründer Friedrich Johann Klett, im Jahr 1869. Es war eine Privatschule, die den Söhnen seiner Arbeiter umfassenden Nachhilfeunterricht und vorbereitende Lehrinhalte vermittelte. Tausende Arbeiterkinder kamen, Hunderte von ihnen gingen anschließend auf die Kreisrealschule und einige davon schafften es sogar bis zur Technischen Hochschule nach München. Vermutlich seit 1858 hat es Lehrlinge bei Cramer-Klett gegeben.

Der erste Lehrling, der sich nachweisen lässt, wurde in Nürnberg 1890 für eine kaufmännische Ausbildung eingestellt: Friedrich Gebhardt. Er blieb nach seiner Ausbildung über 50 Jahre bei der M.A.N. 1895 rief Anton von Rieppel die erste handwerkliche Lehrwerkstatt ins Leben. Die erste M.A.N.-Werkschule in Nürnberg entstand zwischen 1890 und 1892 ebenfalls auf seine Initiative. Diese Werkberufsschule blieb bis zum Herbst 1944 in Betrieb, bis das Schulgebäude und die Lehrwerkstätten im Krieg zerstört wurden. Der größte Personalstand an Lehrlingen wurde zwischen 1914 und 1918 mit 355 Auszubildenden erreicht, ihren Tiefststand erlebte die Einrichtung während der Weltwirtschaftskrise von 1931/32.

Augsburg folgte dem Nürnberger Beispiel 1911 mit einer eigenen Werkschule und begann den Unterricht mit 121 Lehrlingen. In beiden Berufsschulen wurden Deutsch, Gesetzeskunde, Buchführung, Gewerbekunde, Physik, Rechnen sowie Zeichnen und Modellieren unterrichtet. Alle Kosten übernahm die Firma. Die Werkschulen der M.A.N. gehörten zu den Vorreitern in Deutschland, hatten Vorbildcharakter und einen starken Einfluss auf die Berufsschulentwicklung in ganz Süddeutschland, etwa was die Berufsbilder, die Ausbildungsinhalte und die Prüfungsanforderungen betraf. Ab 1924 wurde ins Ausbildungsprogramm der M.A.N. auch der Lastwagenmechaniker aufgenommen – ein neues Berufsbild war entstanden. Mindestens seit Mitte der 1930er Jahre gab es bei der M.A.N. auch interne Weiterbildungen, etwa für Schweißer, oder weiterführende Ausbildungskurse für Auslandsmonteure sowie Um-

schulungen für neue Arbeiter. So wurden beispielsweise aus ehemaligen Schriftsetzern, Metzgern, Webern, Goldschlägern und Milchträgern nach und nach neue Hilfsschlosser und Dreher. 1937 führte das Werk Nürnberg Ausbildungskurse beziehungsweise Schulungen für Monteure und Meister aus den M.A.N.-Auslandsvertretungen durch – quasi der Beginn der heutigen Academy. Dazu gehörte eine ausführliche Werksbesichtigung und die theoretische und praktische Einweisung an Motor und Fahrgestell.

Seit den 1950er Jahren vergab die M.A.N. Stipendien. Sie war auch an der Paul Reusch-Jugendstiftung beteiligt, die bereits 1938 gegründet worden war, und gewährte ab 1951 Unterstützungsfonds für Studierende aus den Werken Augsburg, Nürnberg und Gustavsburg sowie später auch München. Außerdem gab es seit 1959 die Otto-Meyer-Stiftung für Studierende aus M.A.N.-Werken, die Mitglied in der Bayerischen Metallindustrie waren. Bereits 1947 hatte Otto Meyer zusammen mit Alexander Rodenstock und Eugen Bunzl den Arbeitgeberverband »Verein der Bayerischen Metallindustrie« (VBM) gegründet. Im Werk München begannen die ersten Lehrlinge am 5. September 1955 ihre Ausbildung. 30 Lehrlinge wurden von einem Meister und zwei Gesellen betreut. 1956 wurden dann die ersten 13 kaufmännischen Lehrlinge eingestellt, von denen acht junge Frauen waren. Ein Jahr später begann auch der Werkschulunterricht in München.

ganz oben: Bei der MAN Truck & Bus AG waren im Jahr 2014 insgesamt 2.517 Auszubildende und Dual Studierende beschäftigt. In Deutschland wurden beispielsweise 23 technische und 7 kaufmännische Berufsausbildungen sowie 19 duale Studiengänge angeboten. Das Spektrum reicht heute vom Automobilkaufmann über die Mechatronikerin bis zum Zerspanungsmechaniker. Hier im Bild Auszubildende, 2006.

oben: 1937 – Ausbildungskurs für Monteure und Meister der Auslandsvertretungen, Beginn der Academy.

MKE3 O-Bus

Die ersten O-Busse der M.A.N. gingen nach dem Krieg
nach Nürnberg, Bonn, Kaiserslautern, Pirmasens, Lands-
hut, Gießen und Trier. Etwas später wurden sie auch
weltweit eingesetzt, wie auf diesen Bildern aus Buenos
Aires aus dem Jahr 1953 zu sehen ist. Die M.A.N. lieferte
175 dieser Busse nach Argentinien.

Selbsttragende Stahlbauweise

1952 folgte der MKH Omnibus als Typ 2 in selbsttragender Bauweise und mit erstem Heckmotor Typ D 1246 GH nach dem Krieg.

Der F8

Montage des F8 im Werk Nürnberg, 1953.

Mit Alligatorhaube ins Wirtschaftswunder

Frankfurt, Internationale Automobilausstellung, 1955: Die M.A.N. überraschte die Fachbesucher und die Presse mit dem ersten deutschen Lkw-Motor mit Abgasturboaufladung. Der neue 6-Zylinder des M.A.N.-Zweiachsers MK 26 hieß D 1546 GT, statt der üblichen 130 PS holten die Techniker aus 8,72 Litern Hubraum 175 PS heraus – die Leistungssteigerung durch Aufladung betrug bemerkenswerte 35 Prozent.

In der Zwischenzeit hatte es zahlreiche weitere Neuerungen im Produktionsspektrum gegeben. Mit dem MKN brachte das Unternehmen 1950 seinen markanten Niederrahmen-Omnibus mit verchromter Alligatorhaube heraus, von dem bis 1956 545 Exemplare verkauft wurden – ein Bus mit Kultstatus. 1952 folgte der MKH Omnibus als Typ 2, der die selbsttragende Stahlbauweise bei der M.A.N. einführte und mit dem ersten Heckmotor Typ D 1246 GH nach dem Krieg ausgestattet war. Ab 1952 gab es auch wieder einen Allradantrieb für M.A.N.-Lkw, beginnend mit dem MK 25 A, der auf dem Brüsseler Salon in Belgien präsentiert wurde.

Der erste neue Lkw-Typ war der 630 L1, der den MK 26 als Sechstonner mit 130 PS Motorleistung ablöste. 1953/54 folgten die mittelschweren Lkw-Typen 515 L1, 530, 630 sowie die stärkeren Typen 758 L1 und 830 L1.

Die neue Typenbezeichnung wurde dreistellig: Die erste Zahl gab die Nutzlast in Tonnen an, die beiden letzten die Motorleistung in PS zuzüglich 100. Die Grundmotorisierung übernahmen 6-Zylinder-Dieselmotoren, und sollte es mal ein 8-Zylinder sein, erschien diese Zahl in der Typenbezeichnung an dritter Stelle z. B. in der Modellbezeichnung 758. Die neuen Modelle hatten eine größere Fahrerkabine, Drehfenster für eine bessere Belüftung, ein Heizsystem, einen in der Höhe und Länge verstellbaren Fahrersitz, Wärme- und Lärmisolierung sowie Eckfenster nach hinten – alles zum Wohl und zur Begeisterung der Fahrer. Wer einen neuen M.A.N. fuhr, sollte es gut haben. Zum ersten Mal entsprach die Lkw-Kabine dem Standard der Pkw. Dafür wuchs das neue Fahrerhaus auf 2,26 m Breite, 1,58 m Höhe und 1,37 m Tiefe. Ab dem 1. September 1953 wurde der Fahrtschreiber übrigens für einige Fahrzeugkategorien gesetzliche Vorschrift.

Typ 400. Der Lkw-Typ 400 mit 4,5 t Nutzlast und einem 6-Zylinder-Dieselmotor mit M-Verfahren war der erste völlig neu konstruierte Lkw nach dem Zweiten Weltkrieg. Das Modell markierte den Wiedereinstieg in die leichte Lkw-Reihe und den Beginn der Kurzhauber-Ära bei der M.A.N. Es gab den 400er auch als Frontlenker mit drei unterschiedlichen Radständen als Kipper, Kofferaufbau oder Sattelschlepper, für den kommunalen Einsatz, in der Forstwirtschaft oder für Spezialaufbauten.

Die neue Baureihe 400 wurde einer intensiven Erprobung unterzogen. Dafür fand vom 23. Oktober 1955 bis zum 28. Januar 1956 eine Test- und Belastungsfahrt von Nürnberg über Österreich, quer durch Jugoslawien, Griechenland, die Türkei, den Iran und Irak, Jordanien, Palästina, Syrien, den Libanon und zurück statt. Es ging 16.000 km lang über raue Pisten, 3.000 m hohe verschneite Passstraßen, ohne Fahrbahnmarkierung durch die arabischen Wüsten und über bis zu 35 cm tiefe Schlaglöcher. Außerhalb der Städte gab es für das Erprobungsteam als Verpflegung morgens, mittags und abends Hammel mit Bohnen, warm, lauwarm oder kalt zu Essen; an Sonn- und Feiertagen auch mal Bohnen mit Hammel. Die mitgeführten Ersatzteile wurden nach der erfolgreichen Rückkehr ohne größere Pannen origi-nalverpackt wieder im Werk Nürnberg abgeliefert. Danach konnte die Serienproduktion mit nur minimalen Korrekturen beginnen.

Beim Wiederaufbau des internationalen Exportnetzes war die M.A.N. bestrebt, mit den alten Vertretungen wieder in Geschäftsbeziehungen zu treten. Die wichtigsten Exportländer für die Nutzfahrzeuge des Unternehmens waren Anfang der 1950er Jahre die Türkei, Argentinien, Belgien, Spanien, Jugoslawien, Brasilien, der Iran, die Niederlande und Ägypten – sicherlich kein Zufall, dass die Geschäftsbeziehungen zu einigen dieser Länder bis in die 1930er Jahre zurückgingen.

oben: Der erste deutsche Lkw-Motor (D 1546 GT) mit Abgasturboaufladung, 1951.

TYP 750 TL 1 - 155 PS

ganz oben: Mit dem 750 TL1 baute die M.A.N. ihren ersten Lkw mit Turboaufladung. Voller Stolz trat der Schriftzug »Turbo« zwischen die Zeilen »M.A.N.« und »DIESEL« auf dem Kühlergrill. Dieses Modell wurde von 1954 bis 1957 allerdings nur 224-mal gebaut.

oben: MKN 26 in Madrid mit Aufbau von Trutz aus Coburg, 1953.

MANmagazin

Die M.A.N. brachte ab 1908 eine Zeitung heraus. Sie wurde ursprünglich zur Information der Vertreter, genannt Agenten, und der Verkaufsstellen ins Leben gerufen und galt als streng vertraulich. Ab 1926 ließ die M.A.N. eine echte Werkszeitung erscheinen, die Fotos enthielt und sich an die gesamte Belegschaft richtete. Sie wurde – mit Unterbrechungen während des Krieges – bis Ende der 1960er Jahre publiziert. Abgelöst wurde sie 1970 durch »Blick in die Werke«, dem Vorgänger der heutigen Zeitung für Mitarbeiter »MAN people«.

Ab den 1950er Jahren stiegen die Produktion, der Exportanteil sowie die Zahl der Verkaufs- und Serviceniederlassungen weltweit kontinuierlich an. Um auch diese Zielgruppen zu informieren, wurde ein eigenes Magazin ins Leben gerufen. Was sich weltweit auf dem Kühlergrill bewährt hatte, konnte so verkehrt nicht sein, sorgte es doch gleich für Wiedererkennung und Markentreue. Also wurde die Magazinreihe »DER MAN DIESEL« getauft und ab 1958 nur noch »MAN DIESEL« genannt. Ab 1963 gab es auch eine Fremdsprachenausgabe für die Exportländer innerhalb und außerhalb Europas.

In den 1970er Jahren fokussierte man die Zielgruppen genauer und publizierte »MAN DIESEL« als Zeitschrift für Kunden und den »MAN Aussenspiegel« zur Information der Verkaufs- & Servicemannschaft. In den 1980er und 1990er Jahren wandelten sich Titel und Layout erneut, bis mit »in motion« im Jahr 1999 der moderne Magazinname etabliert wurde.

Seit Februar 2014 gibt es die ganze Welt der MAN in einem neuen Format. Das »MANmagazin« mit einer weltweiten Auflage von rund 200.000 Exemplaren erscheint dreimal pro Jahr auf Deutsch und Englisch mit einer Lkw- und einer Busausgabe. Daneben folgen in 17 Ländern eigene Lokalausgaben mit zusätzlichen regionalen Themen.

rechts, von oben nach unten: 1953, 1960, 2015.

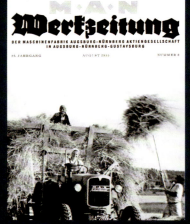

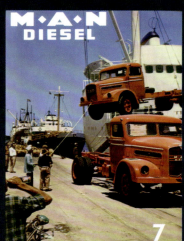

Busse der 1950er Jahre

oben: Auf der IAA 1953 wurde der erste Gelenkbus-Prototyp der M.A.N. vorgestellt. Der Triebwagen war ein MKN 26, den Aufbau mit Nachläufer produzierte Kässbohrer. Der Vierachser wurde von den Dortmunder Stadtwerken eingesetzt und legte dort 160.000 km zurück.

rechts, von oben nach unten: Bei den Bussen entschied sich das Erscheinungsbild vor allem dadurch, wer den Aufbau der M.A.N.-Omnibus-Chassis' übernahm. Hier drei Beispiele des gleichen Fahrgestells mit Aufbauten unterschiedlicher Hersteller: MKH4 mit Aufbau von Gaubschat, Steib und Hubertia.

linke Seite: MKN 26 mit Aufbau von Trutz aus Coburg, 1953.

Schwalbennest

Für einige Fernverkehrsmodelle gab es eine kleine Schlafkabine, das sogenannte Schwalbennest. Der Name rührte daher, dass die kleine Schlafnische an das Fahrerhaus hinten »angeflanscht« wirkte und so einem Schwalbennest an einer Hauswand ähnelte.

630

1954 kam der 630 mit neuer dreistelliger Typenbezeichnung auf den Markt: Die erste Zahl stand für die Nutzlast in Tonnen, die beiden letzten für die Motorleistung in PS zuzüglich 100.

M·A·N DIESEL

TYP 630 L2 - 135 PS

25

41

1200

130

Kurzhauber, der Beginn einer Ära

Typ 400 mit 4,5 t Nutzlast und 6-Zylinder-Dieselmotor mit M-Verfahren: der erste völlig neu konstruierte Lkw nach dem Krieg. Mit diesem neuen Modell stieg die M.A.N. Mitte der 1950er Jahre wieder in die Produktion einer leichten Lkw-Baureihe ein. Die Designzeichnungen für Lkw kamen damals aus der Architekturabteilung des Werkes Gustavsburg. Hier zu sehen: Typ 400 mit Nummernschild der US-amerikanischen Besatzungszone für Bayern (AB).

6

M.A.N.-Werk München, Lkw-Montageband

1955 zog die Lkw-Produktion der M.A.N. von Nürnberg in das ehemalige BMW-Werk in München-Allach. Hier ein Blick auf das Montageband, als die Bandfertigung 1955 hochgefahren wurde.

Umzug nach München

Umzug nach München

In der ersten Hälfte der 1950er Jahre erreichte das Werk Nürnberg seine Kapazitätsgrenzen. Kontinuierlich steigende Produktions- und Absatzzahlen ließen die M.A.N. über eine Ausweitung des Werks in Nürnberg nachdenken oder nach einem alternativen Produktionsstandort suchen. Die Wahl fiel schließlich auf das ehemalige Gelände des Flugmotorenwerks der BMW AG in München-Allach. Die Vorstände bei der M.A.N., allen voran Otto Meyer, sahen in der Neugründung des Werks in München eine große Chance, den Nutzfahrzeugbau nachhaltig auszuweiten und damit diesem Produktionsbereich deutlich bessere und eigenständigere Entwicklungsmöglichkeiten zu eröffnen.

Am 28. April 1955 kam es zur Vertragsunterzeichnung zwischen BMW und der M.A.N. im Hauser Schloss, das damals noch Gilmer Schloss hieß. Der Kaufpreis für Werk und Gelände inklusive Schloss belief sich auf 28 Mio. DM.

Gute Geschäftsbeziehungen zwischen der M.A.N. und BMW bestanden schon seit Langem. Die M.A.N. war 1916 mit 30 Prozent Aktienanteil an der Gründung der Bayerischen Flugzeugwerke, einem Vorgängerunternehmen, beteiligt gewesen. Als 1918 die BMW Aktiengesellschaft gegründet wurde, war die M.A.N. lange Zeit als Hauptaktionär im Gespräch. Am Ende entschied sich der Vorstand der M.A.N. jedoch dagegen, weiter in BMW zu investieren und gab 1922 die Kapitalbeteiligung auf.

Der Umzug nach München. Im August 1955 machte sich die erste kleine Truppe von 24 Männern und Frauen auf den Weg nach München. Es folgte der Großumzug von Mitarbeitern und Maschinen aus Nürnberg. Am 6. September 1955 lief der erste Münchner M.A.N.-Traktor vom Band. Der erste Lkw im neuen Werk, ein 515 L1, wurde am 15. November 1955 gebaut, sieben Tage später wurde die Lkw-Produktion in Nürnberg eingestellt. In den ersten Jahren gab es im Werk zunächst zwei, dann drei und schließlich vier Hauptmontagebänder: je eines für die schweren und für die mittleren Lkw, eines für die Ackerschlepper sowie eines für die Fahrerhäuser. Jedes einzelne von ihnen war rund 215 m lang und mündete jeweils in der Farbstraße für die Lackierung. Die gesamte Fertigungsfläche belief sich auf 135.000 m² mit ca. 850 Werkzeugmaschinen. Der Übergang von der Halle F1 zur F3 wurde überdacht und die Fertigungsstrecke wurde so bis zu 500 m lang. Mit über 70.000 m² war dies eine der größten Produktionsstrecken Europas der damaligen Zeit.

Mit der kaufmännischen und technischen Leitung des neuen Werks München wurden die Vorstandsmitglieder Richard Carstanjen und Dr. Kries betraut. 2.273 Mitarbeiter und Mitarbeiterinnen bildeten die Belegschaft. Am 1. Januar 1955 übernahm Ulrich Neumann den Vorstandsvorsitz von Otto Meyer, der nach 30 Jahren hauptverantwortlicher Tätigkeit in den Aufsichtsrat wechselte. Es gab damals sieben eigene Service-Niederlassungen in der BRD, 16 Lastwagen-Verkaufsbüros und insgesamt 126 Verkäufer. Der Umsatz im ersten Münchner Geschäftsjahr belief sich auf 142 Millionen DM.

Der Weg bis zum Erfolg war aber nicht einfach, 1956 führte eine Gesetzesänderung zu einer Absatzkrise bei den mittelschweren Lkw. Das Gesamtgewicht für Zweiachs-Lkw wurde von 16 t auf 12 t gesenkt. Kurzarbeit und Betriebsruhe folgten und im Oktober 1957 kam es sogar zu Massenentlassungen von über 900 Arbeitern und Angestellten. Wenige Jahre später war diese Talsohle durchschritten und

BMW-Werk München-Allach

Bevor die M.A.N. in München-Allach ihr neues Werk aufbaute, war das Gelände ein Flugmotorenwerk der BMW AG. Hier wurden früher Flugzeugmotoren des Typs 801 gebaut. Gegen Ende des Zweiten Weltkrieges betrug die Lebensdauer eines solchen Motors durchschnittlich sechs Stunden. BMW hatte die Produktionsstätte 1934 gegründet und 1936 bezogen. Den Zweiten Weltkrieg überlebte die Anlage unbeschadet, wurde nach Kriegsende aber zunächst von der US-Armee genutzt, die hier das »Karlsfeld Ordnance Depot« einrichtete. Nach zehn Jahren beschlossen die Amerikaner, ihren größten Standort für die Wartung von Militärfahrzeugen in Westeuropa nach und nach aufzugeben.

in München wurden wieder zwischen 500 und 1.000 Lkw pro Monat gebaut.

1957 stieg die M.A.N. mit der Gründung der M.A.N. Turbomotoren GmbH in München wieder in den Bau von Flugzeugmotoren ein. Drei Jahre später kam es zur Zusammenarbeit mit Rolls-Royce Ltd., Derby und der BMW Triebwerkebau GmbH. Dieser neue Firmenzweig sollte später in der MTU aufgehen, die noch heute den anderen Teil des Werksgeländes in München-Allach nutzt, aber schon seit Langem von der MAN unabhängig ist.

Auf Initiative eines Mitarbeiters wurde bei der M.A.N. 1959 das betriebliche Vorschlagwesen eingeführt. Im ersten Jahr wurden 221 Vorschläge eingereicht, die eine Jahreseinsparung von 557.631 DM erbrachten und mit 18.250 DM prämiert wurden. Der erste Verbesserungsvorschlag kam aus der Achsmontage und betraf die Haltevorrichtung für Pressluftschrauber, wofür ein gewisser Herr Locher 125 DM und ein Herr Siffel 100 DM Prämie erhielten.

Ebenfalls seit 1959 gibt es einen Werksarzt am Standort München und mit dem IBM 650 wurde hier im selben Jahr der erste elektronische Magnettrommelrechner eingesetzt.

1960 gab es Grund zum Feiern: Im Werk München lief der 30.000. Lkw vom Band und das Unternehmen verzeichnete mittlerweile wieder 33 eigene Werkstätten mit Ersatzteillagern sowie 100 Vertragspartner in der BRD. Darüber hinaus entstand ein zentrales Ersatzteillager im Werk München.

Anfang der 1960er Jahre erbrachte der Geschäftsbereich Nutzfahrzeuge 40 Prozent des Konzernumsatzes. Der Lkw-Absatz lief gut und die Produktion brummte; schon bald reichten die Kapazitäten nicht mehr aus. Im Gegenzug wurde die Traktorproduktion heruntergefahren, dann ausgelagert und 1963 schließlich eingestellt. Dieses Schicksal hatte den Traktorenbau in den 1920er Jahren schon einmal ereilt. Dieses Mal war es jedoch das endgültige Aus.

Versorgungsleistungen. 1961 führte die M.A.N. neue Versorgungsleistungen für Angestellte und gewerbliche Mitarbeiter und Mitarbeiterinnen ein. Diese umfassten: Altersgeld, Dienstunfähigkeitsbeihilfe, Witwen- und Waisengeld sowie Jubiläumsprämien.

Weihnachtsgeld und eine Jahresabschlussvergütung wurden schon seit den 1950er Jahren für alle Beschäftigten bei der M.A.N. gewährt. 1961 wurde auch die Werksfeuerwehr in München gegründet, die anfangs aus zwei Löschgruppen mit insgesamt 16 freiwilligen Helfern bestand.

Sport und Gesang. Neben den technischen Errungenschaften und dem Umzug kam auch das soziale Leben bei der M.A.N. nicht zu kurz. Am 7. November 1956 gründeten 41 Meister den Meisterverein im Werk München. Der Verein folgte damit der Tradition des Nürnberger Meistervereins, der bereits 1905 auf Mitinitiative Anton von Rieppels entstanden war. 1960 erfolgte die Gründung eines Meistervereins im Werk Hamburg, 1980 in Salzgitter-Braunschweig sowie 1991 in Steyr und 1992 in Wien. Das Sozial- und Vereinsleben im M.A.N.-Werk München umfasste auch einen Chor mit Orchester, eine Bücherei sowie diverse Sportvereine. In Nürnberg geht der Werkssport bis ins Jahr 1918 zurück, als für die Lehrlinge eine Turnhalle auf dem Werksgelände gebaut wurde. 1938 wurde die erste Betriebssportgemeinschaft gegründet. Die Fußballgruppe erfuhr den meisten Zulauf. In Augsburg wurde 1927 ein Sportplatz mit Turnhalle errichtet, ebenfalls vor allem für die Lehrlinge. Neben Freizeitaktivitäten unterstützte die M.A.N. auch den Wohnungsbau in München, so entstanden bis 1961 in der Gerberau, der Würmsiedlung, Vogelloh und Ludwigsfeld rund 450 neue Wohnungen für die Beschäftigten.

Werk München

von oben nach unten:

Umzug der ersten Mitarbeiter von Nürnberg nach München.

Der erste in München gefertigte Ackerschlepper, 1955.

Der erste in München gefertigte Lkw, 1955.

Der 30.000. Lkw läuft in München 1960 vom Band.

Erster Betriebsrat in München

Am 6. Juli 1955 fand in der Kantine die erste Betriebsratsversammlung im Werk München statt. Der einzige Tagesordnungspunkt bestand in der Bildung eines Wahlvorstands für die Wahl zum Betriebsrat. Die Versammlung dauerte lediglich 20 Minuten. Zu Mitgliedern des Wahlvorstands wurden die Kollegen Kleis, Stephan und Bobek gewählt.

Am 24. August fand dann die erste Betriebsratswahl im M.A.N.-Werk München statt. Damals gab es zwei unterschiedliche Stimmzettel, einen für die Gruppe der Arbeiter und einen für die Angestellten. Aus der Gruppe der Arbeiter wurden sieben Betriebsratsmitglieder gewählt. Diese waren: Willi Hampe, Paul Scholz, Josef Beiter, Mathias Kimmel, Heinz Felgentreu, Kurt Krebe und Hans Bötsch. Für die Angestellten wurden mit Walther Ullmann und Paul Fischer zwei weitere Mitglieder des Betriebsrats gewählt.

In den folgenden Jahren stieg die Zahl der Betriebsräte an. Beispielsweise trat 1972 ein neues Betriebsverfassungsgesetz in Kraft und die Zahl der Betriebsräte wurde im M.A.N.-Konzern von 18 auf 58 Personen angehoben.

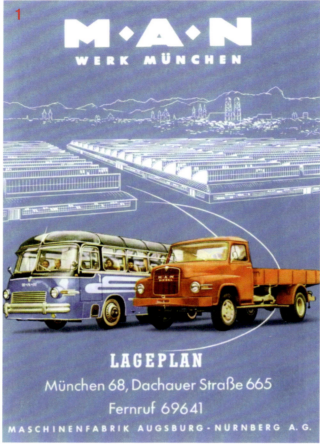

Werk München

(1 + 4) Lagepläne des Werks München 1955 und 1959.
(2) Das Firmengelände.
(3) Blick in die noch leeren Werkshallen.

Werk München

Pylone an der Einfahrt am Osttor und Blick auf die
Dachauer Straße, 1958. Die Pylone fungierte auch als
Wegweiser.

Kantine und Brotzeitwagen

Seit 1960 herrscht in der Münchner Werkskantine
Selbstbedienung, zuvor wurden die Mitarbeiter am
Platz bedient. Monatlich wurden 90.000 Flaschen
Bier und 30.000 Flaschen Limonade getrunken sowie 10.000 Stück Kuchen gegessen. Täglich wurden
2.800 Mittagessen ausgegeben, für den kleinen Hun-
ger zwischendurch gab es den Brotzeitwagen.

Eine Kantine und ein Speisesaal existierten auch
schon seit 1844 beziehungsweise 1846 in allen
Werken von Klett und Reichenbach. 1901 wurde in
Nürnberg die erste richtige Kantine mit einem Saal
für 1.000 Personen gebaut. Der Vorreiter war jedoch
das Werk Gustavsburg, wo es seit 1900 warmes Essen für 30 Pfennig gab. Ab 1916 wurde abends auch
noch warme Suppe für 10 Pfennig ausgegeben. In
den 1920er Jahren kam dann bedingt durch die Inflation der Trend auf, sich sein eigenes Mittagessen
mitzubringen. Die Kantine in Nürnberg stellte 83 Es-
senswärmschränke und 79 Heizplatten auf, wo die
Belegschaft ihr mitgebrachtes Essen kostenlos auf-
wärmen konnte. Die beste Adresse war Anfang des
20. Jahrhunderts übrigens der Keller des Pförtner-
hauses im GHH Walzwerk Oberhausen. Dort schenkte »Bier-Fritz« den Gerstensaft für subventionierte,
unschlagbar günstige 14 Pfennig pro Liter aus.

Neue Busse

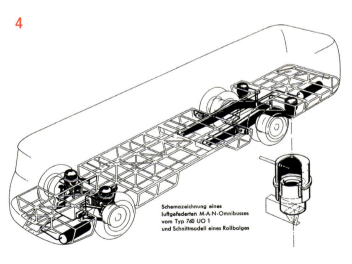

Schemazeichnung eines
luftgefederten M·A·N-Omnibusses
vom Typ 760 UO 1
und Schnittmodell eines Rollbalges

Mit dem Umzug nach München wurde für den Omnibus-verkauf eine eigene Abteilung eingerichtet, die den bundesweiten Vertrieb mit zunächst vier Mitarbeitern übernahm. Zu den damaligen Großkunden zählten vor allem die Post und die Bundesbahn. Die wichtigsten Abnehmer für Linienbusse waren die städtischen Verkehrsbetriebe, aber auch private Busunternehmer. In den ersten Jahren in München wurden zwischen 100 und 200 Busse im Jahr vertrieben.

Auf der Produktseite waren die entscheidenden Entwicklungsschritte im Omnibusbau in den 1950er Jahren die Einführung des Heckmotors, des Unterflurmotors, der rahmenlosen und selbsttragenden Bauweise, der Luftfederung und schließlich des modularen Aufbaus. 1957 brachte die M.A.N. mit dem 760 UO ihren ersten Unterflurbus auf den Markt (2). Der Bus besaß vorne bereits Einzelradfederung und war in selbsttragender Konstruktion mit verschweißtem Gitteraufbau konstruiert. Damit wog er weniger, als er transportieren konnte – dies war eine besondere Leistung im Busbau. Das Modell wurde bis 1963 gefertigt. Ab 1960 gab es den Unterflurbus auch als Gelenkbus in Serie (3). Daneben eine Schemazeichnung der neuen Ausstattung mit Luftfederung für den 760 UO (4).

Seit 1961 wurden im Werk München Omnibusse auch wieder komplett ohne Unterstützung von Aufbaufirmen hergestellt. Ein wichtiges neues Modell war der Reisebus 420 HOC (Heck-Omnibus-Chassis) (1). Mit dem 750 HO brachte die M.A.N. 1961 den ersten Bus in Baukastenweise in den Verkauf: ein einheitliches Fahrgestell mit Aufbauvarianten für Vorort-, Überland- und Reisebus (rechts). Es war ein technisch wie wirtschaftlich wichtiger und richtungsweisender Meilenstein. Die Baureihe sollte als eines der Erfolgsmodelle bis 1974 im Produktprogramm bei der M.A.N. bleiben.

Einmannbetrieb

Neu war damals übrigens, dass der Busfahrer auch gleichzeitig der Schaffner war, also auch das Fahrgeld kassieren musste. Darauf wurde an der Fahrzeugfront extra hingewiesen. Allein die Stadt München kaufte im Laufe der Zeit 433 Stück des sogenannten Metrobusses.

»Pausbacke«

Die Bezeichnung »Pausbacke« verweist auf die ungewöhnliche Form des Fahrerhauses, dessen Seitenwände,
Kotflügel und Türen unten etwas ausgeformt waren. Die
»Pausbacken« waren die ersten Frontlenker der M.A.N.
und ergänzten das Programm um die Hauber. Der hier
abgebildete 1580 DF-TM mit zwei angetriebenen Hinterachsen von 1963/64 gehörte zu den neuen Modellen
der schweren Reihe (1570, 1580 und 2180), die Ende der
1950er Jahre zunächst als Hauber, dann als Frontlenker
eingeführt wurden.

Einfahren

1961 wurde ein Rollprüfstand im Werk München eingerichtet. Bevor dieser in Betrieb ging, fanden die Erprobung, das Einfahren und die Fahrversuche auf dem Hof statt.

Ein neuer schwerer Lkw

1960 kam ein neuer schwerer Lkw-Typ in zwei Ausführungen auf den Markt. Dies war notwendig, da es eine entscheidende Änderung der Straßenverkehrszulassungsordnung gab. Von nun an galten maximal 10 t Last für die Antriebsachse und je 8 t pro nicht angetriebener Achse als zulässig. Ein Lastzug durfte von nun an bis zu 16,5 m lang sein und war zugelassen bis maximal 32 t. Für Dreiachser galt in der Bundesrepublik ein zulässiges Gesamtgewicht von 22 t, Zweiachser durften bis zu 16 t schwer sein. Es gab den M.A.N.-Lkw in beiderlei Ausführung mit Anhänger: links ein 10.210 TL1F als Fernverkehrs-Frontlenker und rechts der M.A.N. 10.210 TL1K als Kurzhauber-Dreiseitenkipper. Angetrieben wurden sie von einem 210 PS D 2146 MT1 6-Zylinder-Motor mit Abgasturboaufladung und bis zu 2.100 U/min.

Das Fernfahrerhaus hatte übrigens drei Scheibenwischer und anstelle des Holzkastens trat für die Liege ein Rohrgestell mit Blechboden, was eine merkliche Verbesserung des Schlafkomforts für den Fahrer bedeutete.

Die Motoren waren bei beiden Versionen im Fahrerhaus untergebracht (rechts unten). Neben der Hauber- oder Frontlenkerausführung gab es auch Untersitz und sogar schon Unterflurmotoren, allerdings zum damaligen Zeitpunkt noch ausgesprochen selten. Der Verbrauch lag bei niedrigen rund 24 l/100 km.

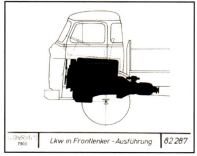

Lkw in Frontlenker-Ausführung · 82 287

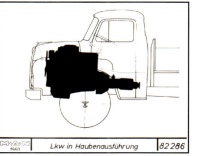

Lkw in Haubenausführung · 82 286

143

Feuerwehren

Anfang der 1960er Jahre brach die goldene Zeit der Feuer-
wehrfahrzeuge bei der M.A.N. an. Die Hauber machten
die M.A.N. bei den Feuerwehren bekannt. Viele Berufs-
feuerwehr-Fuhrparks deutscher Großstädte erneuerten
spätestens jetzt ihren Bestand. Und häufig setzten sie auf
M.A.N.-Modelle, vor allem auf die Typen 415, 450 (links),
520, 635 (2) oder 758, so z. B. die Feuerwehren in Nürnberg, Augsburg, Rüsselsheim, Ansbach und Berlin, aber
auch die Flughäfen in München und Frankfurt. Die Aufbauten stammten meistens von Ziegler, Magirus, Metz,
Bachert oder Rosenbauer. Bis heute sind MAN-Modelle
bei Feuerwehren beliebt und erfolgreich im Dienst und
MAN ist im Jubiläumsjahr Marktführer in Deutschland
bei Feuerwehrfahrzeugen.

(1) 758 L1 Feuerwehr-Fahrzeug in Nürnberg mit Metz Aufbau und 10 t-Kran, 1955.

(3) TGM, 2012.

(4) Ab den 1990er Jahren bot MAN aus der Modellreihe
der SX, LX und FX Typen auch geländegängige Lkw für
den zivilen Einsatz an, z. B. für die Feuerwehr, hier ein
SX Feuerlöschfahrzeug 8×8 mit Ziegler-Aufbau, 2009.
1991 nahm der Flughafen München das weltweit erste
Löschfahrzeug auf SX-Fahrgestell in Dienst. Dieser SX
41.1000 8×8 stellte im selben Jahr mit 142,3 km/h einen
Weltrekord als schnellstes Feuerwehrfahrzeug auf.

Die Bundeswehr als Kunde

Ab 1958 belieferte die M.A.N. die Bundeswehr mit der ersten Generation von geländegängigen 5 t-Mannschaftswagen. Der Lkw Typ 630 L2 A mit Allradantrieb und hinterer Zwillingsbereifung, oder als L2 AE mit Einzelbereifung (unten), war mit gut 40 cm Bodenfreiraum, Pritschenaufbau und Plane sowie 130 PS starkem Vielstoffmotor Typ D 1246 MV3A/W ausgestattet. Insgesamt wurden in den 1950er, 1960er und 1970er Jahren rund 30.000 Bundeswehrfahrzeuge ausgeliefert. Als das Modell 1978 von der Radfahrzeug-Folgegeneration abgelöst wurde, wurden die noch einsatzfähigen Fünftonner weiterverkauft oder verschenkt und fahren heute beispielsweise noch in Namibia.

1975/76 erhielt die M.A.N. einen weiteren Großauftrag von der Bundeswehr: Sie sollte 8.400 geländegängige Zwei-, Drei- und Vierachs-Fahrzeuge für den taktischen Bereich und rund 4.000 handelsübliche Lkw der 7 t- und der 10 t-Klasse liefern. Es handelte sich um die KAT I-Modelle. Die M.A.N. fungierte als Generalunternehmer, KHD steuerte Motoren bei, die Rahmen fertigte Rheinmetall.

Werk München

Blick in die Produktion im Werk München in den 1960er Jahren.

Vom Motorpflug zum Acker-schlepper

Es gab drei Produktionsphasen in der Traktorengeschichte der M.A.N.: 1. 1921–1924 Motorpflüge, 2. 1938–1944 Ackerschlepper, 3. 1948–1962/63 Ackerdiesel.

Alles begann 1916, als Dr. Bernstein, Dozent an der Universität Halle, der M.A.N. eine Konstruktionszeichnung vorlegte. Diese Vorgehensweise war nichts Ungewöhnliches, sondern stand in guter Maschinenbautradition, hatte die M.A.N. doch auch auf Anfrage von Linde die Kältemaschine in Lizenz gebaut und Rudolf Diesel auf eigenen Wunsch tatkräftig bei der Entwicklung des Dieselmotors unterstützt. Die M.A.N. galt in Deutschland als eine der besten Adressen, wenn es komplizierte Konstruktionen in guter Qualität umzusetzen galt.

Nach der technischen Prüfung kam es am 5. Oktober 1916 zum Vertragsabschluss zwischen Dr. Bernstein und der M.A.N. Einen Tag später wurde in der Vorstandssitzung der M.A.N. beschlossen, umgehend mit der Fertigung von Motorpflug-Versuchsmaschinen zu beginnen. Der Verlauf des Ersten Weltkrieges unterbrach die Entwicklungsarbeiten, sodass die erste Probemaschine erst 1918 gebaut werden konnte.

Die Entwicklung bis zur Serienreife dauerte noch drei weitere Jahre. 1921 gab es den ersten serienmäßi-gen M.A.N. Motorpflug. Er nutzte den Ottomotor des 2,5 t-Kardanwagens und hatte 25 PS, beziehungsweise eine auf 20 PS gedrosselte Version, und verfügte über zwei Vorwärtsgänge und einen Rückwärtsgang. Das Entscheidende war aber ein Ausgleichsgetriebe beziehungsweise Differential, das ein schräges Ziehen der Pflugscharen verhinderte. Die Produktion startete im Oktober 1921 und wurde der Abteilung Lastwagenbau in Nürnberg angegliedert. Von 1921 bis 1924 wurden Motorpflüge in der Halle E1 neben der Lkw- und Busfertigung gebaut. Der Verkaufspreis lag bei 10.000 Mark, oder dem Gegenwert von 883 Zentner Roggen – diese Preisbindung war aufgrund der einsetzenden Inflation geboten. Ende 1924 wurde die Fertigung des Motorpflugs zugunsten der Lkw-Produktion zurück-gefahren und wenig später eingestellt. In der ersten Produktionsphase wurden insgesamt 258 Motorpflü-ge gefertigt und verkauft.

Die zweite Phase der M.A.N.-Traktoren setzte mit dem AS 250 im Jahr 1938 ein. Die Abkürzung »AS 250« stand für Ackerschlepper, Serienentwicklungstyp 2 mit 50 PS. Das Modell bekam den kleinen Motor vom Lkw-Typ E, schon mit dem neuen G-Verfahren. Während des Zweiten Weltkrieges wurde die Produktion ab 1942 zur französischen Firma Latil verlagert, wo sie in Suresnes bei Paris bis 1944 lief. In der Zeit entstand aufgrund der Verknappung von Benzin- und Diesel-Treibstoff auch eine Holzvergaser-Ausfüh-rung. Nach dem Krieg gingen alle Modelle, Ersatzteile und Maschinen für die M.A.N. verloren, sie wurden beschlagnahmt. In dieser zweiten Produktionsphase wurden in Nürnberg 350 AS 250-Modelle gebaut, bei Latil ca. 500 Stück mit normalem Aggregat sowie weitere 225 Stück als Holzvergaser. Der Verkaufspreis lag bei 10.250 RM für Fahrzeuge mit Luftreifen und knapp unter 10.000 RM bei Eisenbereifung. Die meisten Exemplare wurden im landwirtschaftlichen Großraum rund um Leipzig vertrieben.

1948 startete die M.A.N. zum dritten und letzten Mal mit der Traktorenproduktion und brachte den Typ AS 325 A mit 25 PS auf den Markt. Das »A« in der Typenbezeichnung stand für den Allradantrieb, den kein anderer deutscher Hersteller zu diesem Zeit-punkt so ausgereift anbieten konnte. Die M.A.N. hatte

bereits 1937 mit der Entwicklung des Allradantriebs für Lkw begonnen. Sie profitierte dabei von ihren Erfahrungen mit dem »Einheitsdiesel«. Dieser war für das deutsche Heer konstruiert worden, der Antrieb erfolgte über alle sechs Räder beziehungsweise alle drei Achsen. Mit dem Lkw-Typ ML 4500 A kam 1940 auch ein Zwei-Achs-Lkw auf den Markt. Der auf diese Erfahrung aufbauende AS 325 schrieb ab 1948 Traktorengeschichte. Von 1948 bis 1950 wurden bemerkenswerte 1.728 Ackerdiesel verkauft.

Ab 1950 wurde in der Produktion ein eigenes Band für die Schlepperherstellung eingerichtet, mit dem die M.A.N. in Nürnberg auf bis zu 250 Einheiten im Monat kam.

Über 35 Ackerdiesel-Typen in vielen Varianten und mit Dutzenden von Zusatzgeräten entstanden in den kommenden Jahren bei der M.A.N., um mit einem breiten Produktspektrum alle Marktsegmente und Kundenanforderungen zu bedienen. Es gab Schlepper von 13 bis 67 PS, mit 2-, 3- oder 4-Zylinder-Dieselmotoren. Die Produktion erreichte mit rund 600 Einheiten pro Monat im Jahr 1961 ihren Höhepunkt. Eine Übersicht und genaue Typenabfolge ist im Anhang aufgelistet.

Selbstverständlich gab es für die Traktoren auch einen eigenen Kundendienst und ab 1950 sogar einen speziellen Revisionsdienst – die Mitarbeiter dieses Kundendienstes fuhren einheitlich nur VW-Transporter. Natürlich spielte auch der Export für die Ackerdiesel eine wichtige Rolle. Geliefert wurde in 55 Länder, von den Tropen bis in die eiskalte Arktis.

Bis zur Verlegung der Produktion ins Werk München fertigte Nürnberg bis 1954 über 11.000 Ackerdiesel. Nach dem Umzug rollte am 6. September 1955 der erste Ackerdiesel im neuen Werk vom Band, ein B 18 A. Er war damit das erste Nutzfahrzeug, das im Werk München produziert wurde. Der Umzug nach München erleichterte den Traktorenbau. Ab 1955 stieg die Stückzahl auf rund 7.000 Ackerdiesel im Jahr an. Die Schlepper wurden jedoch nicht nur auf dem Feld eingesetzt, sondern fanden vielfältig Anwendung, zum Beispiel als schwerer Holztransporter, als Räumfahrzeug mit Schneepflug oder als Zugmaschine für die Propellermaschinen auf den Rollfeldern am Flughafen München-Riem. Aufgrund der steigenden Nachfrage nach Lkw wurde die Schlepperproduktion 1962 heruntergefahren, um – wie schon Mitte der 1920er Jahre – Kapazitäten zu schaffen. Im Frühjahr 1963 wurde der letzte Traktor, ein 4N2, gebaut. Parallel erfolgte die vertragliche Abgabe der Produktion an Mannesmann/Porsche-Diesel nach Friedrichshafen. Die M.A.N. lieferte weiterhin Motoren und Allradantriebe zu. Aber auch am Standort am Bodensee wurde der Schlepperbau wenig später eingestellt. Insgesamt entstanden in den drei Produktionsphasen über 53.000 M.A.N.-Traktoren, davon 51.826 nach dem Zweiten Weltkrieg.

oben: Motorpflug mit offener Motorhaube, 1920.
Mitte: Picknick auf dem Felde mit dem Motorpflug.
unten: Ackerschlepper von 1940.

Ackerdiesel

linke Seite:

ganz links oben: Ackerdiesel mit Doppelbereifung im schweren Geländeeinsatz, 1960.

links oben: Ackerdiesel in Tunesien.

ganz links unten: Ackerdiesel im Einsatz auf dem Flughafen Stuttgart-Böblingen, 1952.

links unten und rechte Seite: Impressionen aus den 1960er Jahren.

Neue Formen in den 1960er Jahren

Eine Ära endet und gleich mehrere neue Abschnitte beginnen, das könnte das Motto der M.A.N.-Nutzfahrzeuggeschichte für die 1960er Jahre sein. 1963 lief der letzte F8 im Werk München vom Band. Über zwölf Jahre war er das M.A.N.-Flaggschiff im Fern- und Schwerlastverkehr gewesen. Gleichzeitig hielt mit der Einführung der elektronischen Simultanabrechnungsanlage RAMAC (Random Access Method of Accounting and Control), einem IBM 305, der Computer Einzug in die Nutzfahrzeugabteilung.

Produktionsvereinbarung mit Saviem. 1963 markierte die gemeinsame Entwicklungs- und Produktionsvereinbarung zwischen der M.A.N. und Saviem eine neue Ära in der Lkw-Geschichte, vier Jahre später begann der gemeinsame Verkauf von leichten Nutzfahrzeugen. Parallel dazu wurden auch erste Kooperationsgespräche mit Steyr-Daimler-Puch aufgenommen, die aber (noch) keinen Erfolg brachten. Die Zusammenarbeit von der M.A.N. und Saviem, einer Tochter von Renault – entstanden aus den Marken SOMUA, Latil und Renault Nutzfahrzeuge – war eine der ersten erfolgreichen Kooperationen auf europäischer Ebene in der Nutzfahrzeugbranche überhaupt. Insgesamt wurden in zehn Jahren über 7.100 leichte Lkw und 5.600 Transporter importiert beziehungsweise

montiert und vertrieben. Aus dem französischen Modell SG 2 wurde so beispielsweise der M.A.N.-Typ 270. Die Franzosen erhielten im Gegenzug schwere Lkw aus München.

Der wirtschaftliche Erfolg der Lkw-Allianz war zwar alles in allem mittelmäßig. Die Zusammenarbeit erstreckte sich jedoch nicht allein auf die Lkw-Fertigung, sondern auch auf kaufmännische und technische Gebiete. Die M.A.N. profitierte etwa bei der Entwicklung des neuen, eckigen Fahrerhauses (Typ F7, später F8) für den Fernverkehr, und Saviem konnte sowohl sein Lkw-Portfolio in der schweren Reihe ergänzen als auch eine Lizenz für den M-Dieselmotor erwerben.

Das neue Fahrerhaus gab es in zwei Breiten mit 230 und 250 cm und in drei Längen: als Großraumkabine mit Schlafliegen, als kurzes Nahverkehrshaus und ab 1969 noch als ein extra kurzes Fahrerhaus für den Verteilerverkehr auf Kurzstrecken. Kippbar war das neue Fahrerhaus nun in zwei Stellungen mit 45° für die Wartung oder 60° bei größeren Reparaturen. Es löste das Fahrerhaus der »Pausbacke«, des vorherigen Frontlenker-Modells, ab und blieb mit kleinen Veränderungen bis 1986 bestehen, bis es von der nächsten Fahrerhausgeneration des F90 abgelöst wurde. Es war ein großer Entwicklungsschritt im Kabinenbau. Das neue Fahrerhaus hatte nun einen freien Durchstieg vor den Sitzen. Der Motorkasten verschwand, da die Motoren »untersitz« ca. 40° geneigt über der Vorderachse eingebaut wurden. Auch der Einstieg wurde deutlich verbessert und der Fahrersitz bekam Stoßdämpfer, während sich der Beifahrer über Armlehne, Nackenstütze und eine verstellbare Rückenlehne freuen konnte. Die »Bild-Zeitung« schrieb bei der Fahrzeugvorstellung: »Sessel, Bett und Schrank – so gemütlich wie zu Hause!« 1967 kam das erste neue Fahrerhaus für Lkw von 12 bis 19 t auf den Markt.

Die M.A.N. führte bei diesen neuen Modellreihen ein Baukastensystem ein: Alle Reihen-6-Zylinder-Motoren passten in den gleichen Rahmen. Gleichzeitig ließ sich das neue Fahrerhaus auf alle Bau-Varianten setzen. 1969 verpasste die M.A.N. dem Kurzhauber ein Facelift mit einer komplett nach oben klappbaren Motorverkleidung. Gebaut wurde er für den Export

sogar bis 1994. Zeitgleich mit dem Facelift des Kurzhaubers gab es mit dem D 2858 M eine neue Topmotorisierung mit 304 PS. Ende der 1960er Jahre führte die M.A.N. als erster Hersteller in Europa die Vollluftfederung in Serie beim Lkw ein, entwickelte den Elektrobus und die Lkw-Gasturbine. Diese alternativen Antriebskonzepte werden in Kapitel 11 noch einmal detailliert vorgestellt. 1969 war der M.A.N. 13.275 der schnellste und stärkste Fernverkehrs-Lkw auf deutschen Straßen. Angetrieben wurde er von einem leistungsstarken und doch sparsamen V8-Motor.

Im selben Jahr eröffnete die M.A.N. auch eine Teststrecke für Nutzfahrzeuge auf dem Münchner Werksgelände. Die Bauzeit betrug ein Jahr und die Kosten beliefen sich auf rund 3 Mio. DM.

Busse aus Penzberg. Im Busbereich kam der 535 HO auf den Markt, etwas später folgten der 890 UO und UG. 1967 wurde das Werk Penzberg für die Omnibusproduktion eingeweiht. Dort wurden anfangs vor allem die Modelle 535 HO, 750 HO und 890 UO gebaut. Das Besondere an der Werksgründung im oberbayerischen Penzberg war, dass dort vor allem ehemalige Bergbauleute eingestellt wurden, von denen mehr als 450 Personen zuvor im Werk München von Grund auf umgeschult worden waren.

Der wirtschaftliche Aufschwung hielt an und so baute die M.A.N. das Kundendienstnetz auf 78 werkseigene Reparatur- und 120 Vertragswerkstätten aus. Diese Expansion war eine Notwendigkeit, um den sich stetig vergrößernden Kundenkreis betreuen zu können, schließlich erreichte die Jahresproduktion 1965 mit 14.000 Nutzfahrzeugen eine neue Rekordmarke. In diesem Jahr rollte auch der 100.000. Lastwagen nach dem Krieg vom Band. Es war ein Hauber-Modell 780 und er ging an eine Dortmunder Brauerei.

Einen Lkw zu bauen, dauerte damals rund zehn Stunden, die Tagesproduktion im Werk München belief sich auf bis zu 47 Einheiten.

Kooperation mit Saviem

ganz links oben und ganz links:
Die neuen Lkw-Baureihen sind im
Innenhof des Hauser Schlosses auf-
gestellt, 1968.

Neues Fahrerhaus

Das neue Fahrerhaus war in zwei
Stellungen kippbar und ganz leicht
zu bedienen, wie die Werbung veranschaulicht.

Entwicklung des Lkw-Fahrerarbeitsplatzes

(1) Fahrerhaus von 1916.
(2) Blick auf den Fahrersitz, 1929.
(3) Fahrerhaus des 630 L1, 1953.
(4) Fahrerhaus des Frontlenkers 780 mit Mitteltunnel.
(5) Das neue Fahrerhaus des F7 (später F8), 1967.

Entwicklung des Lkw-Fahrerarbeitsplatzes

(6) Fahrerhaus eines Kurzhaubers, 1970.

(7) Fernverkehrsfahrerhaus mit Liegen, 1978.

(8) Fahrerarbeitsplatz F90, 1989.

(9) Cockpit des TGS, 2012.

»Die gegen Aufpreis erhältliche Schlafgelegenheit unter dem geteilten Führersitz ist nur bei stillstehendem Wagen zu nutzen«
— Betriebsanleitung des F1, 1931

Der beste Bus

oben: Die Bus-Sparte der M.A.N. hatte sich nach dem Zweiten Weltkrieg wirtschaftlich gut entwickelt und technisch emanzipiert. Mit dem funktionalen und gleichzeitig ansprechenden Design gewann die M.A.N. Auszeichnungen, wie etwa 1969 in Nizza den »Grand Prix d'Excellence« und den »Grand Prix de la Securité« für den 750 HO-SL.

rechts oben: 750 HO-SL vor dem Münchner Nationaltheater, 1969.

rechts: Abnahmefahrt am Großglockner, 1966.

M.A.N. 13.275 von 1969

Der schnellste und stärkste Fernverkehrs-Lkw auf dem deutschen Markt, angetrieben von einem V8.

»Der Wagen macht sehr schweren Dienst. Er fährt Sand aus einer tiefen Grube heraus und dann einen 7 km langen Weg mit mehreren schweren Steigungen … Abends darf der Wagen meistens nicht in die Garage … «
– mitfühlender Inspektionsbericht, 1926

Hauber

Beim Lkw waren es vor allem die wuchtigen Hauber, die in den 1960er Jahren das Straßenbild bestimmten – onroad wie offroad. Der Hauber hatte für einige Branchenlösungen konstruktive Vorteile, sodass er z. B. als Baustellenkipper bis in die 1980er Jahre gebaut wurde.

16.230 FNS von 1968

Das F7-Fahrerhaus löste die »Pausbacke« ab, es blieb – modifiziert als F8 – bis 1986 im Einsatz und wurde dann vom F90-Fahrerhaus abgelöst. Ein Überblick über die Fahrerhausentwicklung ist auf S. 212 zu finden.

1966 gründeten die türkische Importfirma Ercan Holding und die M.A.N. Nutzfahrzeuge die Firma MAN Kamyon ve Otobüs A.S. In dem ersten Werk außerhalb Deutschlands sollten in Istanbul von nun an Lkw und Busse für den türkischen Markt gebaut werden. Am 29. Mai 1967 lief der erste MANAS-Lkw – so die vereinfachte Schreibweise – unter dem Applaus der Belegschaft vom Band, ein M.A.N. 520 H (rechte Seite, unten).

Die M.A.N. war zuvor bereits mit Tausenden von importierten Lkw im Straßenbild der Türkei präsent und in Istanbul durch die Errichtung der Galata- und Atatürkbrücke am Goldenen Horn in den Jahren 1912 und 1934 bekannt. Ab 1969 kamen auch M.A.N.-Busse aus der MANAS-Produktion, wie z. B. der 535 oder 590 sowie das 420 FOC-Chassis. Später exportierte MANAS Nutzfahrzeuge auch in den Irak, nach Jordanien, Kuwait, Syrien, Ägypten und Tunesien. Als Mitte der 1980er Jahre ein weiteres Werk in Ankara hinzukam, wurde die Produktion von Lkw und Bussen zunächst zwischen den beiden Standorten aufgeteilt, bevor die gesamte Fertigung schließlich nach Ankara verlegt wurde. 1995 folgte die Gesamtübernahme des Standorts durch die MAN und das ehemalige Werk in Istanbul sollte verkauft werden. 2002 erhielt die MAN-Tochter in der Türkei dann den Namen MAN Türkiye A.S.

MANAS

oben: MANAS-Bus vor der Hagia Sophia in Istanbul Mitte der 1970er Jahre.

rechte Seite:
oben und rechts oben: M.A.N. 590 MANAS.
ganz rechts: MANAS Bus am Hafen von Istanbul.

MANAS Türkei

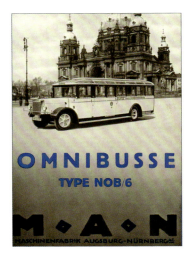

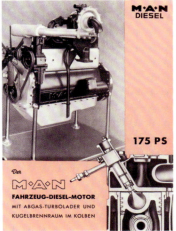

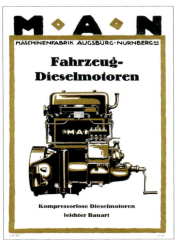

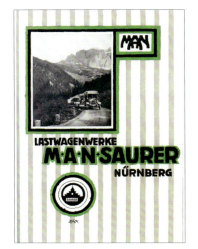

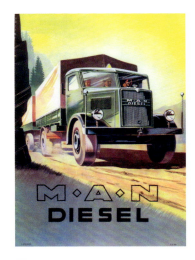

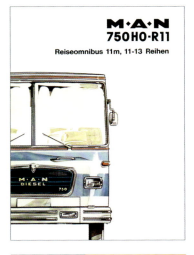

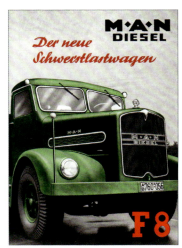

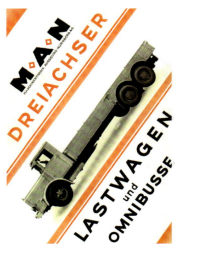

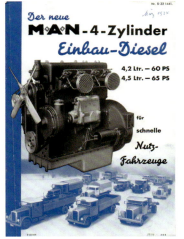

Werbung

M.A.N.-Werbung der
1920er bis 1960er Jahre.

M·A·N
1070 LL
IN DER 10-12 to-KLASSE

M·A·N
TYP 10.210 T.

M·A·N
36. INTERN. AUTOMOBIL-AUSSTELLUNG
FRANKFURT/MAIN
1953

M·A·N
750 HO - SL
STANDARD LINIEN-BUS

M·A·N
Ackerdiesel
MIT VIERRADANTRIEB

MASCHINENFABRIK AUGSBURG-NÜRNBERG A.G. WERK NÜRNBERG

M·A·N
DIESEL

HECK-OMNIBUS
SELBSTTRAGEND
TYP MKH 2 · 130 PS

STADTLINIEN- UND
VORORT-OMNIBUSSE
M·A·N
TYP 750 HO

M·A·N
OMNIBUSSE
535
750
890

M·A·N
Ackerdiesel
32 PS
TYP A 32 A

... überlegen durch Radantrieb

MIT DEM
NEUEN
M-MOTOR

7

SG 192 in den USA

1970 wird die Nutzfahrzeugsparte der M.A.N. als Unternehmensbereich Nutzfahrzeuge konstituiert. Der UBN, so die interne Abkürzung, leistete weitere Pionierarbeit bei der Einführung von europäischen Bussen im nordamerikanischen Busmarkt. Hier ist ein SG 192 von 1974 zu sehen, wie er etwa bei O'Hare Express am Flughafen von Chicago im Einsatz war.

Die 1970er Jahre –
Weichen werden gestellt

Die 1970er: UBN, VÖV und TotY

In den 1970er und frühen 1980er Jahren wurden bei der M.A.N. einige entscheidende Weichen für die folgenden Jahrzehnte gestellt. Das Unternehmen wurde größer, internationaler, eröffnete sich durch Übernahmen und Kooperationen neue Märkte und Technologien und brachte zahlreiche technische Neuerungen an Fahrzeugen und Motoren auf den Markt.

Unternehmensbereich Nutzfahrzeuge. Im Geschäftsjahr 1969/70 überschritt die Nutzfahrzeugsparte erstmals die Umsatzgrenze von 1 Mrd. DM: ein Rekord und wichtiger Meilenstein für den Lkw- und Busbereich. Zugleich organisierte die M.A.N. ihre Nutzfahrzeugsparte im Konzern neu und konstituierte 1970 den Unternehmensbereich Nutzfahrzeuge, abgekürzt UBN. Die Lkw- und Busproduktion bekam mehr Gewicht und Selbstständigkeit im Konzern. 1970 erfolgte auch die Komplettübernahme der Firma Büssing. Zuvor hatte die M.A.N. Ende der 1960er Jahre eine Kooperationsvereinbarung mit Büssing abgeschlossen, sich mit 10 Prozent am Unternehmen beteiligt und diese Beteiligung wenig später auf 50 Prozent erhöht. 1970 gingen die verbliebenen 50 Prozent in den Besitz der GHH über.

VÖV-Busse. Anfang der 1970er Jahre führte die M.A.N. für den deutschen Markt den Standard-Linienbus (SL 192, 195 und etwas später SL 200) und den Standard-Reisebus (mit dem Kürzel SR) erfolgreich ein. Der Standard-Bus, auch VÖV-Standard-Linienbus oder VÖV-Standard-Bus, kam ab 1968 auf den Markt und war ein vereinheitlichter Bustyp, der in Zusammenarbeit mit dem Verband öffentlicher Verkehrsbetriebe (VÖV) entwickelt worden war, um die Wartung und Reparatur der Fahrzeuge bei den öffentlichen Verkehrsbetrieben zu vereinfachen. Die beiden neuen M.A.N.-Produkte kamen also genau zum richtigen Zeitpunkt. Mit dem Reisebus SR kehrte die M.A.N. ins Reisebus-Geschäft zurück, nachdem sie bereits einen Marktanteil von 30 Prozent bei den Stadtlinien- und Überlandbussen besaß. Spätestens seit Anfang der 1980er Jahre erhielten alle Omnibusse der M.A.N. serienmäßig Unterbodenschutz gegen Korrosion, Klappen aus Aluminium und doppelt verzinkte Stahlbleche für die Aufbauten. In den frühen 1980er Jahren wurde auch das Busprogramm weiter modernisiert. Die Zahl »2« am Ende der dreistelligen Typenzahl verweist auf die zweite Fahrzeuggeneration (VÖV2), wie z. B. beim SL 202, SÜ oder SG 242.

Neue Motoren. Bei den Motoren tat sich auch einiges: 1970 schlossen die M.A.N. und Daimler-Benz einen Kooperationsvertrag für die gemeinsame Bestellung von Hauptkomponenten für die Motoren- und Achsproduktion. Aus dieser Zusammenarbeit entstanden neue Antriebsaggregate, die bei der M.A.N. die Typbezeichnung D 25 bekamen. Den Motor gab es mit fünf, sechs, acht und zehn Zylindern, jeweils als Reihen- oder V-Variante. Die neue Motorenkennzeichnung z. B. als D 2556 M etwa bedeutete Dieselmotor, 125 mm Bohrung, 150 mm Hub, 6-Zylinder, M-Verfahren (siehe dazu S. 204).

1976 wurde die Turboaufladung bei Lkw-Dieselmotoren serienreif, drei Jahre später präsentierte die M.A.N. weiterentwickelte aufgeladene Motoren. Im Jahr 1983 brachte sie mit dem D 28 eine neue Motorenbaureihe auf den Markt, die erstmals ohne das M-Verfahren arbeitete. Neben den Motoren führte das Unternehmen Anfang der 1970er Jahre die neu konstruierte Außenplanetenachse, kurz AP-Achse, ein. Die neuen Aggregate brachten der M.A.N. zusammen mit der bewährten Technik eine wichtige Ehrung: 1978 wurde das Lkw-Modell 19.280 zum »Truck of the Year (TotY)« gekürt. Die M.A.N. erhielt damals zum ersten Mal die Auszeichnung für Lkw, die es seit 1977 gibt. Herzstück des prämierten Trucks war ein aufgeladener 280 PS-6-Zylinder-Reihenmotor, der leicht und sparsam war. In den Folgejahren entstanden einige weitere bemerkenswerte Lkw, wie etwa der neue 40.400 Schwerlast-Lkw von 1979 mit einem V10-Turbo-Dieselmotor mit 400 PS.

Zur IAA 1979 präsentierte die M.A.N. weiterentwickelte Motoren. Die 280 und 320 PS-Reihen-6-Zylinder wurden auf eine kombinierte Aufladung und Ladeluftkühlung umgestellt. Im folgenden Jahr kamen die ersten neuen Lkw-Typen auf den Markt, von denen gleich das Modell 19.321 als »Truck of the Year« prämiert wurde. Die erste Zahl gibt die Nutzlast in Tonnen und die drei Zahlen hinter dem Punkt die PS-Zahl an. Beim 19.321 markiert die »1« am Ende schon die neue Fahrzeugmotorengeneration.

Das Produktprogramm der M.A.N. wurde auch nach unten erweitert: 1977 gingen das Unternehmen und Volkswagen eine Kooperation in der Nutzfahrzeugklasse von 6 bis 9 t Gesamtgewicht ein (siehe dazu S. 189).

Investitionen. Mitte der 1970er Jahre gab es im Werk München drei große Investitionsprojekte: 1. die Versuchsabteilung setzte eine Stahlhubbrücke; 2. die Lkw-Achsen wurden auf neu entwickelten Transferstraßen rationeller gefertigt; und 3. das computergesteuerte Hochregallager bot mit 35.000 Paletteneinheiten Platz für Roh-, Halb- und Fertigteile – platzsparend und jederzeit verfügbar angeordnet. 1983/84 wurde die Einschienenförderbahn im Werk München eingeführt, die von der Fahrerhauslackiererei bis zum Ausstattungsband den Produktionsablauf modernisierte. In der Lackiererei wurden von nun an auch die ersten Roboter eingesetzt.

Gebrauchtfahrzeuge. Das Leistungsspektrum der M.A.N. Nutzfahrzeuge wurde ebenfalls auf anderen Ebenen ausgebaut: Mindestens seit 1980 vertrieb der UBN auch Gebrauchtfahrzeuge. Es gab damals zwei Gebrauchtwagenniederlassungen: eine im Norden in Hannover-Garbsen und die zweite im Süden in München in der Ludwigsfelder Straße. Dort warb man mit dem Slogan: »Gebrauchte von M.A.N. – Erste Qualität aus zweiter Hand. Qualität wird nicht älter – höchstens preiswerter.« Im Wiederverkaufsprogramm waren zum damaligen Zeitpunkt rund 1.500 Lkw und 250 Omnibusse. 1982 führte die M.A.N. das »Fahr- und Spartraining« für Lkw-Fahrer ein, das später in MAN Solutions als MAN ProfiDrive® aufgehen sollte. Das UBN-Service und -Training Centre wurde 1979 für Werkstattmitarbeiter von M.A.N.-eigenen Servicebetrieben oder Vertragswerkstätten in München-Unterföhring gegründet.

Im Jahr 1980 feierte das Werk München sein 25-jähriges Bestehen. Viele prominente Gäste gratulierten und einige kamen auch persönlich zum Festakt, wie der damalige Ministerpräsident Bayerns, Franz Josef Strauß. Zeitlich versetzt war sogar der damalige Bundeskanzler Helmut Schmidt zu Gast.

Krisen in den 1970er und frühen 1980er Jahren. Das Geschäftsjahr 1972/73 brachte für die deutschen Lkw-Hersteller den bis dahin stärksten Markteinbruch seit Kriegsende, ausgelöst durch die allgemeine Wirtschaftskrise und die Ölkrise. Es war die vierte große Absatzkrise bei der M.A.N. nach der Hyperinflation in den 1920ern, der Weltwirtschaftskrise Anfang der 1930er Jahre sowie dem Wiederaufbautief in den 1950er und 1960er Jahren. Die M.A.N. konnte den sinkenden Lkw-Absatz durch die hohen Omnibusabsätze ein gutes Stück weit kompensieren. Das Dienstleistungsgewerbe der Busunternehmer sicherte in dieser schwierigen Lage die Kontinuität der Beschäftigung und verhinderte größere Entlassungen bei der Lkw-Produktion. Anfang der 1980er Jahre ging der Lkw- und Busverkauf nochmals auf dramatische 8.000 Nutzfahrzeuge im Jahr zurück. Im Geschäftsjahr 1981/82 stieg aufgrund der rückläufigen Nachfrage in der BRD der Exportanteil so auf 68 Prozent.

Der UBN beschäftigte Anfang der 1980er Jahre rund 20.000 Mitarbeiter in Deutschland. Darüber hinaus war er in 85 weiteren Ländern durch Vertriebsgesellschaften, Importeure oder Vertragsvertretungen im Export tätig, über 500 Händler und knapp 1.000 Servicestationen sorgten für die Kundenbetreuung. Mitte der 1980er Jahre wurde der Produktbereich Fahrzeugdieselmotoren in Nürnberg dem UBN zugeordnet und die M.A.N. konzentrierte ihr

norddeutsches Produktionsvolumen in Salzgitter. Die Braunschweiger Mitarbeiter konnten im Werk in Salzgitter weiterbeschäftigt werden, als der alte Büssing-Standort etwas später aufgegeben wurde.

Großinvestitionen im Werk München

(1) Stahlhubbrücke für die Versuchsabteilung.
(2) Transferstraße für die rationelle Achsfertigung.

25 Jahre M.A.N.-Werk München

1980 feierte das Werk sein 25. Jubiläum. Zur Feier kamen sowohl der bayerische Ministerpräsident Franz Josef Strauß (3) als auch Bundeskanzler Helmut Schmidt (4), links neben ihm Wilfried Lochte, Leiter des UBN, rechts der Münchner Oberbürgermeister Hans-Jochen Vogel. Die beiden politischen Widersacher besuchten die Jubiläumsfeierlichkeiten nacheinander.

»Truck of the Year« 1978 und 1980

1978 erhielt die M.A.N. zum ersten Mal die begehrte Auszeichnung »Truck of the Year« für das Lkw-Modell 19.280 mit dem aufgeladenen 280 PS-6-Zylinder-Reihenmotor, der leicht und sparsam war (links).

Die ersten neuen Lkw-Typen kamen 1980 auf den Markt. In diesem Jahr wurde der Lkw 19.321 als »Truck of the Year« prämiert. Die »1« am Ende der Bezeichnung zeigte die neue Fahrzeugmotorengeneration an (oben).

Vor allem die geräumige und fahrergerechte Frontlenkerkabine mit optionaler Schlafliege kam in diesem Modell bei den Fernfahrern gut an.

Busse

links: Ein Standard-Gelenkbus am Münchner Marienplatz, ca. 1977.

oben: Zum ersten Mal wurde in den 1970er Jahren Kunststoff im Innenraum der Busse eingesetzt, z. B. für die Hartschalensitze.

rechte Seite: Anfang der 1970er Jahre wurden der Standard-Linienbus (SL) und der Standard-Reisebus (SR) eingeführt. Rechts ein SL 200 in Innsbruck und ganz rechts ein SR 280 von 1979.

»Wenn Fahrzeug betriebsbereit, sofort mit mittlerer Drehzahl wegfahren«
– Betriebsanleitung für Standard-Omnibusse, 1971

1971 baute die M.A.N. den ersten Standard-Gelenkbus (SG) in der Bundesrepublik. Die Busse wurden, wie auch die SL und SR-Typen, weltweit verkauft.

rechts: SG 310 vor dem Kapitol in Washington, 1984. Von den Standard-Gelenkbussen wurden rund 400 Exemplare in die USA exportiert und fuhren dort für die Verkehrsbetriebe in Seattle, Chicago, Pittsburgh, Washington, Atlanta und Los Angeles.

linke Seite: SG 192 auf dem Roten Platz in Moskau, 1974.

Internationalisierung durch Expansion

Die M.A.N. weltweit

oben: Hauber in Neukaledonien, 1977.

rechts oben: Eröffnung des Buswerkes in Cleveland, USA, 1981.

rechts: Ein roter 415-Hauber im Jahr 1968 in Paraguay. Der Lkw wurde vor Ort zu einem Bus umgebaut.

ganz rechts: Die Firma Meyer & Hiller wurde 1962 von M.A.N.-Mitarbeitern in Südafrika gegründet und 1972 als M.A.N. Truck & Bus S.A. in Isando von der deutschen Mutter übernommen.

»Wir entsenden in jedes Land, in das mehr als 25 Fahrzeuge geliefert wurden, einen Monteur, der diese Fahrzeuge zu überwachen hat.«
– Aktennotiz zum Auslands-Kundendienst, 1937

Die Jahre 1970/71 markierten für die M.A.N. nicht nur wegen der Konstituierung der UBN und der Übernahme von Büssing einen Wendepunkt. Auch für das internationale Geschäft wurden die Weichen neu gestellt: Internationalisierung durch Expansion lautete die Strategie. 1971 übernahm die M.A.N. die Aktienmehrheit der Österreichischen Automobilfabrik Ö.A.F. Gräf & Stift AG. Damit begann sich die M.A.N.-Lkw- und -Busproduktion, von ihrem bis dahin bayerischen Herstellerprofil und ihrem schwerpunktmäßig bundesdeutschen Kundenkreis zu lösen und sich internationaler aufzustellen. In diesem strategischen Zusammenhang muss man auch die Firmengründungen beziehungsweise Beteiligungen in der Türkei (MANAS 1966), in Österreich und in Südafrika sehen. In Südafrika übernahm 1972 die M.A.N. die zehn Jahre zuvor gegründete Firma Meier & Hiller und schuf die neue M.A.N. Truck & Bus S.A. in Isando. Die Internationalisierungsstrategie sah bewusst regionale Produktanpassungen für die jeweiligen Märkte vor Ort vor. Sie umfasste auch den Start für den intensiven Ausbau der europäischen Vertriebs- und Serviceorganisation, etwa in Skandinavien, und zeigte sich letztendlich in einem deutlichen Anstieg der Exportzahlen vor allem zwischen dem Ende der 1950er bis Anfang der 1970er Jahre (siehe Grafik rechts).

Selbstverständlich war die M.A.N. schon zuvor international aufgestellt, man erinnere sich an den M.A.N.-LWW Lastwagen in Finnland, die indischen Exportgeschäfte oder an die abenteuerliche Reise des Ingenieurs Zacher in den Iran. Besonders die kleinen Wagentypen D, E und Z wurden in den 1930er Jahren in bis zu 40 Länder geliefert. Aber während des Zweiten Weltkrieges ging der größte Teil des internationalen Geschäfts verloren. Mit dem Wachstum der M.A.N. während des Wirtschaftswunders begann der internationale Verkauf wieder deutlich anzusteigen. Beispielsweise wurden 415-, 420- und 758-Hauber in den 1960er Jahren nach Mittelamerika geliefert.

In den 1970er Jahren wurden M.A.N.-Nutzfahrzeuge auch als Lizenzprodukte gefertigt, etwa Omnibusse und Lkw in Rumänien oder Ungarn als »ROMAN« oder Typ »RABA-MAN«.

Zu einem wichtigen und neuen Markt in diesen Jahren wurden die USA. Die M.A.N. beschritt mit der Einführung von europäischen Bussen Pionierarbeit im nordamerikanischen Busmarkt. Wurden die ersten Busse noch in zerlegtem Zustand aus dem Werk Penzberg geliefert, kam es im Laufe der Geschäftsbeziehungen zur Gründung der US-Dependance MANTRANS. Die anhaltende Nachfrage nach M.A.N.-Bussen in den USA führte 1981 zur Gründung eines Montagewerkes für Gelenkbusse in Cleveland, North Carolina, und zur Gründung der MAN Truck and Bus Corporation in Amerika. 1984 endete die Busproduktion in den USA allerdings. Als der Dollar deutlich unter die 3 DM-Grenze fiel, bedeutete dies das wirtschaftliche Aus für den Produktionsstandort. Insgesamt wurden hier in den Jahren von 1976 bis 1984 1.231 M.A.N.-Solo- und -Gelenkbusse gefertigt.

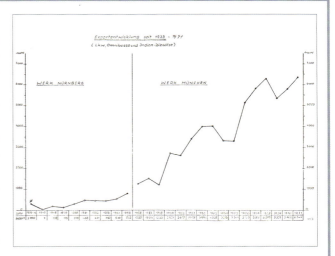

ganz oben: Exportzahlen von 1933 bis 1971.
oben: ROMAN-Prospektcover, 1977.

Die M.A.N. international
Hauber in Saudi Arabien, 1977.

Schwer bepackt

Ein 30.240 Hauber im Einsatz für den Holztransport im zentralafrikanischen Gabun, 1979.

Die Geschichte der ÖAF in aller Kürze

1907 als Fiat Austria (Österreichische Fiat-Werke AG, später Austro-Fiat) gegründet, startete die Firma mit der Fertigung von Pkw, Lkw und Bussen vor dem Ersten Weltkrieg. Es folgte nach der Übernahme der Aktienmehrheit durch die Österreichische Kreditanstalt 1921 eine Umbenennung in Österreichische Automobil Fabriks-AG, kurz ÖAF. 1935/36 begann die Zusammenarbeit mit der M.A.N. durch Lizenzbau von Dieselmotoren mit Direkteinspritzung. 1938 übernahm nach dem Anschluss Österreichs an das nationalsozialistische Deutschland die M.A.N. die Aktienmehrheit. Nach dem Zweiten Weltkrieg erfolgte die Beschlagnahmung durch die sowjetische Besatzungsmacht. Erst 1955 kam die ÖAF in den österreichischen Staatsbesitz. 1970/71 erfolgte unter der Führung der M.A.N. der Zusammenschluss von Ö.A.F. mit Gräf & Stift zur Österreichischen Automobilfabrik Ö.A.F. Gräf & Stift AG. Die M.A.N. übernahm die Aktienmehrheit an dem Unternehmen. Die Gründung der Firma Gräf & Stift wiederum geht auf das Jahr 1896 zurück. Nutzfahrzeuge baute das Unternehmen seit 1902. Die Firma konnte sich von Anfang an einen guten Ruf mit dem Bau von Pkw und Nutzfahrzeugen von besonders guter Qualität erwerben.

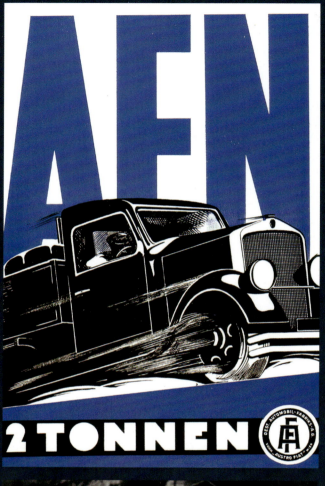

rechts oben: AFN-Lkw-Prospekt der ÖAF von 1936. Der Zweitonner zählte zu den Erfolgsmodellen der Österreicher.

ganz oben: Gräf & Stift-Kaiserwagen. Als der österreichische Kronprinz Franz Ferdinand am 28. Juni 1914 in Sarajevo erschossen wurde – was den Ersten Weltkrieg auslöste –, fuhr er im sogenannten Kaiserwagen. Es gab nur zwei Exemplare dieses Typs 40/45. Eines davon steht heute noch in der Wagenburg des Schlosses Schönbrunn in Wien.

oben: Gräf & Stift-Leibwagen des österreichischen Kaisers Franz Joseph, 1912.

rechts: Gräf & Stift-Rennwagen von 1923 mit Josef Gräf am Steuer. Besonders schön zu erkennen ist die Löwenfigur als Kühlerverschraubung.

Service und Reparatur

Blick in die Reparaturwerkstatt in Siegsdorf, 1970. Das Service- und Vertriebsnetz war 1970 in der Bundesrepublik Deutschland flächendeckend gegeben und setzte sich aus 248 Verkaufsniederlassungen sowie eigenen Reparatur- und Vertragswerkstätten zusammen.

179

19.281 F Milchtransporter, 1983.

Laster auf Autobahn: 19.280 F in Holland, 1978.

M.A.N. 16.320 U

Ein 16.320 mit Unterflurmotor in den Niederlanden, 1976. Lkw, die mit Unterflurmotor im Werk Salzgitter gebaut wurden, bekamen damals im Kühlergrill den Doppelnamen M.A.N.-Büssing.

M.A.N. 19.280 FLS

Containertransporter im Hamburger Hafen, 1977. FLS
bedeutet: Frontlenker, Luftfederung, Sattelzugmaschine.

Büssing

»Die Firma H. Büssing wurde im Jahre 1903 durch Heinrich Büssing mit der Aufgabe gegründet, dem sich aufstrebenden Automobilismus nach der praktischen wirtschaftlichen Seite hinzulenken und zwar auf das Gebiet des Nutzkraftwagens für Lasten- und Personentransporte.« So heißt es in einer Vertreter-Instruktion zur Automobilausstellung in Berlin 1921, heute würde man von einem Messebriefing für die Verkaufsmannschaft am Stand sprechen.

Büssing hat zwar weder den Lkw noch den Omnibus erfunden, aber sich als erster deutscher Hersteller ausschließlich auf die Konstruktion und Produktion von Nutzfahrzeugen fokussiert und erstaunliche Innovationen geschaffen. Die Firma H. Büssing war somit ein Pionier der Nutzfahrzeuggeschichte. »Wir bauen Wagen für Leute, die sonst zu Fuß gehen müßten. Andere mögen bauen für Leute, die vorher Kutsche gefahren sind«, formulierte Heinrich Büssing 1903 das Ziel seines Unternehmens.

Der Konstrukteur hatte 1902 bereits ein erfülltes und erfolgreiches Berufsleben hinter sich, als er mit 60 Jahren als technischer Leiter bei der Eisenbahnsignal-Bauanstalt Max Jüdel und Co. ausschied und in deren Aufsichtsrat wechselte. Im gleichen Jahr baute er seinen ersten Versuchswagen, genannt »die graue Katze«, und gründete mit seinen Söhnen Max und

Ernst am 17. April 1903 die Firma »Heinrich Büssing, Fabrikation von Verbrennungsmotoren und Kraftwagen« in der Elmstraße 40, dem heutigen Heinrich-Büssing-Ring, in Braunschweig.

Um seine Nutzfahrzeuge zu verbessern, verkaufte er die ersten selbst gebauten Exemplare nicht, sondern schickte sie immer wieder auf Test- und Belastungsfahrten. Zu den anspruchsvollsten Erprobungen zählten die Touren in den Harz, dem Mittelgebirge südöstlich von Braunschweig. Nach kurzer Zeit kam ein Dorfpfarrer auf Heinrich Büssing mit der Bitte zu, auf seinen Ausfahrten Personen mitzunehmen. Und die örtliche Post fragte bei Büssing nach, ob er bei seinen Fahrten nicht auch Postsendungen befördern könnte. Am 1. September 1904 schlossen daraufhin die Oberpostdirektion in Braunschweig und Heinrich Büssing einen Vertrag über die Beförderung von Postsendungen für eine Vergütung von 100 Mark im Monat. Das Postgut wurde in einem verschließbaren Postkasten verwahrt und der Fahrer erhielt eine offizielle Armbinde der Post, die mit dem Reichsadler und einem Signalhorn geschmückt war. So entstand 1904 die Buslinie Wendeburg–Braunschweig. Es war die erste Postomnibuslinie in Norddeutschland und damit die erste privatwirtschaftlich betriebene Kraftomnibuslinie Deutschlands mit Personen- und Postbeförderung und vermutlich sogar die erste ihrer Art weltweit. Zum Vergleich: Die erste Buslinie in Süddeutschland wurde im Jahr 1906 zwischen Bad Tölz und Lenggries eröffnet. Einige der Anwohner hatten von Anfang an Vorbehalte gegen die Einführung des knatternden und stinkenden Motorwagens, verdrehten daher absichtlich Orts- und Richtungsschilder und, so ist es belegt, es wurde aus dem Unterholz auch mehrfach auf den Postomnibus mit einer Flinte geschossen. Dazu passt ein rückblickendes Zitat von Henry Ford: »Wenn ich die Menschen gefragt hätte, was sie wollen, hätten sie gesagt, schnellere Pferde.«

Büssings Buslinie Wendeburg–Braunschweig blieb hingegen bis zum Ersten Weltkrieg ununterbrochen in Betrieb. Das Personenabteil bot Platz für 18 Fahrgäste und war in zwei Klassen unterteilt. Da Büssing die Kraftfahrzeuge nicht nur selbst baute,

sondern sie auch im Straßenverkehr betrieb, schuf er schnell Vertrauen bei den Passagieren und förderte die Einführung und den Betrieb von Nutzkraftwagen im öffentlichen Straßenverkehr nachhaltig. Der Büssing-Postomnibus-Fahrplan enthielt nicht nur allgemeine Angaben, sondern wies Abfahrts- und Ankunftszeiten auf die Minute genau aus, sodass die Passagiere selbst die Pünktlichkeit und Zuverlässigkeit der Omnibusse kontrollieren konnten. Das Ein- und Aussteigen während der Fahrt war streng verboten, galt doch Gefahr für Leib und Leben bei einer Höchstgeschwindigkeit von rasanten 20 km/h.

Kurze Zeit später wurde die Buslinie auf vier Fahrstrecken ausgeweitet. Die Omnibusbetriebe wurden 1908 von dem Fabrikationsbetrieb ausgegliedert und am 20. Dezember 1909 in die Büssing Kraftwagen-Betrieb Braunschweig GmbH überführt. Anfang der 1920er Jahre gingen sie dann schließlich in der Kraftverkehrsgesellschaft Braunschweig (KVG) auf.

Neben dem Betrieb des Linienverkehrs baute Heinrich Büssing ab 1904 z.B. rund 400 Omnibusse für den Personenverkehr der General Omnibus Company in London, und zwei Jahre später lieferte er auch nach Berlin: Oberdeck-Omnibusse, die Vorgänger der ersten Doppeldecker. Seine Jahresproduktion belief sich damals auf ca. 50 Stück.

Bereits 1906 stieg Büssing in Zusammenarbeit mit Continental in die Entwicklung des luftgefüllten Reifens, genannt »Hohlreifen für hohe Drücke«, für Nutzfahrzeuge bis drei Tonnen ein. Er zählt damit auch auf diesem Gebiet zu den Pionieren.

1908/09 gründete der Unternehmer darüber hinaus in Berlin die Transportgesellschaft zur Beförderung von Waren und Gütern, die unter der Leitung von Willy Staniewicz stand. Dies war wahrscheinlich eine der ersten Kraftverkehrsgesellschaften, sprich Lkw-Speditionsfirmen, der Welt.

1909 konstruierte Büssing den ersten 6-Zylinder-motor. Er hatte 19,2 l Hubraum und 90 PS und gilt als der erste deutsche, serienmäßig im Nutzfahrzeugbau verwendete 6-Zylinder-Motor überhaupt. Außerdem baute er ab 1913/14 den Typ II als seinen ersten Kardanwagen mit elektrischen Frontscheinwerfern und Gas-Positionslampen.

Zum Wechsel des Jahrzehnts wurde die erste Form der Fließbandfertigung bei den Büssing-Werken eingeführt sowie 1924 der erste deutsche Dreiachser in Braunschweig konstruiert und gebaut. Seit der Mitte des Jahrzehnts setzte Büssing den Sechs-Rad-Omnibus, wie der erste Dreiachser mit zwei unabhängig voneinander angetriebenen Hinterachsen hieß, übrigens auch auf den Beförderungsstrecken im Harz ein. Dies gewährleistete den Betrieb auch im Winter bei Steigungen von bis zu 14 Prozent und 70 cm hoher Schneedecke am gipfelnahen Torfhaus.

Die Produktinnovationen bei Büssing gingen auch in den kommenden Jahren so weiter. Als die M.A.N. 1967/68 begann, die Aktien seines Unternehmens aufzukaufen, hatte die Firma aus Braunschweig allerdings einen Großteil ihres technologischen Vorsprungs eingebüßt und es ging ihr trotz Innovationen wie beispielsweise dem Supercargo Decklaster wirtschaftlich schlecht. Wovon die M.A.N. bei der Übernahme vor allem profitierte, waren der bessere Unterflurmotor, dessen Entwicklung bei Büssing bis in die 1930er Jahre zurückging und der auch für alle Lkw-Baureihen benutzt wurde, das Know-how beim Bau von Omnibus-Doppeldeckern sowie die Übernahme des Werks in Salzgitter-Watenstedt, 1964 errichtet mit einer Grundfläche von 600.000 m², als zusätzlichen Produktionsstandort.

rechts, von oben nach unten:

Büssing-Oberdeckomnibus für London, ca. 1904; Büssing-Briefkopf von 1912; der erste Büssing-Lkw mit Kardanantrieb, 1914; erster Büssing-Diesel-Unterflurmotor UD 6, 1936.

linke Seite, von oben nach unten:

Heinrich Büssing; der erste Büssing-Lkw mit der Bezeichnung ZU 550, 1903; der Fahrplan der ersten Buslinie von 1904; Eröffnungsfoto der ersten Buslinie der Welt, 1904. Der Omnibus ist feierlich geschmückt. Von rechts nach links stehen Pastor Hayder aus Wendeburg, an zweiter Stelle Heinrich Büssing, an vierter Position Herr Meier von der späteren Kraftverkehrs Gesellschaft Braunschweig, daneben Büssings Söhne Max und Ernst, Letzterer sitzend, sowie außen der Fahrer Herr Bussenius.

Neue Typenbezeichnung

1971 wurde eine neue Lkw-Typenbezeichnung eingeführt. Die Zahl vor dem Punkt gab das maximal zulässige
Gesamtgewicht an, hinter dem Punkt stand die PS-Motor-
leistung, gefolgt von der Bauvariante und der Ausstattung.
Der hier abgebildete 16.320 FLS war somit eine 16 t-Front-
lenker-Sattelzugmaschine mit Luftfederung hinten und
320 PS Motorleistung.

186

Studie X90

Ende der 1970er Jahre erregte der X90 Aufsehen aufgrund seines Designs und seines ungewöhnlichen Arbeitsplatz- und Lebensraumkonzeptes. Der X90 verfolgte ein modulares Prinzip mit der Trennung in separat verwendbare und kombinierbare Einheiten. Insgesamt bestand er aus drei Einheiten: Antriebsstrang, Arbeitsplatzfahrerhaus und Wohn-/Schlafmodul.

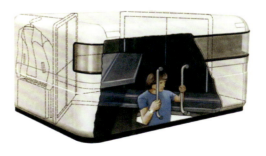

G-Reihe

ganz oben: Gemeinschaftsreihe, 1979.

rechts oben: Gemeinschaftsreihe auf der Teststrecke, 1981.

oben: Präsentation der Gemeinschaftsreihe auf der IAA 1979.

rechts: Designentwurf für den nie verwirklichten Nachfolger G2.

1977 gingen die M.A.N. und Volkswagen eine Kooperation in der Nutzfahrzeugklasse von 6 bis 9 t Gesamtgewicht ein. Das gemeinsame Ziel war es, eine Lücke im Lkw-Produktionsprogramm zu schließen. Für die M.A.N. bedeutete es nach Beendigung der Zusammenarbeit mit Saviem eine Chance, das Lkw-Programm nach unten und für VW die Möglichkeit, das Nutzfahrzeugportfolio nach oben abzurunden. Beide Unternehmen waren an der Entwicklung und Produktion der Baugruppen beteiligt und teilten sich auch die Vertriebsfunktionen. Volkswagen verfügte bereits über große Erfahrungen im Transporterbau und nicht zuletzt über ein eng geknüpftes Vertriebs- und Servicenetz im In- und Ausland.

Die ersten Gespräche fanden bereits Mitte der 1970er Jahre statt. Im März 1978 erteilte das Bundeskartellamt seine erforderliche Genehmigung für die Zusammenarbeit. Beide Firmen investierten daraufhin zweistellige Millionenbeträge in ihre Produktionsstätten, VW in Hannover und die M.A.N. in Salzgitter und Nürnberg. Anfangs gab es nur zwei Modelle der Gemeinschaftsreihe, den Sechstonner 6.90 und den Achttonner 8.90. Angetrieben wurde der kleine Sechstonner von einem D 02-90 PS-Dieselmotor, das größere Fahrzeug erhielt einen 136 PS-6-Zylinder-Motor. VW steuerte das Fünfgang-Synchrongetriebe bei, übernahm die Konstruktion der Fahrerkabine mit Kippmechanik, lieferte die Hinterachse mit Getriebe und Federung sowie die Elektronik. Von der M.A.N. kamen das Fahrgestell, die Konstruktion des Motors, der Vorderachse einschließlich Federung und Lenkung, der Bremsen und Räder sowie der Pritsche in Sonderausführung und der Kipper. Die Endmontage der neuen Gemeinschaftsreihe erfolgte zu einem Viertel im M.A.N.-Werk Salzgitter, größtenteils aber im Volkswagen-Transporterwerk Hannover.

Auf dem Kühlergrill waren beide Firmenzeichen gleichberechtigt angebracht, wie auch später bei der Kennzeichnung der Servicebetriebe. Die ersten Fahrzeuge der Gemeinschaftsreihe wurden 1979 auf dem Genfer Automobilsalon angekündigt und noch im selben Jahr auf der IAA in Frankfurt vorgestellt. Die Gemeinschaftsreihe M.A.N.-VW umfasste Varianten für Pritschenwagen, Kipper sowie Sonderaufbauten und bediente vornehmlich

die Baubranche, den Verteilerverkehr und den Kommunalbereich. 1981 ergänzten dann noch Allradfahrzeuge die Produktpalette. Zum guten Ruf der G-Reihe trug insbesondere die Allradvariante bei, die sich beim Technischen Hilfswerk, bei der Feuerwehr und als Militär- und robustes Expeditionsfahrzeug großer Beliebtheit erfreute.

Es wurde eine Jahresproduktion von über 10.000 Fahrzeugen geplant. Allerdings blieben die Verkaufszahlen hinter den Erwartungen zurück. In den Jahren 1979 bis 1982 wurden durchschnittlich nur 3.300 Exemplare der leichten Reihe produziert, was aber auch an einem stark rückläufigen Gesamtmarkt lag. 1982 wurde die Produktion komplett ins M.A.N.-Werk verlagert, während der Marktanteil auf 12 Prozent anstieg. Im weiteren Verlauf der 1980er Jahre zogen die Verkaufszahlen auf jährlich rund 8.000 Einheiten an. 1987 wurden die leichten Lkw in Anlehnung an die Bezeichnung für die schweren Lkw F90 in G90 umbenannt. Im Herbst 1993 lief die Gemeinschaftsreihe aus. Insgesamt wurden von 1977 bis 1993 rund 72.000 leichte Lkw gebaut und verkauft.

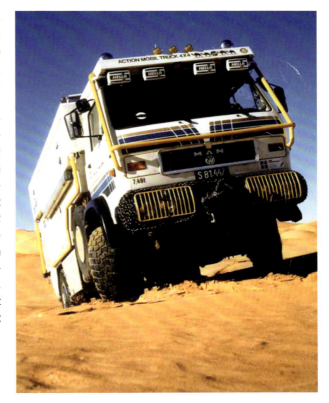

rechts oben: Besonders wichtig für den guten Ruf des G90 war die Allradvariante. Hier als Expeditionsfahrzeug, 1985.
rechts: Die Gemeinschaftsreihe gab es in verschiedenen Aufbauvarianten, unter anderem als Pritschenwagen.

Im Grünen

links: 15.240 F, 1978.
rechts: 26.281 DFS, 1983.

Der Löwe ist das Markenzeichen auf dem Kühlergrill jedes MAN. Ursprünglich war der Löwe das Wappentier des Welfen-Herzogs Heinrich des Löwen († 1195). Im Jahr 1166 ließ Heinrich auf dem Domplatz vor der Burg Dankwarderode in Braunschweig einen Bronzelöwen errichten, den sogenannten Burglöwen. Auch im Süden kam sein Wappentier zum Einsatz, denn im Jahr 1158 hatte der Fürst die Stadt München gegründet. Im Lkw-Kontext tauchte der Löwe das erste Mal 1913 auf, als der Braunschweiger Unternehmer Büssing ihn zu Werbezwecken verwendete. In der ersten Version blickte die Raubkatze noch nach links. Im weiteren Verlauf fand der Löwe auch Einzug in die Firmenprospekte und schmückte unter anderem das Werksgelände in Braunschweig ab Mitte der 1920er Jahre. Entworfen und gezeichnet hat den Büssing-Löwen der Maler und Naturfotograf Hermann Fischer, der bei Heinrich Büssing damals im Konstruktionsbüro arbeitete.

Mit der Übernahme von Büssing durch die M.A.N. wurden ab 1972 der Braunschweiger Firmenname und der Löwe aus Respekt und Anerkennung vor den Firmenerrungenschaften Büssings in den M.A.N.-Kühlergrill aufgenommen. Einige Modelle der Niedersachsen wurden fortgeführt und umbenannt, so wurde beispielsweise aus dem Büssing-Modell BS 16 der M.A.N-Büssing 16.320 U. Es entstanden aber auch gemeinsame neue Unterflurmodelle, wie z. B. der 11.136 U. Der Namenszusatz »Büssing« hielt sich fast ein Jahrzehnt zwischen den Firmenbuchstaben »M.A.N.« und dem Braunschweiger Wappentier, danach verschwand er wieder vom Kühlergrill. Was blieb und bleibt, ist der Löwe.

Der MAN-Löwe hat aber noch eine weitere Traditionslinie: 1921 ließen die Brüder Karl, Franz und Heinrich Gräf einen Löwen als Markenzeichen auf dem Produkt und für Prospekte ihrer Ö.A.F. registrieren. Dieser Kühlergrill-Löwe ist eine Nachbildung der beiden Bronzelöwen, die an der Wiener Donaukanal-Schleusenbrücke zwischen Floridsdorf und Nußdorf stehen. Diese Bronzelöwen bezogen sich ebenfalls auf Heinrich den Löwen. Es gab und gibt den Löwen also in Braunschweig, München und Wien.

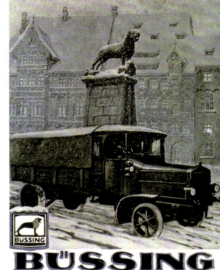

194

VÖV2

In den 1980er Jahren wurde auch das Busprogramm modernisiert. Die Zahl »2« am Ende der dreistelligen Typenzahl verweist auf die zweite Fahrzeuggeneration, links ein SL 202 von 1984, oben ein SG 242 von 1986.

Am Limit

»Fahr- und Spartraining«, so hieß ab 1982 eine neue Dienstleistung für Lkw-Fahrer. Später ging dieses in MAN Solutions als MAN ProfiDrive® auf.

links oben: Blick in die Theoriestunden.

links: MAN Fahr- und Spartraining, 1992.

oben: Sicherheitstraining, 2010.

»Unsere Lastkraftwagen werden zum überwiegenden Teil von Chauffeuren bedient, die mit den Fahrzeugen sehr roh und vollständig unsachgemäß umzugehen pflegen.«
– Direktor Buchler, 1924

In die Wüste geschickt

Versorgungstruck der M.A.N. bei der Rallye Paris-Dakar, 1983. Schon seit 1979 waren geländefähige M.A.N. bei diesem prestigeträchtigen Rennen im Einsatz.

8

Die Evolution des Dieselmotors
bis 1985

Das M-Verfahren

Mit der Weiterentwicklung des Fahrzeugdiesels zum M-Verfahren setzte die M.A.N. in den 1950er Jahren erneut einen bedeutenden Meilenstein.

M-MOTOR

M·A·N
DIESEL
8 ZYLINDER

Der Dieselmotor und seine Entwicklung bis 1985

»DIESEL« – diese sechs Buchstaben des Erfinders zierten bis 1981 den Kühlergrill der Lkw und Busse der M.A.N. Wie kein anderes Symbol war der Diesel-Kühlergrill neben dem Löwen das M.A.N.-Markenzeichen schlechthin. »DIESEL«, dafür stand und steht die M.A.N. mit ihrer jahrzehntelangen Erfahrung und mit ihren kontinuierlichen technischen Neuerungen.

Es begann am 10. August 1893. Dieser Tag sollte den Mitarbeitern in der Maschinenfabrik Augsburg zeitlebens in Erinnerung bleiben. An jenem Tag setzte Rudolf Diesel erstmals einen von ihm erfundenen Schwerölmotor in Gang. Als das Petroleum im heißen Inneren des Kolbens explodierte, ertönte ein ohrenbetäubender Knall, Fensterscheiben gingen zu Bruch und Teile des Messgeräts flogen durch die Luft – doch die Maschine blieb heil.

Die weitere Entwicklung des Dieselmotors ging Schritt für Schritt und führte schließlich zum Erfolg. Am 16. Juni 1897 wurde der neue Dieselmotor in Anwesenheit des Erfinders Rudolf Diesel, des Fabrikdirektors Heinrich von Buz und des Professors Schröter von der Technischen Universität München auf der Hauptversammlung des Vereins Deutscher Ingenieure in Kassel offiziell anerkannt. Das Aggregat leistete 20 PS, sein Wirkungsgrad war mit 26 Prozent

etwa doppelt so hoch wie bei Dampfmaschinen. Und der neue Motor kam mit damals günstigen Treibstoffen wie Schwer- oder Heizöl aus. Wie ein Lauffeuer verbreitete sich die Nachricht rund um den Globus: Eine neue Motorentechnologie namens Diesel war erfunden. Wenig später, im Jahr 1900, bekam der Motor als Auszeichnung den »Grand Prix« auf der Weltausstellung in Paris verliehen. Die ersten Motoren waren so groß wie ein kleines Haus beziehungsweise so hoch wie ein heutiger Lkw. Daher wurden zu Beginn des 20. Jahrhunderts Dieselmotoren zumeist stationär und als Antrieb für Schiffe verwendet. 1905/06 wurden vier Viertaktdieselmotoren, sogenannte M.A.N.-Schiffsölmaschinen, mit je 300 PS an die französische Marine als Antrieb für die beiden Unterseeboote »Circé« und »Calypso« verkauft. 1908 wurde schließlich das erste U-Boot für die deutsche Marine mit einem Dieselmotor mit unglaublichen 850 PS Antriebsleistung ausgestattet.

Bis die ersten Dieselmotoren in Nutzfahrzeugen verbaut wurden, sollte es jedoch noch etwas dauern. 1919 begann im Werk Augsburg die Entwicklung des Diesels für Nutzfahrzeuge. Dabei gab es vor allem zwei technische Probleme zu lösen: die Größe und das Gewicht. Die Antriebstechnik musste verkleinert werden, damit der Motor unter eine Motorhaube passte. Das bedeutete insbesondere den Verzicht auf den großvolumigen und schweren Kompressor, der den Treibstoff für die Verbrennung verdichtete. Die M.A.N. sah den entscheidenden Lösungsweg in der Direkteinspritzung des Dieselkraftstoffs. Dafür benötigte man neue Ventile, die dem hohen Einspritzdruck standhalten konnten und damit einen vorgeschalteten Kompressor unnötig machten. Anstelle des Zündmagneten und der Zündkerzen wie beim Otto-/Vergasermotor wurden beim M.A.N.-Dieselmotor eine Brennstoffpumpe und Einspritzdüsen verbaut. Der Brennstoff wurde mittels der Brennstoffpumpe durch zwei seitlich im Zylinderkopf eingesetzte, offene Düsen tangential eingespritzt. Durch die gegenüberliegende Anordnung der beiden Einspritzdüsen wurde eine Luftverwirbelung beziehungsweise innermotorische Durchmischung des eingespritzten Brennstoffs mit der auf bis zu 20 atü

oben: Patenturkunde für den Dieselmotor, 1893.

unten: Rudolf Diesel, Heinrich von Buz und Professor Schröter von der Technischen Universität München 1897, als Diesels Erfindung offiziell anerkannt wurde.

verdichteten Luftladung erzielt. Die Kolbenbewegung führte zu einer starken Komprimierung der Luft, wodurch dieses Gemisch sich so weit erhitzte, bis es zur Selbstzündung kam. Der erste Versuchs-Dieselmotor für Nutzfahrzeuge war stationär; bei dem Prototyp stellte man zunächst nur einen Zylinder von Benzin auf Dieseltreibstoff beziehungsweise Schweröl um.

Im Frühjahr 1924 baute das Unternehmen weitere drei Versuchsmaschinen. Sie hatten noch den Eisengusskörper des Benzinvergasermotors und zum Teil die alte AM-Motorbezeichnung der M.A.N.-Saurer-Lastwagenwerke. Es waren Vorserien-Motoren vom Typ W4V10/18. Alle drei wurden das ganze Jahr über intensiv erprobt: Einer blieb in Augsburg, die anderen beiden gingen nach Nürnberg und wurden in einem Lkw und in einem Motorpflug getestet. Die Abkürzung »W« stand damals für Wagenmotor. Diese drei ersten Dieselmotoren hatten eine 105 mm Bohrung, leisteten 35 bis 40 PS bei 900–1.100 U/min und wogen jeweils ca. 420 kg.

Allein vom 14. März bis zum 6. August legte der Dieselmotor Nr. 2 in einem 3 t-Kardan-Lkw aus Nürnberg rund 2.500 km an Versuchsfahrten zurück. Danach wurde die erste Nullserie mit zehn Dieselmotoren gebaut. Davon wurden zwei Motoren (Nr. 4 und 5) dem externen Motorengeschäft zugeschlagen und 1925 als Antrieb für eine Lokomotive und ein Polizeiboot verkauft. Bei den Motoren handelte es sich ausnahmslos um 4-Zylinder-Aggregate mit direkter Strahleneinspritzung über zwei tangentiale Düsen, aber schon mit einer etwas größeren 115 mm Bohrung. Sie trugen die Bezeichnung W 4V11/18. Die Abkürzung stand für Wagenmotor, 4-Zylinder mit 115 mm Bohrung und 180 mm Hubvolumen. Aus der nachfolgenden Einser-Serie, wieder zehn Stück, stammte der Dieselmotor, der als Exponat auf der Automobilausstellung im Dezember 1924 in Berlin der Öffentlichkeit gezeigt wurde (Motor-Nr. 10) – heute befindet er sich im Deutschen Museum in München. Dieselmotor Nr. 3 aus der Einser-Serie ging als erster in den Export und wurde 1925 als Bootsmotor nach Spanien in die M.A.N.-Niederlassung in Barcelona geliefert. Als im Dezember 1924 der 3 t-Kardan-Lkw mit Dieselmotor zur Automobilausstel-

lung nach Berlin geschickt wurde, fuhr der M.A.N.-Ingenieur Sturm mit dem Wagen in zwei Tagen nach Berlin. Bei dieser langen Fahrt gab es keine Pannen, von ein paar verdreckten Ventilen einmal abgesehen (mehr zur Messe 1924, siehe S. 44). Für den Verkauf des neuen Dieselmotors wurde in Nürnberg die Produktbezeichnung D 1580 A/B eingeführt. Diese Typologie löste die alte Kennzeichnung als W 4V, die in Augsburg verwendet wurde, ab. Mit diesem Typ begann im Grunde die Serienproduktion der Fahrzeugdieselmotoren bei der M.A.N. Auf Kundenseite erhielten zunächst der Kraftverkehr Bayern sowie die Reichspost in München, Augsburg und Nürnberg je einen Fahrzeugdieselmotor zu Testzwecken. Der erste Lkw mit Dieselmotor wurde an die Aktienbrauerei zum Hasen verkauft, der erste Omnibus 1925 an die Reichspost. An der Konstruktion und Weiterentwicklung des Dieselmotors für Nutzfahrzeuge waren in Augsburg die Ingenieure Sturm und Mahler und in Nürnberg die Ingenieure Huss und Wiebicke maßgeblich beteiligt.

Die Erfindung

Der erste Dieselmotor von 1897.

»Nenn ihn doch einfach Dieselmotor.«
– Marta Diesel, 1895

Schiffsdiesel

Die frühen Dieselmotoren waren zu groß für den Einsatz
in Nutzfahrzeugen. Hier ein Zweitakter-Großdiesel-
motor mit 12.000 PS von 1917. Man beachte die beiden
Maschinisten neben dem riesigen Motor.

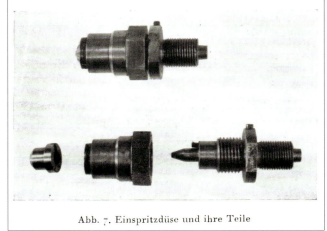

Abb. 7. Einspritzdüse und ihre Teile

Die ersten Nutzfahrzeugdiesel

links: Der erste Versuchs-Dieselmotor für Nutzfahrzeuge mit nur einem Zylinder. Er trug die Bezeichnung 1K 14/19 und leistete 10 PS bei 700 U/min.

ganz oben: Durch Direkteinspritzung konnte der Dieselmotor für den Einsatz in Nutzfahrzeugen erfolgreich angepasst werden. Hier die Einspritzdüsen.

oben: Erster Dieselmotor mit Direkteinspritzung und Getriebe, aufgeständert für die Berliner Automobilausstellung von 1924.

Von G und M und T

Die in Augsburg begonnene Fahrzeugdieselmotorenfertigung wurde wegen des steigenden Bedarfs der Lastwagenabteilung Ende 1924/Anfang 1925 nach Nürnberg verlegt, wo sie heute noch ihren Beitrag im Produktionsverbund der MAN leistet. 1926 entwickelte die M.A.N. ihren ersten 6-Zylinder-Dieselmotor. Er trug die Bezeichnung D 1086 und hatte 80 PS. Seine weiteren technischen Daten waren: 100 mm Bohrung, 180 mm Hub und 1.400 U/min. Dies war die zweite Phase in der Dieselmotorenentwicklung. Sie stellt den Ausgangspunkt bei der Verzweigung der beiden Grundtypen für alle nachfolgenden 4- und 6-Zylinder-Motorenbaureihen dar.

Die dritte Phase ist markiert durch die Entwicklung eines Dieselmotors, der zum ersten Mal die Schwelle von 100 PS überschritt. Der D 2086 war auch der Ausgangspunkt für die Weiterentwicklung zum Motor D 4086 mit größerer 140 mm Bohrung, der 1932 mit 140 PS den S1H6 Dreiachser-Lkw antrieb. 1933 folgte dann eine verbesserte Ausführung mit 150 PS – es war der damals stärkste Nutzfahrzeugdieselmotor der Welt. Noch im selben Jahr folgte die Entwicklung des Luftkammerverfahrens mit Nebeldüse.

Den nächsten technischen Meilenstein in der Motorenentwicklung und eine innovative Sensation bildete der G-Motor, der maßgeblich von Ingenieur Wiebicke entwickelt wurde. Paul Wiebicke konstruierte 1937 den G-Motor mit Kugelbrennraum im Kolben. Die neue kugelförmige Kolbenform (G = Globusform) stellte einen besonders wärmedichten, runden Verbrennungsraum dar, der Kraftstoff einsparte. Mit Verbrauchswerten von nur 160 bis 165 g/PSh wurde die Effizienz des Motors deutlich erhöht. Zum Vergleich: Der Dieselmotor verbrauchte bis zu diesem Zeitpunkt rund 200 g/PSh und ein Ottomotor rund 300 g/PSh – die Maßeinheit g/PSh bedeutet Gramm Treibstoff pro PS in der Stunde.

Das neue Motorverfahren war so erfolgreich, dass alle Lkw-, Omnibus- und Schleppermotoren bis zum Beginn des Zweiten Weltkrieges auf das G-Verfahren umgestellt wurden. Als erstes Lkw-Modell bekam der M1 vom Serienstart an den neuen G-Motor. Der nächste große Meilenstein folgte 1951: Auf der IAA in Frankfurt präsentierte die M.A.N. der Presse und den Fachbesuchern den ersten deutschen Lkw-Motor mit Abgasturboaufladung. Der neue 6-Zylinder des M.A.N.-Zweiachsers MK 26 hieß D 1546 GT. Statt der üblichen 130 PS holten die Techniker aus 8,72 Litern Hubraum 175 PS heraus – die Leistungssteigerung durch Aufladung betrug bemerkenswerte 35 Prozent.

Das Mittenkugelverfahren, kurz M-Verfahren, von Siegfried Meurer revolutionierte 1953/54 die Dieselmotorentechnik erneut: Der Kraftstoff wird filmartig auf die Wand des Verbrennungsraums gespritzt, wo er allmählich verdampft und schichtweise verbrennt. Dieser stufenweise Verbrennungsvorgang sichert bei hohem Wirkungsgrad einen weichen, elastischen Motorlauf. Das typische »Nageln« des Dieselmotors entfällt. Auf Basis des M-Verfahrens entwickelte die M.A.N. 1955 den Vielstoffmotor. 1963 wurde das M-Verfahren zum HM- und danach zum FM-Verfahren weiter verbessert.

Seit Anfang der 1960er Jahre entwickelte und baute die M.A.N. auch Unterflurmotoren. Anfang September 1970 schlossen die M.A.N. und Daimler-Benz einen Kooperationsvertrag für die gemeinsame Bestellung von Hauptkomponenten für die Motoren- und Achsproduktion. 1976 erfolgte die flächendeckende Einführung der Turboaufladung für Lkw-Dieselmotoren, z. B. beim M.A.N. D 2566 mit

280 PS Leistung. 1979 kam es zur Serieneinführung von Lkw-Motoren mit kombinierter Aufladung und Ladeluftkühlung. Vier Jahre später entwickelte die M.A.N. gekapselte, geräuscharme Motoren vom Typ »silent«. Im selben Jahr verabschiedete sich der Hersteller endgültig vom Konstruktionsprinzip der M-/HM-/FM-Motoren. Die nachfolgende Motorenbaureihe hieß D 28 und leistete mit 12 Liter Hubraum und Resonanzaufladung bis zu 360 PS.

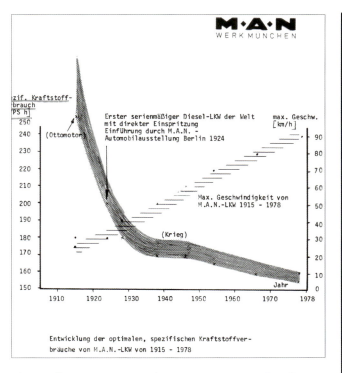

oben: Effizienzsteigerung der M.A.N.-Motoren über die Jahrzehnte: Der Kraftstoffverbrauch sank von 250 g/PSh auf 155, während sich die Geschwindigkeit von 30 km/h auf 90 km/h verdreifachte. Gleichzeitig hat sich die Leistung von 30 auf über 300 PS und die maximale Nutzlast von 5 auf 50 t jeweils verzehnfacht.

linke Seite oben: 1933 entwickelte die M.A.N. einen großen 6-Zylinder-Dieselmotor mit geschweißtem Stahlkörper, statt wie bisher aus Gusseisen, und bei verringertem Gewicht mit 100 PS.

unten: Mit dem G-Motor wurde die Effizienz des Diesels ab 1937 nochmals deutlich gesteigert.

Betriebskosten

Wirtschaftlichkeit und Effizienz standen seit jeher bei der Entwicklung von Nutzfahrzeugen im Fokus der M.A.N. Folglich nutzte das Unternehmen auch die niedrigen Betriebskosten des Dieselmotors in den Nutzfahrzeugen für die Verkaufs- und Werbemaßnahmen. Der neue Dieselmotor mit Direkteinspritzung sparte verglichen mit einem herkömmlichen Benziner 75 Prozent der Betriebskosten. So hieß es in einem Prospekt von 1930: »Für 5,45 Reichsmark erhalten Sie 42 Liter Gasöl. Damit erzielen Sie bei einem vollbeladenen 100 PS 6-Zylinder M.A.N.-Diesel-Lastzug 1.000 Tonnen-Kilometer. Bei Benzinbetrieb müssten Sie für die gleiche Leistung 23,40 RM ausgeben; allein in diesem Fall könnten Sie also mit dem M.A.N.-Diesel schon 17,95 RM sparen!«

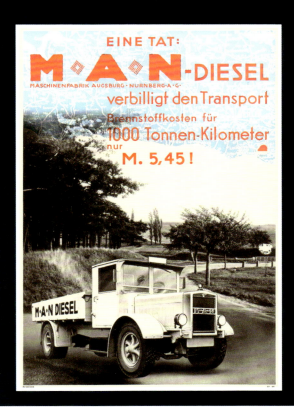

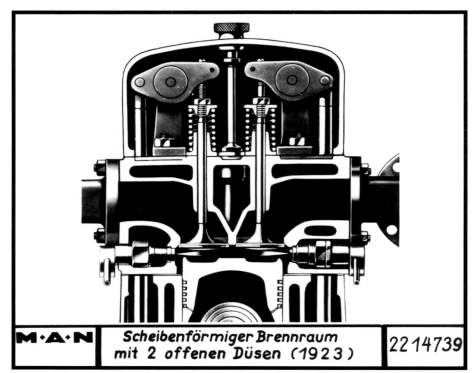

M·A·N Scheibenförmiger Brennraum mit 2 offenen Düsen (1923) 2214739

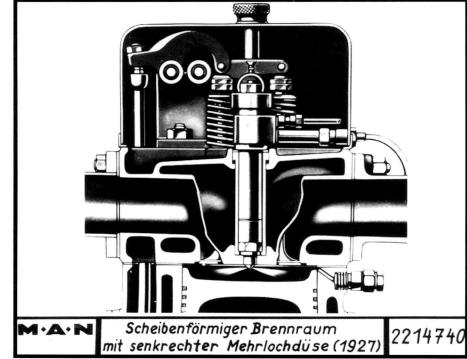

M·A·N Scheibenförmiger Brennraum mit senkrechter Mehrlochdüse (1927) 2214740

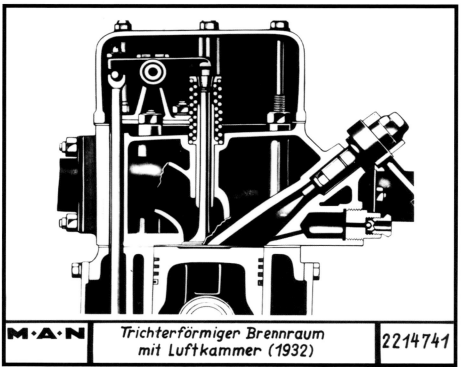

M·A·N Trichterförmiger Brennraum mit Luftkammer (1932) 2214741

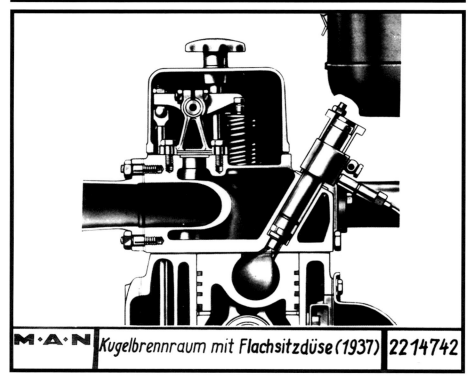

M·A·N Kugelbrennraum mit Flachsitzdüse (1937) 2214742

>>Die Ursache der Störung lag darin, dass der Kolben des 3. Zylinders in seinem oberen Teile im Zylinderkopf gepackt hatte und so die obersten Ringe desselben zum Fressen kamen.<<

– Reparaturbericht, 1928

Evolution des Brennraums beim Nutzfahrzeugdieselmotor

Scheibenförmiger Brennraum, 1923 (ganz links oben); mit senkrechter Mehrlochdüse, 1927 (links oben); trichterförmiger Brennraum mit Luftkammer, 1932 (ganz links unten); Kugelbrennraum, 1937 (links unten) und der M-Motor 1953/54 (rechte Seite).

Der G-Motor

1937 konstruierte M.A.N.-Ingenieur Paul Wiebicke einen neuen sparsameren Dieselmotor. Das Aggregat erhielt einen Kugelbrennraum mit einem wärmedichten, runden Verbrennungsraum. Den Namen G-Motor erhielt er wegen der Globusform im Kolben (links unten).

Der M-Motor

1953/54 entwickelte Siegfried Meurer den Motor weiter zum Mittenkugelverfahren, kurz M-Verfahren. In der Zeichnung rechts sieht man, wie der Kraftstoff als dünne Schicht auf die Wand des Verbrennungsraums gespritzt wird. Dies verbessert den Verbrennungsvorgang. In kurzer Zeit erwarben zahlreiche Firmen eine Lizenz für das Mittenkugelverfahren, unter anderem: Berliet, Bernhard, Citroën, Continental Motors Corporation, Hupp Corporation, ICH, Ikarus Budapest, Industrial Import Bukarest, Moto Guzzi, Renault, Saviem, Simca und White Motor Corporation.

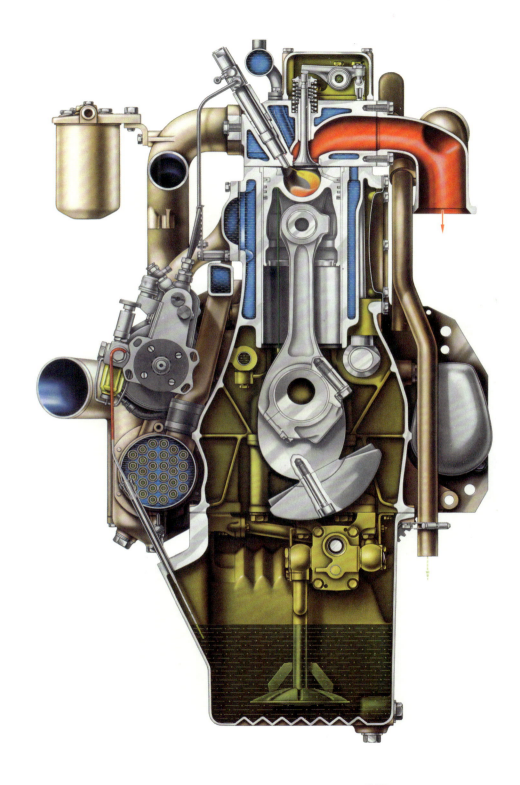

9

G90, M90, F90

Familienbild des neuen Produktprogramms, 1988.

Modernes Produktprogramm in den 1980er und 1990er Jahren

Die MAN AG entsteht

Die Jahre 1985 und 1986 brachten zwei wichtige Neuerungen: Die MAN stellte mit dem F90 das neue Erfolgsmodell in der schweren Lkw-Reihe vor und die Nutzfahrzeugsparte wurde als eigene Unternehmensgesellschaft gegründet. Letzteres geschah im Rahmen einer grundlegenden Umstrukturierung des Konzerns. Auf der obersten Ebene verschmolzen die Maschinenfabrik Augsburg-Nürnberg AG und die Gutehoffnungshütte Aktienverein AG zur MAN AG. Der Firmensitz wurde von Oberhausen nach München verlegt. Auf der Ebene der Tochtergesellschaften wurde der Unternehmensbereich Nutzfahrzeuge, vormals UBN, ausgegliedert und in eine rechtlich selbstständige Gesellschaft überführt: Sie firmierte vorerst als MAN Nutzfahrzeuge GmbH, und ab 15. März 1989 dann als AG. Die Büssing Automobilwerke GmbH ging in der neuen Gesellschaft auf. Das Stammkapital und die Aktienmehrheit hält als Holding die MAN AG (seit 2009 MAN SE), die heute zum Volkswagen-Konzern gehört. In ähnlicher Weise entwickelten sich auch die anderen Unternehmensbereiche zu eigenen Gesellschaften.

Die MAN Nutzfahrzeuge AG. Innerhalb der Nutzfahrzeuge AG gab es ebenfalls zahlreiche Neuerungen, beispielsweise konnte das Bussegment ein bedeutendes Lizenzabkommen über den Nachbau von MAN-Linienbussen mit der Firma ENASA in Spanien abschließen. Mitte der 1980er Jahre wurde auch die MAN Nutzfahrzeuge-Leasing GmbH gegründet, um ein Full-Service-Geschäft für MAN-Lkw und -Busse sowie für Wartungs- und Reparaturverträge zu betreiben. 1988 wurde in Wien-Liesing das neue Nutzfahrzeugwerk der ÖAF-Gräf & Stift AG eröffnet. Ein Jahr später übernahm die MAN die Nutzfahrzeugsparte von der Steyr-Daimler-Puch AG in Österreich. Allein in Deutschland arbeiteten nun 22.000 Mitarbeiter in fünf Werken sowie 39 Verkaufs- und 140 Serviceniederlassungen für die MAN, davon 7.500 Angestellte und Arbeiter im Werk München. Im Zuge der deutschen Wiedervereinigung baute das Unternehmen auch die ersten 40 Servicestützpunkte in den neuen Bundesländern auf.

International wurde die eigene Produktion weiter ausgebaut. 1998 entstand im MAN-Produktionsverbund ein neues Omnibuswerk im polnischen Poznań (Posen). Dieser neue Standort entwickelte sich in den kommenden Jahren zu einem internationalen Kompetenzzentrum für die Stadtbusfertigung und außerdem zu einem der wichtigsten Kundenzentren der MAN in Osteuropa. Im selben Jahr erwarb die MAN für ihre südafrikanische Tochter MAN Truck & Bus SA Pty Ltd. eine weitere Produktionsanlage in Olifantsfontein. Im dortigen Montagewerk entwickelt und produziert die MAN nach wie vor Busse für den südafrikanischen Markt sowie für die angrenzenden Länder. Heute ist die MAN mit Bussen in Südafrika Marktführer, vor allem mit dem Lion's City A84 und der Lion's Explorer Bus-Familie. Kurz vor dem Millenniumswechsel übernahm die MAN den polnischen Nutzfahrzeughersteller Star und dessen Produktionsstandort im polnischen Starachowice. Die Geschichte des Werks reicht bis ins Jahr 1920 zurück. Heute produzieren dort rund 1.400 Mitarbeiter auf 260.000 m² vor allem Stadt- und Reisebusse.

Produktion. In der Produktion der Nutzfahrzeuge hielten immer mehr Roboter Einzug. Im Fahrerhausrohbau wurden Mitte der 1980er Jahre 14 Schweißroboter eingesetzt, die zwischen 2.800 und 3.700 Schweißpunkte je Lkw-Karosserie ausführten. Bis zum Ende der 1980er Jahre änderte sich die Produktion im Werk München komplett. In der mechanischen Fertigung wurden nun computergesteuerte CNC-Maschinen eingesetzt. Konstruktion, Programmierung und Bearbeitung waren durch CAD- und NC-Programme miteinander verknüpft. Der Fachbegriff hierfür lautet CIM: Computer Integrated Manufacturing. Im Herbst 1992 wurde die computergestützte Kundenberatung MANEX in der Vertriebsorganisation eingeführt. 1994 wurden die DIN ISO 9001-Norm und der kontinuierliche Verbesserungsprozess (KVP) in der Verwaltung und Produktion der MAN Nutzfahrzeuge AG eingeführt und damit das Qualitätsmanagement und die Mitarbeiterbeteiligung gestärkt.

Geschäftsentwicklung. Die 1980er und 1990er Jahre waren von mehreren Umsatzrekorden geprägt, aber das Unternehmen musste auch Rückschläge verkraften. Im Geschäftsjahr 1988/89 erwirtschaftete die MAN Nutzfahrzeuge einen Umsatz von 4,9 Mrd. DM. 30.000 Fahrzeuge wurden produziert. Im folgenden Geschäftsjahr stieg der Umsatz auf 5,5 Mrd. DM bei einem Auslands- und Exportanteil von 43 Prozent. Damit erreichte das Unternehmen einen Rekord, der bereits im nächsten Geschäftsjahr mit einem Umsatz von 7,4 Mrd. DM übertroffen wurde. Allein in Deutschland wurden über 20.000 Lkw und im Export knapp 12.000 Lastkraftwagen ausgeliefert, über 90 Prozent hiervon gingen ins europäische Ausland. Am 3. März 1992 lief in Nürnberg der 500.000. Fahrzeugdieselmotor vom Montageband.

Nach den Rekordergebnissen lief das Geschäftsjahr 1993/94 schlechter und brachte für die MAN Nutzfahrzeuge AG einen Verlust von 127,8 Mio. DM. Diese fünfte Krise in der Unternehmensgeschichte führte kurzzeitig zu einem Produktions- und Stellenabbau. Doch bereits kurz darauf wurde die Trendwende geschafft. Ab Februar 1995 wurden wieder mehr Mitarbeiter eingestellt. 1999 produzierte die MAN bereits über 53.000 Lkw. Davon stammten 38.000 direkt von der MAN und etwa 15.000 von der ÖAF und von Steyr sowie aus türkischer Produktion. Die Busfertigung belief sich in diesem Jahr auf 4.400 Einheiten. Am Ende entwickelte sich das Jahr 1999 zum Rekordjahr mit einem Auftragseingang von 9,7 Mrd. DM.

1986

1992

2015

Das Konzernlogo

An den Logos ist die Firmengeschichte gut ablesbar: Der Kreisbogen kommt aus dem GHH-Konzernverbund, der anfangs beim MAN AG-Mutterkonzern noch ausgeschrieben wurde. Die drei Buchstaben stehen seit 1908 für die Herkunft als Maschinenfabrik aus Augsburg und Nürnberg.

In den 1980er Jahren entfielen die Punkte zwischen den Buchstaben im Schriftzug und im Logo. Anstelle der »Pünktchen M.A.N.« trat die moderne MAN mit Bogen.

Steyr

Das Unternehmen Steyr wurde 1864 gegründet und stellte bis zum Ende des Ersten Weltkrieges vor allem Waffen her, seit 1919 wurden von dem Unternehmen Pkw und Lkw gebaut. 1934 fusionierte Steyr mit Austro-Daimler-Puch und kaufte 1959 die österreichischen Saurer-Werke auf. Seit 1966 gab es zwischen der M.A.N. und Steyr intensive Geschäftskontakte. Am 8. September 1989 wurde der Erwerb der Lkw-Sparte der Steyr-Daimler-Puch AG durch die MAN Nutzfahrzeuge AG auf der IAA bekanntgegeben. Die formelle Unterzeichnung der Grundsatzvereinbarung, in der die Prinzipien der Übernahme festgelegt waren, erfolgte am selben Tag in München.

Mit der Übernahme gewann die MAN weitere Produktionskapazitäten in Österreich hinzu und profitierte von der gerade neu entwickelten Baureihe 92 und dem Fahrerhauskonzept aus Steyr, vor allem vom FH 152 der mittleren Reihe und vom FH 154.

Steyr vertrieb weiterhin sein eigenes Nutzfahrzeugprogramm und wurde mit der Montage der M90-Reihe in den Produktionsverbund der MAN eingebunden. Im Rahmen einer Zweimarkenstrategie sollten in Steyr sowohl MAN- als auch STEYR-Lkw gebaut werden. Später war die SNF (Steyr Nutzfahrzeuge AG) entscheidend mit an der Entwicklung der leichten Baureihe L2000 beteiligt. Seit 1999 wurden für die MAN sowohl die leichte Reihe von der STEYR Nutzfahrzeuge AG als auch Komponenten und Fahrerhäuser für den MAN-Produktionsverbund gefertigt. Heute baut das Unternehmen MAN TGL- und TGM-Euro 6-Lkw.

1992/93 produzierte die chinesische Firma China National Heavy-Duty Truck Corporation, kurz CNHTC, im Rahmen eines Lizenzabkommens 4.000 schwere Lkw der Typenreihe 91 in Jinan. Die Kooperation ging auf eine Vereinbarung zwischen SNF in Steyr und CNHTC im Jahr 1984 zurück.

ganz oben: Steyr-Produktion, 1993.

oben: Ein Steyr-Truck läuft in China vom Band, 1993.

Fahrerhausentwicklung

ganz links: Frontlenker »Pausbacke«, 1963.

links: F7-Kabine aus der Saviem-Kooperation, 1967–1971.

links unten: F8 ohne Ziergitter links und rechts des Kühlergrills, 1971–1982.

unten in der Mitte: F8-Facelift mit Blinker weiter unten, 1979–1986.

unten: F9 für die mittlere Reihe, 1982–1994.

rechte Seite: Next Generation, F90-Fahrerhaus, natürlich kippbar, 1986–1994.

F90, M90 und 2000er Baureihe

Die F8-Fahrerhausgeneration ging noch auf die Zusammenarbeit mit Saviem in den 1960er und 1970er Jahren zurück, deshalb wurde es 1986 Zeit für einen komplett neuen Lkw: den F90. Nach außen sichtbar bestach er durch das neue Fahrerhaus. Es war großzügiger, funktionaler, komfortabler und ergonomischer als sein Vorgänger gestaltet. Im ersten Verkaufsprospekt heißt es dazu: »Wer entspannt fährt, fährt gut.« Schon damals verfolgte die MAN ein Konzept, das Wohn- und Arbeitsraum in der Kabine miteinander verband. Es gab das F90-Fahrerhaus in zwei Varianten: mit einer Fahrerhausbreite von 2.440 mm für die Fernverkehrsausführung und von 2.280 mm für den Nahverkehr. Das Fahrerhaus war kippbar und für eine bessere Aerodynamik war die Windschutzscheibe um 10° geneigt. Zum ersten Mal wurden auch Kunststoffteile, z.B. als Stoßfänger, Frontklappe und Kotflügel, am Lkw verbaut. Ab 1992 erfüllte der F90 mit einem 6-zylindrigen Motor mit kombinierter Abgasturboaufladung und Ladeluftkühlung von 290 bis 360 PS die damals gerade eingeführte Abgasnorm Euro 1.

Den F90 gab es während seiner Bauzeit in zahlreichen Motorvarianten, später etwa auch mit 10-Zylinder-V-Motor, der erstmals die magische Grenze von 500 PS überschritt. Die MAN brachte ebenso eine Unterflurvariante auf den Markt, und ab 1990 die Option, Fahrzeuge mit geräuscharmen »Silent-Motoren« mit weniger als 78/80 dB zu ordern. Es gab den schweren F90-Lkw als Zwei-, Drei- oder Vierachser von 18 bis 48 t Gesamtgewicht. Anfang der 1990er Jahre wurden in der schweren Reihe zum ersten Mal Sicherheitssysteme eingeführt, wie serienmäßig ABS und gegen Aufpreis ASR. Zudem bot die MAN auch erstmals Aerodynamik-Pakete mit einem verstellbaren Dachspoiler, Servolenkung, blendfreie Armaturen und beleuchtete Trittstufen an. Der neue Lkw wurde ein Erfolg, sichtbar nicht nur durch die steigenden Verkaufszahlen, er wurde auch 1987 zum »Truck of the Year« gewählt.

Mit dem F90 hielt eine neue Nomenklatur Einzug bei der MAN: 1987 wurde die Gemeinschaftsbaureihe mit Volkswagen in G90 umbenannt und ein Jahr später kam mit dem M90 das neue Lkw-Modell in der mittelschweren Reihe von 12 bis 18 t auf den Markt. Bei allen mittleren Lkw wurden D 08-Reihen-6-Zylinder-Motoren verbaut, die frei saugend 155 PS, mit Turbolader 186 PS und mit zusätzlicher Ladeluftkühlung bis zu 230 PS Leistung lieferten. Damit war das Lkw-Produktprogramm komplett mit den drei Baureihen für leichte, mittlere und schwere Lkw. Eine besondere Variante des F90 bildet der UXT-Prototyp von 1989. Drei Jahre später folgte mit dem SLW 2000 eine weitere bemerkenswerte Lkw-Studie. Natürlich gab es auch schon vor dem M90 die mittlere Lkw-Baureihe bei der MAN, allerdings mit einer weniger präzisen Typenbezeichnung und in einer unübersichtlichen Anzahl an Varianten.

Ergänzend zu den drei Baureihen bot die MAN aus den Reihen der SX und FX auch geländegängige Lkw für den zivilen Einsatz an, z. B. für die Feuerwehr oder das THW. Sie basierten auf einem KAT 1-Fahrerhaus sowie auf dem F90- und später dem F2000-Baustellenfahrzeugchassis in hochgeländegängiger Ausführung.

Busse. Das Busgeschäft dieser Jahre war schwierig, da besonders den Kommunen das Geld fehlte, um die Fuhrparks des öffentlichen Personennahverkehrs zu modernisieren. Trotzdem entwickelte die MAN ihre Busse weiter und stellte die Weichen für die Zukunft.

Umwelttechnik

In den 1980er Jahren begann die MAN aktiv Umweltschutztechnologien für ihre Produkte anzubieten. So bekamen bestimmte Lkw und Busse serienmäßig eine Motorkapselung zur Geräuschdämmung. Das Unternehmen stieg auch in die Erprobung der Partikelfilter für Stadtbusse ein. Seit Anfang der 1990er Jahre forcierte die MAN Nutzfahrzeuge AG zudem den Einsatz von umweltverträglichen Werkstoffen und Produktionsverfahren. So kamen zunehmend recyclingfähige Materialien, lösungsmittelfreie Lacke, asbestfreie Dichtungen, Kupplungsscheiben und Bremsbeläge in der Herstellung und Montage zum Einsatz.

Ab 1992 erfüllten die großen Motoren der schweren Lkw die neue Abgasnorm Euro 1 für Nutzfahrzeuge, 1994 mit der elektronischen Einspritzung auch die Euro 2-Abgasrichtlinie, die erst 1996 in Kraft treten sollte. 1996 kam es zur Einführung der Oxidations-Katalysatoren und seit 1997 wurde die hocheffiziente und umweltfreundliche Motorbremse EVB (Exhaust Valve Brake) bei allen Fahrzeugmotoren der MAN Nutzfahrzeuge serienmäßig verwendet. Ab 1998 erfüllte der F2000 mit elektronisch geregelter Einspritzung und Abgasrückführung die Abgasnorm Euro 3.

Ende 1988 konnte der neu entwickelte Niederflurbus NL 202 mit einer Fußbodenhöhe von nur 37 bis 40 cm vorgestellt werden. Dieser Stadtlinienbus mit einem besonders tiefliegenden Boden ermöglichte einen stufenlosen Einstieg an der Vorder- und Mitteltür.

Wenig später wurde der gemeinsam von der MAN und ÖAF Gräf & Stift entwickelte, nur 9 m lange Niederflurbustyp Midi NM 152 präsentiert. 1992 führte das Unternehmen den Fernreisehochdecker (FRH 422) ein, der auch Lion's Star genannt wurde. Mit diesem Reisebus setzte die MAN einen wichtigen Produktmeilenstein. Mit seiner Bezeichnung begann die moderne Namensgebung für MAN-Busse, die auch heute noch gilt. Der neue Lion's Star wurde 1994 als »Coach of the Year« prämiert. Der Fernreisehochdecker erreichte einen cw-Wert von 0,41 und war damit besonders aerodynamisch und sparsam. 1996 folgten der Lion's Coach und der Lion's Comfort. Die anderen Busse wurden ebenfalls weiterentwickelt und erhielten in den 1990er Jahren in der Produktbezeichnung als letzte Ziffer eine »3«. Damit stand die dritte Fahrzeuggeneration zum Einsatz bereit. 1998 ging die neue Niederflurbusgeneration in Serie, die mit dem Modell NL 263 1999 zum »Bus of the Year« gekürt wurde.

Die 2000er Reihe. Bei den Lkw wurden Mitte der 1990er Jahre alle drei Baureihen überarbeitet und umbenannt. Sie hießen jetzt L2000 (1993), M2000 (1996) und F2000 (1994). Hatten die M90- und F90-Lkw zumeist eine »2« am Ende der Typenbezeichnung, trug das 2000er Dreiergespann für die neue Motorengeneration nun eine »3« als Typenendung, z. B. als 8.113, 14.163 oder 33.603. Die genaue Typenbezeichnung war natürlich länger und verwendete zusätzlich Buchstabenkürzel. Die Systematik wurde achtstellig und gab damit Auskunft über das zulässige Gesamtgewicht, die PS-Leistung, die Motorengeneration, die Anzahl der Achsen, den Motoreinbau im Fahrzeugtyp, die Achsangabe, die Federungsart und die Lenkungsanordnung. Den F2000 gab es in vier Fahrerhaus-Versionen: ein Nah- und ein Fernverkehrs- (beide 2.280 mm breit), ein Großraumfahrerhaus (2.440 mm) und ein viertes, mit aerodynamisch gestaltetem Hochdach. Man kann die Fahrerhäuser

vom F90 und vom F2000 auf den ersten Blick an einigen Details unterscheiden, etwa hat der F2000 zwei große Lüftungsschlitze in der Stoßstange und statt der eckigen meist runde Doppelscheinwerfer.

Für die Produktion des F2000 wurden ab 1994 Dieselmotoren mit elektronisch geregelter Einspritzung in Serie verwendet. Damit erfüllte der Lkw schon die Euro 2-Abgasrichtlinie, die erst zwei Jahre später in Kraft treten sollte. Gebaut wurde die schwere Reihe in München und Salzgitter. Rahmen und Blechpressteile lieferte das Werk in Gustavsburg, die Motoren kamen aus Nürnberg und die Kabelbäume aus dem Komponentenwerk Penzberg. Den Lkw gab es als Sattelzugmaschine, beispielsweise als dreiachsiges Fahrgestell 26.293 DFC, und auch in einer typischen Kipperausführung als 33.403 DFK. Er hatte schon die neue Motorbremse EVB, ein EDC-Management mit Tempomat, eine Wegfahrsperre, bereits einen Retarder, ABS und ASR, eine elektronische Dämpferregelung und Luftfederung sowie EFR als elektronische Fahrwerksregelung und Scheibenbremsen an der Vorderachse. Während für den F2000 im Fernverkehrseinsatz ein hochfester und verwindungssteifer Leiterrahmen aus dem MAN-Baukasten zum Einsatz kam, setzte man bei den Modellen für die Baustelle und den Geländeeinsatz auf verdrehweiche Rahmen mit hoher Verwindungselastizität zur Übernahme von starken Federbewegungen.

1995 wurde der F2000 zum »Truck of the Year« gewählt. Seit diesem Jahr wurden auch Vierachser-Typen gebaut.

Der L2000 in der Gewichtsklasse von 6 bis 10 t löste den G90 als Verteiler-Lkw ab, dessen Gemeinschaftsproduktion zwischen der MAN und Volkswagen 1993 auslief. Das Fahrerhaus des L2000 kam fertig montiert und lackiert aus Steyr, die Rahmen aus dem Werk Gustavsburg und die Motoren aus Nürnberg. Zusammengebaut wurde der leichte Lkw in Salzgitter. Das Produktionswerk Steyr war maßgeblich an der Entwicklung des Fahrerhauses beteiligt, das auf dem Mittelklassefahrerhaus FH 152 basierte.

Der M2000 war ebenfalls ein Allrounder mit unterschiedlichen Einsatzgebieten in vielen Branchen. Ihn gab es in zwei Fahrerhaus-Varianten (aus der

F- oder L-Reihe) in der Gewichtsklasse von 12 bis 25 t und mit drei Motorentypen von 155 bis 260 PS, die alle die neue Euro 2-Abgasnorm erfüllten. Montiert wurde der M2000 in Steyr. Auf den ersten Blick lassen sich der L und der M2000 leicht durch eine beziehungsweise zwei Einstiegsstufen am Fahrerhaus unterscheiden.

Unmittelbar vor der Jahrtausendwende folgte ein Facelift für die Lkw-Baureihen, die den Namenszusatz »Evolution« bekamen, erkennbar etwa am neuen Kühlergrill aus Kunststoff ohne den bisher üblichen Chromrahmen. Die Motorenleistung wurde um rund 10 bis 20 PS pro Baureihentyp erhöht und gleichzeitig der Stickoxidausstoß und die Partikelemission für die Euro 3-Norm weiter gesenkt. Damit änderte sich ab 1998 die Typenbezeichnung zum Endkürzel »4«, z. B. als Lkw-Typ 19.414. Ab 1999 bot die MAN für spezielle Einsätze, wie z. B. im kommunalen Abfallbereich, Lkw mit einer besonders niedrigen Einstiegshöhe – die sogenannten Low Entry-Typen – an.

Kraftpaket

1996/97 bot die MAN mit dem Big Blue einen ganz besonderen F2000 an: Er hatte eine eigene Sonderlackierung – ein Streifendekor mit Löwenmotiv –, Ledersitze, ein Armaturenbrett in Holzoptik, sogar einen Kühlschrank sowie das 16-Gang-Synchrongetriebe von Eaton und eine Motorkapselung.

links oben: 1987 wurde der F90 zum »Truck of the Year« gewählt.

links: F90 mit 500 PS, z. B. als Typ 19.502, 33.502 oder 40.502.

oben: M90 19.292 von 1990.

rechte Seite: M90 19.292 auf dem Oktoberfest.

L2000 aus Steyr

Das Produktionswerk Steyr war maßgeblich an der Entwicklung des L2000-Fahrerhauses beteiligt, das auf dem eigenen Mittelklassefahrerhaus FH 152 basierte, wie das Bild der beiden Fahrerhauskabinen in der direkten Gegenüberstellung veranschaulicht.

L2000

Der L2000 in der Gewichtsklasse von 6 bis 10 t war ein Verteiler-Lkw, konzipiert für den Einsatz in der Stadt, als Transporter von Lebensmitteln und Getränken, aber auch ausgelegt für das handwerkliche Baugewerbe und den kommunalen Einsatz. Wichtig waren das durchdachte, fahrerfreundliche Ablagekonzept in der Kabine sowie Flaschen- und Dosenhalterungen in den Türen. Der L2000 war sehr erfolgreich, der Marktanteil der MAN in Deutschland stieg 1993/94 um 5 Prozent auf 20 Prozent. Allein die Bundespost bestellte in diesem Jahr über 300 leichte Lkw vom Typ 8.153 – alle in Gelb.

F2000

Der F2000 war der Standard-Fernverkehrs-Lkw (links oben).

FE2000

Der FE2000 war sowohl für den Einsatz auf der Baustelle als auch im Schwerlastverkehr gefragt. Hier eine FE2000 Vierachs-Schwerlast-Sattelzugmaschine aus dem Jahr 2000. Die Evolution-Reihe erkennt man unter anderem daran, dass am Kühlergrill der bisher übliche Chromrahmen fehlt (oben).

2000er Reihe

L2000 (links oben) und M2000 (links), daneben jeweils
die Evolution-Modelle LE2000 (ganz oben) und ME2000
(oben).

NL 202

1988 wurde der neue Niederflurbus NL 202 mit einer Fußbodenhöhe von 37 bis 40 cm vorgestellt. Sowohl an der Vorder- als auch an der Mitteltüre war ein stufenloser Einstieg möglich.

Entwicklung des Arbeitsplatzes eines Busfahrers

oben, von links nach rechts: MKH 2, 1951; MKH 4, 1953. Neu war übrigens ab Mitte der 1950er Jahre, dass der Busfahrer auch gleichzeitig der Schaffner war, also auch das Fahrgeld kassieren musste.

unten, von links nach rechts: Metrobus 2, 1968; Bus-Kassensystem, 1975; SL 202, 1984.

Lion's Star

1992 begann die Erfolgsgeschichte der Lion's-Busse mit der Einführung des Lion's Star-Reisebusses (FRH 422), der 1994 als »Coach of the Year« prämiert wurde. Der Fernreisehochdecker erreichte einen sehr niedrigen cw-Wert von 0,41.

Im Linienverkehr

links oben: NM 152 mit Göppel-Aufbau von 1992. Ab den 1990er Jahren markierte die Ziffer 3 am Ende die dritte Fahrzeuggeneration.

links: NÜ 313, 1999.

oben: NL 263. Der neue Niederflurbus kam 1999 auf den Markt und wurde zum »Bus of the Year« gekrönt.

links oben: Anfang der 1990er Jahre wurde der SLW 2000 der Öffentlichkeit präsentiert. Die Abkürzung SLW stand für Stadtlastwagen und war 1992 ein innovatives Konzept für den vielfältigen Verteiler-Einsatz im Güternahverkehr. Der SLW hatte mit 11,8 m Wendekreis dank lenkbarer Hinterachsräder nahezu die Manövriereigenschaften eines Pkw und mit 7,5 t zulässigem Gesamtgewicht eine hohe Nutzlast von 4 bis 4,5 t. Er fuhr mit Vorderradantrieb, der komplette Antriebsstrang war unterflur angeordnet und der 150 PS starke 4-Zylinder-Reihenmotor hatte Turboaufladung, Ladeluftkühlung und Drucklufteinblasung sowie Abgasreinigung mittels Oxidationsfilter. Der SLW blieb trotz seines innovativen Konzepts eine Studie und ging nie in die Serienproduktion.

oben: Die MAN bot ab 1999 auch Lkw mit einer besonders niedrigen Einstiegshöhe – die sogenannten Low-Entry-Typen – an. Sie eigneten sich etwa für den Einsatz im kommunalen Abfallbereich.

links: Der UXT sah auf den ersten Blick aus wie ein F90. Er war allerdings der Prototyp einer Unterflur-Sattelzugmaschine mit 3,1 m Radstand und liegendem Motor. Neben dem Antriebskonzept hatte der UXT eine weitere Innovation: das Großraumfahrerhaus mit Hochdach bei einer Stehhöhe von 2,17 m.

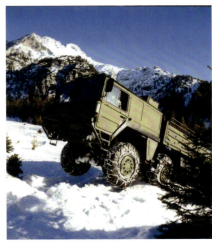

links oben: KAT 1 für die Bundeswehr.

links: Die LX- und SX-Typen wurden nicht nur für den militärischen, sondern auch für den zivilen Einsatz angeboten. Hier zwei LX90 6×6.

oben: Die MAN lieferte Mitte der 1990er Jahre sechs Sonderfahrzeuge für die Feuerwehr des neuen Flughafens München II. Vier davon waren mit einem 12-Zylinder-Motor mit 1.000 PS ausgestattet, der eine Beschleunigung auf 80 km/h in 19 Sekunden und eine Höchstgeschwindigkeit von 147 km/h erzielte. Es war ein 36.1000 VFAEG-Fahrgestell mit Aufbau von Saval-Kronenburg.

10

Die Trucknology Generation

Der TGA

Im Jahr 2000 kam der neue schwere Erfolgs-Lkw auf den Markt – der TGA.

TGA, TGM, TGL

Trucknology Generation Typ A, kurz TGA – unter diesem Produktnamen präsentierte die MAN im Jahr 2000 einen neuen schweren Lkw-Typ und setzte damit Maßstäbe im Fernverkehr. Angeboten wurden fünf Fahrerhaus-Varianten in den Größen M bis XXL, 2.240 mm bis 2.440 mm breit, 1,88 m bis 2,28 m lang und mit einer Gesamthöhe von bis zu 3,8 m. Die Kabinen erfüllten alle hohen Anforderungen an Komfort, Ergonomie und Aerodynamik. Das M-Fahrerhaus kam vor allem im Nahverkehr und im Kommunalbereich zum Einsatz, während die LX- und XL-Varianten für den Fernverkehr konzipiert waren. Das L-Fahrerhaus wurde hingegen primär als Holz-, Kühl- und Baustofftransporter sowie für Tank- und Silofahrzeug eingesetzt. Alle Varianten hatten einen bequemen, beleuchteten Einstieg, trittsicher und ergonomisch über drei Stufen erreichbar, beste Rundumsicht und das Cab war bis zu 65° kippbar. Vor allem aber setzte das TGA-Fahrerhaus Maßstäbe in seiner Kombination aus hochwertigem Arbeitsplatz und Wohnraum. Die Bedienelemente im Cockpit waren intuitiv erfassbar und für den Fahrer funktional platziert, das intelligente Ablage- und Stauraumkonzept gewährleistete mit der leistungsfähigen Klimaanlage ein Optimum an Komfort für den Fahrer – ergonomisch durchdacht und praxisnah.

Alle Blechteile waren vollverzinkt und so vor Korrosion geschützt. Darüber hinaus kamen Innovationen wie elektronische Steuerungssysteme in Bremsen, Getriebe und Motor sowie ein abstandsgeregelter Tempomat, moderne Scheinwerfertechnik und optimierte Rückspiegel zum Einsatz. Sicherheits- und Assistenzsysteme sorgten beim TGA z. B. als ABS, EBS, MAN Brakematic® oder mit der elektronischen Fahrwerksregelung EFR und dem Luftfederdämpfersystem LDS für sehr hohe Stabilität und Sicherheit während der Fahrt. Auf Wunsch gab es sogar Xenon-Scheinwerfer. Verbaut wurden Euro 2- oder Abgasnorm 3-taugliche 6-Zylinder-Turbomotoren mit 310 bis 510 PS. Für den extremen Schwerlasteinsatz gab es eine V10-Maschine mit 18,3 Liter Hubraum und rund 700 PS. Für den optimalen Schaltvorgang sorgten die MAN TipMatic® oder das MAN Comfort-Shift®.

Als Sattelzug standen zwei Konzepte zur Auswahl: zum einen der TGA Vario für 90 bis 95 m³ Ladevolumen bei einem Luftfederweg von 235 mm (145 mm Heben und 90 mm Senken), zum anderen der TGA Ultra für 100 m³ Volumen und einem Luftfederweg von 190 mm (130 mm Heben und 60 mm Senken). Für Wechselbrücken gab es flexible Traggestelle ab Werk für Abstellhöhen von 1.120, 1.220 und 1.320 mm.

Der TGA war ein Allrounder und als Arbeitstier auf der Autobahn und der Landstraße ebenso zu Hause wie auf der Schotterpiste und in der Baugrube. Oder wie es zusammenfassend im Verkaufsprospekt heißt: »Der TG-A beschreitet neue Wege in der Formsprache und gibt sich doch auf den ersten Blick als typischer MAN zu erkennen.«

Für den TGA erhielt die MAN zum fünften Mal die begehrte Auszeichnung »Truck of the Year«. Hinzu kam der »iF PRODUCT DESIGN AWARD« für den neuen schweren Lkw.

2005/06 feierten der TGL und der TGM ihre Markteinführung. Den TGM gab es mit Motoren von 240 bis 326 PS und wahlweise mit einem C-, L- oder LX-Fahrerhaus. Die damals gültige Abgasstufe Euro 4 wurde mit einem System aus Abgasrückführung und dem Partikelfilter MAN PM-Kat® ohne weitere Zusatzstoffe erreicht. Im selben Jahr wurde der leichte TGL, in der

Im Jahr 2001, ein Jahr nach der Markteinführung, erhielt der TGA die begehrte Auszeichnung »Truck of the Year«. Der neue Innenraum des TGA war ein komfortabler, sicherer und funktionaler Arbeits- und Wohnraum.

Klasse von 7,5 bis 12 t, ebenfalls mit dem »Truck of the Year Award« ausgezeichnet. Produziert wurde er im österreichischen MAN-Werk Steyr.

Technik unter der Haube. 2002 führte die MAN das elektronisch geregelte Stabilitätsprogramm ESP und das Spurwarnsystem Lane Guard System (LGS) in Serie ein. Im selben Jahr wurden die neuen Reihen-6-Zylinder-Turbodieselmotoren mit Common-Rail-Einspritzung der Baureihen D 2876 mit 12,8 l und D 0836 mit 6,9 l Hubraum für Lkw und Omnibusse vorgestellt. 2003 folgte der abstandsgeregelte Tempomat ACC für mehr Sicherheit im Straßenverkehr. Im Jahr 2004 gab es zwei große Innovationen: den MAN PriTarder® und die Einführung der D 20 Common-Rail-Motoren. 2005 folgte die Einführung des MAN PM-Kats®, der 2006 mit dem »BDI Umweltpreis« ausgezeichnet wurde. In diesem Jahr brachte die MAN mit MAN HydroDrive® einen zuschaltbaren Allradantrieb auf den Markt. Dabei werden die Vorderräder hydrostatisch angetrieben. Dieser Antrieb kann bei Bedarf aktiviert werden, ist sehr leicht, platzsparend und sparsam.

Busse. Die Lion's Family wurde weiter ausgebaut. Für den Linienverkehr gab es den Lion's City. Der Bus war modular in Längen von 12 m bis 18,75 m aufgebaut. Der Lion's Coach übernahm Designmerkmale des Lion's Star, setzte aber auch eigene Akzente. Er wurde mit dem »red dot award product design« 2003 und mit dem »iF PRODUCT DESIGN AWARD« 2004 ausgezeichnet. Auch der Lion's Regio wurde prämiert. So erhielt er mehrfach den ersten Platz bei der Leserwahl von »lastauto omnibus«, »trans aktuell« und »Fernfahrer«. Der Lion's Star, mit seinem markanten Design, der schwingförmigen C-Säule und dem einzigartigen Dachspoiler erhielt ebenfalls den »red dot design award« im Jahr 2002 und wurde 2004 zum »Coach of the Year« gewählt.

D 20 Common-Rail-Motor

Im Jahr 2004 wurde die D 20-Motorenbaureihe mit dem neuen Common-Rail-Einspritzsystem eingeführt. Dabei handelt es sich um ein Verfahren, bei dem Dieselkraftstoff mit einem Druck von bis zu 1.600 bar elektronisch gesteuert in den Verbrennungsraum der Zylinder eingespritzt wird. Über den gesamten Drehzahlbereich verfügt der Motor so über maximalen Einspritzdruck unabhängig von der Motordrehzahl oder der Einspritzmenge, was zu einer Leistungssteigerung führt. Über die Magnetventile der Einspritzdüsen wird die eingebrachte Kraftstoffmenge je nach Bedarf reguliert. Gleichzeitig läuft der Motor durch die optimal geregelte Verbrennung ruhiger, leiser, erzeugt weniger Schadstoffe und verbraucht insgesamt weniger Kraftstoff. Dies war ein Novum in der gesamten Nutzfahrzeugbranche, setzte Maßstäbe und gilt heute als Standard.

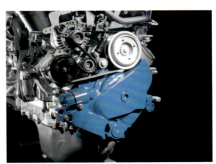

von oben nach unten:

Der zuschaltbare Allradantrieb MAN HydroDrive®, 2005.

2005 wurde der Katalysator MAN PM-Kat® eingeführt, der 2006 mit dem »BDI Umweltpreis« ausgezeichnet wurde.

Der MAN PriTarder® (blau) war ein einzigartiges Retarder-Bremssystem, das motorintern und verschleißfrei mit Kühlwasser als Betriebsmittel arbeitete. Es war 80 kg leichter als andere externe, ölbasierte Retarder-Systeme und besaß hervorragende Bremseigenschaften bei langer Lebensdauer.

L-Design   M-Design

XXL-Design   XL-Design   LX-Design

TGA-Fahrerhaus-Varianten

232

На грузовике: АВТОПРОБЕГ МОСКВА-ВЛАДИВОСТОК

ООО "МАН Автомобили Россия"

MAN

К 913 УН 177

TGA

TGA-Roadshow in Russland, 2000.

TGL und TGM

2005/06 wurden die neuen leichten TGL- (rechts) und mittleren TGM-Modelle (oben) eingeführt.

TGA

TGA, 2004 (linke Seite).

NEOPLAN

(1) Drei Generationen von NEOPLAN-Bussen.

(2) Typ Hamburg, 1967.

(3) Erster Skyliner, 1967.

(4) Erster Cityliner, 1971.

(5) Jumbocruiser, 1975.

(6) Megaliner, 1992.

Im Jahr 2001 übernahm die MAN Nutzfahrzeuge AG die Gottlob Auwärter GmbH & Co. KG. Die Omnibussparte der MAN wurde nun zunächst unter dem Dach der NEOMAN GmbH in Salzgitter geführt. Zum 1. Februar 2008 wurde der Busbereich als Sparte MAN Bus in die MAN Nutzfahrzeuge-Gruppe integriert.

Die Geschichte von NEOPLAN begann am 1. Juli 1935. Der Karosseriebaumeister Gottlob Auwärter (1903–1993) gründete in diesem Jahr in Stuttgart-Möhringen einen Betrieb zur Herstellung von Aufbauten, vor allem für Omnibusse. Das neue Unternehmen wuchs rasch, überstand den Zweiten Weltkrieg weitgehend unbeschadet und begann mit sechs fertigen Omnibussen, die Gottlob Auwärter der Requirierung durch die Besatzungstruppen entziehen konnte, den Wiederaufbau. Auwärter konstruierte Anfang der 1950er Jahre einen völlig neuen Bustyp mit selbsttragender Karosserie. Der Bus erhielt die Bezeichnung NEOPLAN, neuer Plan. 1953 war es so weit: Der erste NEOPLAN-Bus kam auf die Straße. In den folgenden Jahren entwickelte sich NEOPLAN zu einem der innovativsten Bushersteller.

So bot das Unternehmen ab 1957 als erstes serienmäßig Luftfederung an – ein Meilenstein, der in den 1960er Jahren auch auf den Linienbus übertragen wurde. 1960 kreierten die NEOPLAN-Techniker einen Vollniederflurbus. Außerdem avancierte das Unternehmen zum Weltmarktführer für Flughafenbusse. Bei der Präsentation des neuen Reisebusses »Hamburg« auf dem Genfer Auto-Salon im März 1961 sorgten seine klare Linienführung und die großen, ins Dach gewölbten Seitenscheiben für Furore. Eine absolute Neuheit war die Düsenbelüftung im Innenraum: Erstmals konnte der Fahrgast die Frischluftzufuhr individuell regulieren. 1967 stellte NEOPLAN den weltweit ersten Fernreisedoppelstockbus vor: den Skyliner. Er verfügte über einen großen Kofferraum und Komforteinrichtungen wie Küche und WC am Aufgang ins Oberdeck. Der Skyliner wurde in verschiedenen Versionen und Generationen bis heute rund 4.000-mal gebaut. 1971 folgte der Cityliner. Seine richtungsweisenden Merkmale waren der erhöhte Fahrgastraum, der tiefergelegte Fahrerplatz, die Unterflurtoilette, die Bordküche, die Fahrerschlafkabine sowie auf Wunsch die Klimaanlage und die Doppelverglasung. Charakteristisch auch für alle nachfolgenden Cityliner-Generationen war die horizontal geteilte Frontscheibe, die den Fahrerplatz optisch von der darüber liegenden Passagierkabine trennte.

Eine neue, im mittleren Marktsegment angesiedelte Reisebus-Baureihe entstand 1972/73: der Jetliner. Sein markantes Merkmal war die große, einteilige Panorama-Windschutzscheibe. Der Jetliner wurde im neuen Werk in Pilsting gefertigt, das 1973 als zweite Produktionsstätte in Betrieb genommen wurde. Auf der Basis des Skyliners entstand 1975 der spektakuläre Doppeldeckgelenkbus Jumbocruiser. Der imposante Riese bot Platz für maximal 144 Fahrgäste und schöpfte mit 18 m Länge, 2,50 m Breite und 4 m Höhe die zulässigen Maße voll aus. Er war der größte Bus der Welt. 1979 folgte der Spaceliner, der erste Hochdecker mit Unterflur-Cockpit. Das neuartige Unterflur-Cockpit bot dem Fahrer eine ungestörte Arbeitsatmosphäre und ermöglichte eine niedrige Fahrzeuggesamthöhe von nur 3,65 m bei großem Kofferraumvolumen. Ab 1980 konstruierte NEOPLAN auch Kleinbusse für die Behindertenbeförderung. Gebaut wurde der Telebus in der dritten deutschen NEOPLAN-Produktionsstätte, die 1981 in Berlin-Spandau eingeweiht wurde und noch heute als Service- und Vertriebsniederlassung dient. Je tiefer der Fahrzeugboden, desto höher der Einstiegskomfort – das war das bahnbrechende NEOPLAN-Konzept der Niederflurbauweise. 1987 wurde der weltweit erste Niederflurgelenkbus der Öffentlichkeit vorgestellt. Da die Niederfluridee auch im Ausland gut ankam, baute NEOPLAN die Produktion standardisierter Linienbusse weiter aus.

1988 setzte der Metroliner in Carbon-Design (MIC) einen weiteren Meilenstein: Er besaß die erste Omnibuszelle, die ausschließlich aus Faserverbundstoffen bestand, dadurch das Fahrzeuggewicht um sensationelle 40 Prozent reduzierte und dennoch höchste Stabilität und Crash-Sicherheit garantierte. 1992 überraschte NEOPLAN mit dem Megaliner – dem ersten zulassungsfähigen vierachsigen Doppeldecker mit 15 Metern Länge und gelenkter Triebachse. 1997 ging der Starliner in Produktion. Der Starliner wurde 1998 zum »Bus of the Year« und 2000 zum »Coach of the Year 2000« gewählt. 1998 folgten die neuen Modelle Centroliner und Euroliner. 2004 wurde der neue NEOPLAN Starliner präsentiert. Mit technischen Neuerungen wie dem elektronischen Stabilitätsprogramm ESP, seinem Design und einem richtungsweisenden Lichtkonzept setzte er erneut Maßstäbe. Im selben Jahr folgte auch der Überland- und Kombibus Trendliner. 2006 kam der neue NEOPLAN Cityliner auf den Markt, er erhielt 2007 den »red dot design award«. 2012 feierte der neue Jetliner seine Premiere.

Selbst unter den Premiumreisebussen gelten sie als etwas ganz Besonderes: die NEOPLAN Starliner (ganz oben) und Skyliner (oben).

Lion's Family

links oben: Lion's City, 2002.
oben: Lion's Coach, 2005.
links: Lion's Regio, 2008.

Der neue Lion's Star, 2001

2001 kam auch der neue MAN Lion's Star (rechte Seite) auf den Markt. Der Bus erhielt nur ein Jahr später den »red dot design award«.

11

Alternative Antriebe

Lion's City Hybrid, 2014

Heute sind Hybridantriebe und Erdgasmotoren die beiden wichtigsten alternativen Antriebskonzepte der MAN Truck & Bus AG. In der Vergangenheit hat das Unternehmen eine Vielzahl unterschiedlicher Antriebskonzepte erprobt und weiterentwickelt.

MAN Lion's City Hybrid

M · AN 1147

Von Fahrdrähten und Schmieröl

Zu Beginn wurden die Lkw der M.A.N. von Ottomotoren angetrieben, ab 1924 konnten die Kunden alternativ einen Dieselmotor wählen. Seit Mitte der 1930er Jahre wurden die Benziner nicht mehr vertrieben, das Unternehmen konzentrierte sich darauf, den Dieselmotor zu optimieren. Parallel dazu wurden kontinuierlich alternative Antriebe erforscht und Prototypen erprobt. Auf diesen Erfahrungsschatz baut die MAN heute auf, wenn es darum geht, für eine saubere Umwelt und die Schonung der fossilen Ressourcen effiziente Antriebskonzepte weiterzuentwickeln und zur Marktreife zu bringen.

Den Entwicklungsbeginn alternativer Antriebe bei der MAN Truck & Bus AG markiert aber weder ein Lkw noch ein Bus. Am Anfang steht der Kraftkarren. Im Jahr 1923 präsentierte die M.A.N. den kleinen Transportkarren mit Elektroantrieb. Er wurde mindestens von 1923 bis 1928 produziert und vertrieben. Es sind keine Stückzahlen aus dem Vertrieb bekannt, was auf eine relativ geringe Produktionszahl schließen lässt. Trotzdem markiert der Kraftkarren den Beginn der kommerziellen Elektromobilität bei M.A.N.-Nutzfahrzeugen vor über 90 Jahren. In der Straßen- und Eisenbahnproduktion reicht die Entwicklung erster elektrischer Antriebe im Werk in Nürnberg sogar bis 1886 zurück, als erstmals eine elektrische Straßenbahn für das Ungererbad in München gebaut wurde.

Nutzfahrzeuge mit Elektroantrieb waren dann ab den 1930er Jahren die ersten Oberleitungsbusse, anfangs noch Fahrdrahtbusse genannt. Nach dem Zweiten Weltkrieg feierte der Trambus, wie der O-Bus nun hieß, eine Renaissance und avancierte zu einem Exportschlager.

Parallel dazu entwickelte die M.A.N. ab Mitte der 1930er Jahre Lkw und Busse mit alternativen oder, wie es damals hieß, heimischen Kraftstoffen. Ziel der Nationalsozialisten war es, Deutschland möglichst autark von Rohstoffimporten zu machen. Als Kraftstoffe wurde in den M.A.N.-Lkw etwa Generatorgas, Flaschengas und Braunkohlengasöl eingesetzt. Ab Ende der 1930er Jahre wurde Erdgas auch beim Stadtomnibus als Antriebsquelle eingesetzt, z.B. im Stadtverkehr in Augsburg. Bedingt durch die Verknappung von Rohstoffen kam es im Zweiten Weltkrieg verstärkt zur Produktion von Holzvergasern, die insbesondere bei Lkw und Traktoren verbaut wurden (siehe S. 101).

Ursprünglich ein Militärauftrag war die Entwicklung eines Vielstoffmotors, an dem die M.A.N. in den 1950er Jahren arbeitete, ein erster Prototyp stammte von 1954. Ab 1956 wurden M-Motoren als Vielstoffmotoren in Serie gebaut, die laut Prospekt folgende Brennstoffe verarbeiten konnten: Rohöl, Gasöl, Kerosin, Düsenjägertreibstoff, Normalbenzin, hochoktanen Treibstoff für Ottomotoren (Super) und Schmieröl. Neben dem Vielstoffmotor forschte die M.A.N. seit Ende der 1960er Jahre am Stirlingmotor, am Erdgasantrieb und an der Gasturbine und entwickelte zahlreiche neue Modelle.

Kraftkarren

»Der M.A.N-Kraftkarren ist ein kleiner 4-rädriger Wagen, der dazu dient, auf seiner Plattform Lasten aller Art zu befördern. Der Antrieb erfolgt mittels der beiden Hinterräder durch je einen Elektromotor. Die Motoren beziehen ihren Strom aus 2 Akkumulatorenbatterien, die in Kästen unter der Plattform zwischen Vorder- und Hinterachse angeordnet sind« (M.A.N.-Werkszeitung, 1923).

Der Anschaffungspreis lag bei rund 4.000 Goldmark. Der M.A.N.-Kraftkarren war ein Nischenprodukt und wurde vor allem in der Textil- und Lederindustrie sowie im Kohlehandel vermarktet. Erwähnt wird der Kraftkarren aber auch im Rundschreiben für die Berliner Automobilausstellung 1924.

Alternative Verbrennungskonzepte

Ab den 1930er Jahren erprobte die M.A.N. Motoren, die zahlreiche unterschiedliche Treibstoffe verbrennen konnten. Es gab Aggregate, die unterschiedliche Gase verbrannten, wie Generatorgas, Stadtgas oder Erdgas, aber auch Vielstoffmotoren, die unterschiedliche brennbare Flüssigkeiten in ihren Zylindern verfeuerten. Parallel dazu wurde an Turbinen- und Stirlingmotoren geforscht.

(1) Werbung für sogenannte heimische Kraftstoffe, mit denen der Import von Öl und Gas reduziert werden sollte, 1936.

(2) Versuchsaufbau für den Vielstoffmotor von 1955: Der M-Motor konnte eine Vielzahl an Treibstoffen verbrennen.

(3) Bus mit Stadtgasantrieb, 1943.

(4) Lkw mit Gasturbinenantrieb auf einer Testfahrt, 1973.

Akku-Anhänger, Erdgasbusse und Hybride

Anfang der 1970er Jahre entstand die Umweltbewegung, Fragen nach Abgasen und Energieverbrauch wurden in diesem Zusammenhang öffentlich diskutiert. Als 1973 die erste Ölkrise über die Welt hereinbrach, wurde der Ruf laut, Alternativen zum Erdöl zu finden. In den frühen 1970er Jahren begann dann auch die intensive Erforschung alternativer Antriebe und Energiespeichersysteme. Einige der damals erprobten Entwicklungen erwiesen sich als zukunftsfähig, andere verschwanden – vorerst – wieder in den Schubladen der Entwicklungsabteilungen.

Ein erfolgreiches Konzept war der Erdgasantrieb, den die M.A.N. 1971 als erstes Unternehmen in Europa in einem Omnibus präsentierte. 1972 fuhr der erste batteriebetriebene Elektrobus der M.A.N. in München bei den Olympischen Spielen, zwei Jahre später dann im Linieneinsatz in Mönchengladbach und danach auch in Düsseldorf und Frankfurt am Main. Der Bus war eine Gemeinschaftsproduktion der M.A.N. mit RWE, Bosch und Varta. Die Batterie war in einem Anhängermodul des SL-E untergebracht. Erste Versuche mit einem 7,5 t-Elektro-Lkw wurden 1979 bei der M.A.N.-Tochter ÖAF gestartet und führten zu Erprobungseinsätzen bei der Österreichischen Post. Eine andere Elektrobusvariante sind die Oberleitungs-

busse, die die M.A.N. schon seit den 1930ern im Programm hat. In den 1970er und 1980er Jahren wurden sie als Typ SL-T und SG-T produziert. Das »SL« in der Typenbezeichnung steht für Standard-Linienbus, das »T« für Trolley, das »G« für Gelenkbus. Dies war die dritte Phase der MAN-Trolleybusse, die in der Sparte der Stadtomnibusse mit Elektroantrieb vertrieben wurden. 2008 wurden die bislang letzten Oberleitungsbusse nach Venezuela verkauft.

Parallel dazu wurde Ende der 1970er/Anfang der 1980er Jahre der Gyro-Bus getestet. Ein 1,5 t-Schwungrad, ein Gyroskop, speicherte hier die Bremsenergie und gab sie bei Bedarf wieder an den Antrieb ab. Daneben entstanden Duo- und Dual-Busse, die Oberleitungsantrieb mit Verbrennungs- oder Batterieantrieb kombinierten. Und im Hydro-Bus wurde die Energie in einem hydraulisch befüllten Druckspeicher vorgehalten.

Zu Testzwecken fuhren in Wien ab 1976 auch zahlreiche M.A.N.-LPG-Omnibusse. Angetrieben mit Liquid Petrol Gas – einer Mischung aus Propan und Butan –, fuhren die Doppeldecker in Österreich quasi mit Feuerzeugbenzin. In den 1980er und 1990er Jahren arbeitete die MAN auch intensiv am Methanol-, Erdgas- und Wasserstoffantrieb weiter. Zahlreiche dieser Busse wurden in die USA verkauft. 1987 entwickelte die MAN einen SL 202 Stadtbus mit dieselelektrischem Magnetspeicher.

Auch beim leichten Lkw ging die Forschung und Erprobung von alternativen Antrieben weiter. Hybridantriebe wurden beim G90 und später beim L2000 vor allem im Kommunalbereich und Verteilerverkehr eingesetzt. Anfang 1990 wurden Kommunalmüllfahrzeuge mit CNG- und LNG-Antrieb im Verteilerverkehr erprobt.

In den 1990er Jahren waren es dann vor allem die Modelle NGE 152 und NGT 204, bei denen der Trolleybus als Niederflurgelenkvariante auf den Markt kam. Es gab auch eine Reihe von Versuchsfahrzeugen in Kombination mit Diesel- und Elektroantrieb, z. B. in Nürnberg in den 1990er Jahren oder als sogenannter Stadtstromer. 1997 brachte die MAN den Niederflur-Batterie-Midibus NM 152 E auf den Markt. Er fuhr extrem leise und völlig schadstofffrei, hatte eine

Reichweite von bis zu 120 km und konnte bis zu 60 Personen befördern.

Das Unternehmen präsentierte 1996 den ersten Omnibus deutscher Herstellung mit Wasserstoffantrieb, den SL 202 LH. Ab 1998 wurden die neuen Busse in Berlin und am Flughafen München eingesetzt. Mitte bis Ende der 1990er Jahre wurde auch auf der Lkw-Seite mit dem Erdgas-Lkw für den regionalen und kommunalen Einsatz ein alternatives Nutzfahrzeug auf den Markt gebracht.

Es darf nicht vergessen werden, dass NEOPLAN ebenfalls schon seit geraumer Zeit Busse mit alternativen Antrieben herstellte, etwa den Metroliner Hybrid mit Kunststoffkarosserie von 1988. 1997 rief NEOPLAN das Projekt UKW1 mit dem Ziel ins Leben, einen umweltfreundlichen, komfortablen und wirtschaftlichen Linienbus zu entwickeln. Aus diesem Entwicklungsziel entstand der NEOPLAN-Typ N 8008 FC, ein Niederflurbus mit integrierter Brennstoffzelle und batterieelektrischem Antrieb, der speziell für Kurorte und Innenstädte sowie Ballungsgebiete konzipiert war. Der Antrieb des Busses war ein Tandem-Asynchron-Motor. Er bestand aus zwei getrennten 45 kW-Motoren. Eine Hochleistungsbatterie, die während der Fahrt geladen wurde, entlastete die Brennstoffzelle, z. B. beim Anfahren, und sorgte so für einen geringeren Wasserstoffverbrauch.

SL-E

1970 stellte die M.A.N. der Presse den Elektrobus vor.
1972 wurde er neben Erdgasbussen bei den Olympischen
Spielen in München eingesetzt (großes Bild), von 1974 bis
1979 fuhren die SL-E mit Batterieanhänger in Mönchengladbach (kleine Bilder). Es war die erste batteriebetriebene Elektro-Omnibuslinie der Welt.

Antriebsvarianten

oben: Hydro-Bus und Gyro-Bus, 1981. Der Hydro-Bus speicherte die Energie mithilfe einer Hydraulikpumpe in einem Druckspeicher. Beim Gyro-Bus wurde die Bremsenergie in einem Schwungrad gespeichert.

rechts oben: Von der Mitte bis zum Ende der 1970er Jahre wurden Busse mit elektrischer Spurführung getestet.

rechts: Bus mit Methanolantrieb in San Francisco, Anfang der 1980er Jahre.

Busse

linke Spalte, von oben nach unten:

SL 202 Stadtbus mit diesel-elektrischem Magnetspeicher, 1987.

»Stadtstromer«: Versuchsfahrt mit einer Kombination von Diesel- und Elektroantrieb, 1995.

Hydrogenbus: 1996 präsentierte die MAN den ersten Omnibus deutscher Herstellung mit Wasserstoffantrieb, den SL 202 LH. Ab 1998 wurden die neuen Busse in Berlin und am Flughafen München eingesetzt.

Lkw

rechte Spalte, von oben nach unten:

Erste Versuche mit einem 7,5 t-Elektro-Lkw wurden 1979 bei der ÖAF gestartet und führten zu Erprobungseinsätzen bei der Österreichischen Post.

LNG-Antrieb im Verteilerverkehr, 1992.

G90-Testfahrzeug mit Hybridantrieb, 1993.

Die neueste Generation

Hybrid-, Erdgas- und Elektroantrieb entwickelten sich seit Anfang des neuen Jahrtausends zu vielversprechenden alternativen Antriebsarten. 2001 baute die MAN den ersten Hybridbus; die neue Generation war mit Ultracap-Kondensatoren ausgestattet. 2005 folgte die zweite Generation und 2007 die dritte. Dies waren Entwicklungsmodelle, 2010 ging das vierte Hybridbusmodell schließlich in die Serienproduktion.

2012 stellte die MAN ein Forschungsfahrzeug vor, das schwere Transportaufgaben in der Stadt ohne Emissionen und besonders geräuscharm erledigen konnte. Der Metropolis war ein elektrisch angetriebener Lkw auf Basis eines MAN TGS 6×2-4. Die elektrische Energie lieferte eine modulare Lithium-Ionen-Batterie, die sich dank Plug-in-Funktion über Nacht einfach an der Steckdose aufladen ließ. Unterwegs sorgte ein Pkw-Dieselmotor als Range Extender im Bedarfsfall dafür, dass der Batterie nicht die Puste ausging. Im Dezember wurde das MAN-Forschungsfahrzeug Metropolis mit dem bayerischen Staatspreis für Elektromobilität, dem »eCarTec Award«, ausgezeichnet.

Mit einer anderen Effizienztechnologie konnte der TGM HydroHybrid punkten, den die MAN seit 2014 in Serie anbietet. Während der Messe »IFAT 2014« erfolgte die erste Kundenübergabe.

Mit dem Concept MAN TGX Hybrid zeigte die MAN 2014 erstmals einen Hybridantrieb für den Fernverkehr. Der Dieselmotor ist dabei die Hauptantriebsquelle – ein zusätzliches Antriebssystem mit Elektromotor eröffnet die Möglichkeit, Bremsenergie zurückzugewinnen, zu speichern und wieder zu nutzen. Auf Fernstrecken werden die meisten Transportkilometer gefahren, sodass von allen Nutzfahrzeug-Hybridanwendungen das Gesamtpotenzial zur CO_2-Einsparung hier am größten ist. Da der Elektromotor lediglich als Unterstützung des Diesels arbeitet, ergibt sich ein schlankes, Gewicht sparendes System.

Der MAN Lion's City GL CNG wurde als »Bus of the Year 2015« prämiert. Der 18,75 m lange Gelenkbus hat eine Beförderungskapazität von bis zu 142 Personen. Der MAN Lion's City GL CNG bietet mit seinem CNG-Antrieb in Euro 6-Abgasnorm eine extrem schadstoffarme, klimafreundliche Mobilitätslösung für den Stadtverkehr. Wenn man den Bus mit Biogas oder E-Gas betankt, fährt er annähernd CO_2-neutral, vergleichbar dem Full-Electric-Vehicle-Niveau. Selbst ohne den Einsatz von Biogas ist die CO_2-Emission um rund 17 Prozent geringer als bei Dieselfahrzeugen.

Zugleich ist Erdgas als alternative Antriebsquelle eine besonders wirtschaftliche Lösung: Über einen Zeitraum von zehn Jahren spart ein MAN Lion's City GL CNG, verglichen mit einem Dieselbus der gleichen Baureihe, aufgrund der deutlich niedrigeren Kraftstoffkosten rund 15 Prozent bei den Lebenszykluskosten ein. Neben den sehr erfolgreichen Hybridmodellen zählt die MAN bei Erdgasbussen zu den Marktführern in Europa. Hybridantriebe und Erdgasmotoren bilden die beiden wichtigsten alternativen Antriebskonzepte der MAN Truck & Bus AG.

1999 entwickelte die MAN den ersten Brennstoffzellenbus mit Flüssigwasserstoff für die Erprobung im Linienbetrieb (ganz oben). Obwohl die MAN schon früh technisch weit fortgeschrittene Busse mit Wasserstoffantrieb und Brennstoffzellen anbot, setzten sich beide Technologien nicht durch, was unter anderem an der bis heute fehlenden Infrastruktur lag.

2005 baute die MAN die zweite Generation ihrer Hybridbusse (oben).

Hybrid der neuesten Generation

2010 kam die aktuelle, vierte Entwicklungsgeneration der MAN-Hybridfahrzeuge auf den Markt.

oben: Forschungsfahrzeug TGL-Hybrid, 2010.

links: Lion's City Hybrid, 2010.

2011 wurde der Lion's City Hybrid mit dem »ÖkoGlobe« und dem »red dot design award« ausgezeichnet. Er erhielt 2012 außerdem den »Green Bus Award«.

Alternative Antriebe heute

oben: TGX-Hybrid. Mit dem Concept MAN TGX-Hybrid präsentierte die MAN 2014 erstmals einen Hybridantrieb für den Fernverkehr.

links: Das Foto zeigt den MAN Metropolis auf TGS-Basis.

rechte Seite: Der MAN Lion's City GL CNG ist als »Bus of the Year 2015« ausgezeichnet worden. Mit Biogas oder E-Gas betankt, kann der Gelenkbus annähernd CO_2-neutral und damit auf Full-Electric-Vehicle-Niveau betrieben werden.

12

Effizient in die Zukunft

TGX

Der TGX und der TGS lösten 2008 den TGA ab. Hier das
Euro 6-Modell von 2014.

Mit dem TGX und dem TGS in die Zukunft

Branchenrekord! Im Jahr 2008 erhielt die MAN zum siebten Mal die Auszeichnung »Truck of the Year«, dieses Mal für die Doppelbaureihe TGX und TGS. Die beiden Modelle lösten zusammen die bisherige Baureihe TGA ab. Sie waren durch die V-Optik der Frontpartie als moderne Fahrzeuggeneration erkennbar, die Fahrerhausform war aerodynamisch optimiert und die Fahrerarbeitsplätze auf Ergonomie, Komfort und Funktionalität hin perfektioniert. Für Effizienz, Sicherheit und Zuverlässigkeit während der Fahrt sorgten der auf Euro 4 und 5 ausgelegte Antriebsstrang der D 20 und D 26 Common-Rail-Dieselmotoren und eine ganze Palette von Assistenzsystemen. Der TGX war die für den schweren Fernverkehr ausgelegte Baureihe. Der TGS bediente vor allem die Marktsegmente Traktion und Distribution zwischen 18 und 41 t zulässigem Gesamtgewicht oder wurde für Spezialtransporte genutzt, beispielsweise als Getränkeverteiler, Betonmischer, Allradmulden- oder Krankipper. Neben der Doppelbaureihe bekam 2008 auch die bestehende Lkw-Palette mit den Modellen TGL und TGM ein Facelift. Auch hier wurden die Fahrerkabinen in die einheitliche V-Form-Optik gebracht und das Interieur partiell aufgewertet. Der TGA blieb vorerst weiter im Programm und wurde in den Wer-

ken Salzgitter und München gefertigt, vornehmlich für die Märkte außerhalb Europas. Im Jahr 2010 lief der letzte TGA vom Band. Bis zu diesem Zeitpunkt waren 280.667 Fahrzeuge dieser Modellreihe gebaut worden.

Die neuen TGX und TGS mit Euro 6. 2012 läutete MAN mit überarbeiteten TG-Fahrzeugen eine neue Ära der schweren Lkw-Baureihen ein. Mit der neuen TG-Familie erfüllte die MAN ihr Markenversprechen, effiziente Nutzfahrzeuge für sämtliche Einsatzzwecke anzubieten. Dafür stehen seitdem die neuen MAN TGX und TGS, die nun auch in Euro 6 den Benchmark für hervorragende Energieeffizienz, Zuverlässigkeit und Wirtschaftlichkeit setzen. Die neue Fahrzeugreihe zeichnet sich zudem durch Ergonomie und Fahrerkomfort, Sicherheit und perfekte Branchenlösungen für jeden Einsatzzweck aus. Die Zwei-, Drei- oder Vierachser sind beispielsweise ausgestattet mit MAN BrakeMatic®, EBS, ESP, LGS, CDC, ACC, TPM, einem automatisierten MAN TipMatic®-Schaltgetriebe, ECAS und LDS sowie der neuesten Motorentechnologie von Common-Rail-Einspritzung, über Abgasrückführung und selektiver kathodischer Reduktion bis zu Dieselpartikelfiltern. Verglichen mit den früheren Euro 5-Motoren konnte das niedrige Verbrauchsniveau gehalten und der AdBlue-Verbrauch um weitere rund 50 Prozent reduziert werden. Doch die Technik war nur die eine Seite. Mit der Einführung der Euro 6-TG-Fahrzeuge TGL, TGM, TGS und TGX ging auch eine Überarbeitung des Kühlergrills einher. Der Löwe wanderte über die Buchstaben MAN. Die Bildmarke wurde aus ihrem Rahmen befreit und rückte an eine neue, prominente Position oberhalb der Wortmarke in die Chromspange. Mit dem Aufstieg des Löwen wurde auch seine Silhouette angepasst. Er strahlt nun größere Agilität und Stärke aus und unterstützt damit den Design-Auftritt der aktuellen MAN-Fahrzeuge.

Komfort, Sicherheit und Technik in der Bussparte. Sowohl die Stadt- als auch die Überland- und Reisebusse besitzen heute zahlreiche technische Ausstattungsdetails: Luftfederung, Xenonscheinwerfer, indirektes Lichtkonzept mit Nachtbeleuchtung und Leseleuchten, einen ergonomischen Fahrerarbeitsplatz und

komfortable Fahrgastsitze, eine Klimaanlage, ein intelligentes Stauraumkonzept sowie Sicherheits- und Assistenzsysteme wie Tempomat, EBS, ESP, LGS, ACC und den Notbremsassistenten EBA. Auf Wunsch gibt es die Busse auch mit Toilette oder Bordküche und DVD-Entertainmentsystem. Zu den technischen Raffinessen gehören unter anderem MAN BrakeMatic® und MAN TipMatic® sowie umweltfreundliche sechszylindrige D 20 und D 26 Common-Rail-Motoren mit MAN PM-Kat® oder Partikelfilter, die sogar die Euro 6-Norm ohne AdBlue erfüllen.

In der Bus-Produktion geht MAN ab Mai 2015 neue Wege. Der ehemalige NEOPLAN-Produktionsstandort Plauen erhält eine neue Funktion im MAN-Werksverbund. Hier wird künftig das neue Bus Modification Center für Linien- und Reisebusse der Marken MAN und NEOPLAN ansässig sein. Rund 140 Mitarbeiter erfüllen hier in Zukunft spezielle Kundenwünsche bei der Endausstattung der Fahrzeuge. So sollen in Plauen künftig die neuen Mannschaftsbusse für europäische Top-Fußballvereine wie Bayern München und Paris Saint-Germain exklusiv ausgestattet werden.

Die NEOPLAN-Busproduktion wiederum wird von Plauen ins MAN-Werk nach Ankara verlegt. Die Mitarbeiter können zu Volkswagen Sachsen in das benachbarte Werk Zwickau wechseln. Die Mehrzahl von ihnen hat dieses Angebot angenommen.

D38 – ein neuer Motor. Im Herbst 2014 wurden die neuen D 38-Motoren präsentiert. Es sind leistungsstarke und dabei sparsame 15,2 Liter-6-Zylinder-Dieselmotoren mit zweistufiger Turboaufladung sowie mit 520 und 560 PS bei 2.500 Nm und 2.700 Nm. 2015 kommt eine 640 PS starke Version mit maximalem Drehmoment von 3.000 Nm hinzu. Die Common-Rail-Einspritzung zerstäubt den Kraftstoff auf Menge und Zeitpunkt optimiert mit bis zu 2.500 Bar in jedem Zylinder, die Verbrennung erfolgt dadurch nahezu rußfrei. Das mit Innovationen gespickte Euro 6-Aggregat D 3876 ist speziell konstruiert für Fernverkehr, Traktion sowie Schwerlast-Einsatz und dabei noch 160 kg leichter als sein Vorgänger, der D 28-V8.

Erstmalig kommen im neuen Aggregat auf Langlebigkeit ausgerichtete Wölbventile zum Einsatz sowie eine Top-Down-Kühlung im Zylinderkopf. Das

Aggregat ist auf eine Senkung der Gesamtbetriebskosten ausgerichtet. Dazu tragen auch neue Getriebefunktionen bei. Mit der MAN TipMatic® 2 stehen effizienzsteigernde Funktionen für die TG-Baureihe zur Verfügung. Mit dem sogenannten Speed Shifting schaltet das Getriebe schneller zwischen den drei höchsten Gängen 10, 11 und 12. Die neue Getriebefunktion EfficientRoll ist für leicht abfallende Autobahn- und Landstraßenpassagen konzipiert. Auch auf nahezu ebenen Roll-Etappen lässt sich so Kraftstoff sparen, wenn das Fahrzeug selbstständig auf leicht abfallenden Teilstücken der Strecke automatisch in Neutralstellung geht, indem es rollt, ohne dass die Motorbremswirkung Geschwindigkeit aus dem Fahrzeug nimmt.

Die Funktion Idle Speed Driving nutzt das hohe Drehmoment des 15,2 Liter-Motors bei niedrigsten Drehzahlen und macht langsames Fahren komfortabler und kraftstoffsparender. Dies ist besonders praktisch im Stop-and-Go-Verkehr oder beim Heranrollen an einen Kreisverkehr. Einen wertvollen Beitrag zum Kraftstoffsparen leistet auch der neue GPS-gesteuerte Tempomat EfficientCruise. Er erfasst den vorausliegenden Straßenverlauf mit bevorstehenden Steigungen und Gefällen und nimmt verbrauchsoptimierende Geschwindigkeitsanpassungen vor. Die lange Hinterachse sorgt für zusätzliche Laufruhe und niedrige Drehzahlen. Die Motorbremse EVB sorgt mit 340 kW für eine sichere Bremsleistung. Aktuell wird für den TGX-Schwerlast-Lkw mit 640 PS auch ein Turbo EVB angeboten. Zu den wichtigsten Assistenz- und Sicherheitssystemen zählen das Lane-Guard-System, der Emergency-Brake-Assist und das Adaptive Cruise Control.

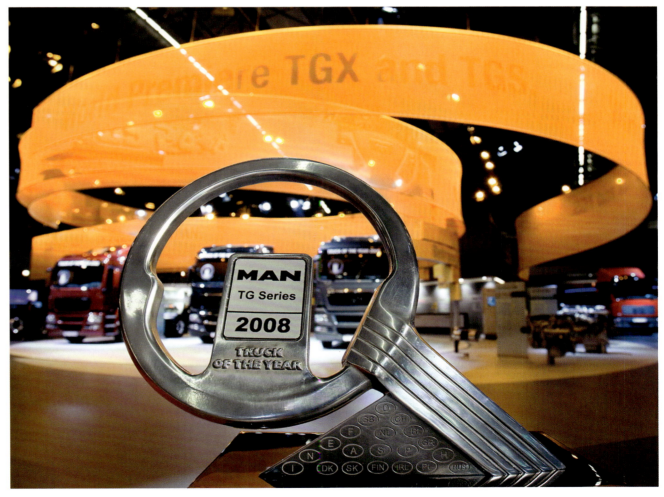

TG-Serie

2007 wurden die Nachfolger des TGA der Öffentlichkeit vorgestellt: die Doppelbaureihe TGX und TGS. Die Serie erhielt prompt die Auszeichnung »Truck of the Year«. Die MAN erhielt die begehrte Auszeichnung zum siebten Mal, das war Branchenrekord (Fotograf: Cojan van Toor, Oudewater, NL).

Neue TG-Serie

Die neuen Lkw zeichnen sich durch die V-Optik der Frontpartie als moderne Fahrzeuggeneration aus. Der TGX ist für den schweren Fernverkehr konzipiert (links), der TGS (rechts) für die Marktsegmente Baustellen- und Verteilerverkehr.

Familienbild

diese Seite: Passend zum TGX und TGS wurden auch beim TGL und TGM die Fahrerkabinen aufgewertet und das V-förmige Frontdesign übernommen. Von links nach rechts: TGS, TGL, TGM und TGX, 2008.

rechte Seite, oben: TGM (links) und TGX (rechts).
rechte Seite, unten: TGS (links) und TGL (rechts).

TGX V8, 2007

Das leistungsstärkste Modell war der TGX V8 mit 680 PS unter der Haube, der mit edlen Designelementen wie Ledersitzen und Schalldämpferblende mit V8-Signet für Begeisterung unter den Truckern sorgte und sich z. B. im Schwerlasttransport bewährte.

Lion's Family

links: Lion's Regio, 2008.
unten: Lion's City, 2009.

rechte Seite: Lion's Coach, 2010.

MAN TGX EfficientLine

Ein Effizienz steigerndes Ausstattungspaket verringert die Fahrwiderstände und ermöglicht im Fernverkehr eine Verbrauchsreduzierung bis zu 3 Liter je 100 Kilometer.

WENIGER LUFTWIDERSTAND

Aerodynamik-Paket ohne Sonnenblende für das Fahrerhaus

Begrenzung der Fahrgeschwindigkeit auf 85 km/h verringert den Luftwiderstand

WENIGER ROLLWIDERSTAND

Reifendruckkontrollsystem TPM: Die Einhaltung des korrekten Reifendrucks vermeidet erhöhten Rollwiderstand und 99 % aller Reifenpannen

VERRINGERTER NEBENLEISTUNGSBEDARF

Tagfahrlicht mit 42 Watt statt 300 Watt

FAHRTRAINING

Ein beim Economy-Training von MAN ProfiDrive® geschulter Fahrer spart bis zu 10 % Kraftstoff

MAN | Support
ProfiDrive®

LEICHTBAU

Durch das niedrige Gewicht der Aluminiumbauteile (Felgen an Vorder- und Hinterachse, Druckluftbehälter) entsteht ein doppelter Nutzen: über 200 kg mehr Nutzlast und geringerer Kraftstoffverbrauch

LEICHTLAUF-BEREIFUNG

Leichtlaufreifen verringern durch ihre Materialmischung und ihr Profil den Rollwiderstand

VERRINGERTER NEBENLEISTUNGSBEDARF

Automatisiertes Schaltsystem MAN TipMatic® mit Intarder Eco und 25 % niedrigerem Reibungsverlust im Leerlauf

WENIGER LUFTWIDERSTAND

Fahrgestellseitenverkleidungen

VERRINGERTER NEBENLEISTUNGSBEDARF

MAN Air Pressure Management (APM) schaltet den Luftpresser nur bei Bedarf zu. Er ist damit bis zu 90 % der Zeit ausgekuppelt und benötigt dann keine Antriebsleistung

Drehstromgenerator mit 4 % gesteigertem Wirkungs-grad und zehn Ampere höherer Leistungsabgabe

TGX EfficientLine

Das Thema Transporteffizienz bekam bei der MAN mit dem Start des TGX EfficientLine im Jahr 2010 einen neuen Impuls. Der neue Truck ist eine Sattelzugmaschine für den Fernverkehr, bei der Effizienz, das heißt die maximale Wirtschaftlichkeit bei größtmöglicher Schonung der Umwelt, im Mittelpunkt steht. In der Fernverkehrspraxis liegt der Schwerpunkt auf der Reduzierung des Kraftstoffverbrauchs als dem wichtigsten Stellglied zur Verringerung der Fahrzeugbetriebskosten TCO. Die Kraftstoff sparenden, innovativen Technologien und Zusatzausstattungen wurden in einem speziellen Ausstattungspaket gebündelt. Dieses sogenannte Effizienz-Paket ermöglichte gegenüber einer standardmäßig ausgestatteten Sattelzugmaschine im Fernverkehr eine Verbrauchsreduzierung bis zu 3 Liter pro 100 km. Daraus ergab sich ein jährliches Einsparpotenzial an Kraftstoff von 4.500 Litern Dieselkraftstoff. Neben enormen finanziellen Einsparungen leistete der niedrige Verbrauch auch einen Beitrag zum Erhalt der Umwelt. Wenn man davon ausgeht, dass jeder verbrannte Liter Diesel einem CO_2-Ausstoß von 2,63 kg entspricht, entlasteten bereits die Einsparungen eines TGX EfficientLine die Atmosphäre jährlich um zwölf Tonnen CO_2. Dies entspricht etwa einem Volumen von 6.000 m³. Den Erfolg des TGX EfficientLine unterstreichen einerseits die Verkaufszahlen – nur zwei Jahre nach der Markteinführung wurde im Juli 2012 das zehntausendste Exemplar verkauft –, andererseits auch die Reihe von Auszeichnungen, die die MAN für ihren Lkw erhielt. Dazu gehören der »Fleet Truck of the Year«, der »Green Truck of the Year 2011« und der »Irish Truck of the Year Award 2012«.

Mit dem Nachfolgemodell MAN TGX EfficientLine 2 konnte das Unternehmen an den Erfolg des Vorgängers anknüpfen. Es hat alle Effizienztechnologien serienmäßig an Bord – allen voran den vorausschauenden Tempomat EfficientCruise, die Drehmoment-Erhöhung Top Torque und das leistungsfähige MAN TeleMatics. Laut einem Gutachten des TÜV-Süd aus dem Herbst 2014 spart der MAN TGX EfficientLine 2 gegenüber dem Vorgängermodell noch einmal 6,57 Prozent Diesel ein.

Die EfficientLine-Reihe beschränkt sich aber nicht nur auf die schweren Lkw: 2012 präsentierte die MAN neben den neuen Euro 6-Lkw-Modellen auch das EfficientLine-Konzept für den Reisebus Lion's Coach und baute damit die besonders Kraftstoff sparende Modellpalette im Bussegment aus.

links oben: Im Juli 2012 lief der 10.000. EfficientLine-Truck vom Band.

links: Lion's Coach EfficientLine, 2012.

oben: 2014 kam der neue EfficientLine 2 auf den Markt. Er spart noch einmal mehr als sechs Prozent Treibstoff im Vergleich zum Vorgängermodell.

linke Seite: Werbung mit der technischen Ausstattung des EfficientLine.

Die neue TG-Familie

2012 kam die überarbeitete TG-Familie mit Euro 6-Motoren auf den Markt. Die neuen Modelle sind leicht am überarbeiteten Kühlergrill erkennbar: Der Löwe ist über den Schriftzug in die Chromspange gewandert.

linke Seite: Das Topmodell, der TGX D 38, 2014.

271

Global applications

Der TGS for Global applications (links) ist ein robuster Premiumtruck, konzipiert für härteste Einsätze und speziell ausgerichtet für die Märkte in Afrika, Russland sowie im Mittleren und Fernen Osten. Die Kombination bewährter Fahrwerks- und Rahmenkomponenten mit innovativen Hightech-Systemen macht ihn zum perfekten Allrounder.

Die Baureihe Cargo Line A (CLA) (oben) ist für die anspruchsvollen Einsatzbedingungen afrikanischer und asiatischer Märkte ausgelegt. Das Programm umfasst Trucks mit einem technisch zulässigen Gesamtgewicht von 15 bis 31 t.

Die neue TG-Familie mit Euro 6

linke Seite, großes Bild: TGX D 38.

linke Seite, ganz links, von oben nach unten: TGS, TGM und TGL.

Lion's Family

Die Busflotte der Marke MAN bietet für den Einsatz im Stadtlinienverkehr, für lange Reisen oder Überlandfahrten große Wirtschaftlichkeit, hohe Sicherheitsstandards, Komfort und Umweltverträglichkeit.

oben und rechts oben: MAN Lion's Regio – der Überlandbus mit kraftvoller Fahrdynamik für Wochenend-Trips und Fernreisen.

rechts: Die MAN bringt mit dem Lion's Intercity einen neuen Bus für das Überlandsegment auf den Markt. Vorerst ist dieser mit zwei Achsen und einer Länge von 12,3 m oder 13 m erhältlich. Der neue MAN Lion's Intercity verbindet erstklassigen Komfort mit hoher Funktionalität und herausragende Sicherheit mit solider Qualität.

linke Seite: MAN Lion's Coach – der Reisebus der Businessclass.

Lion's Family

MAN Lion's City M Midibus: Stadtbusfamilie mit High-tech und Niederflur. Optimiert für den Linienverkehr.

linke Spalte, von oben nach unten:

Der Jetliner – ob Erlebnisreise, Weekend-Trip oder Überland- und Linienverkehr – mit seiner hohen Flexibilität ist der neue Jetliner der perfekte Bus für alle Tage.

Cityliner – der perfekte Reiseführer mit erstklassigem Komfort und faszinierendem Profil.

Skyliner – purer Luxus auf zwei Etagen, innovative Technik gepaart mit stilvollem Design.

rechte Spalte, von oben nach unten:

Starliner – die harmonische Synthese aus Ästhetik und Komfort, Funktionalität und Sicherheit.

Tourliner – der wirtschaftliche Kilometerkönig: Der Tourliner ist die perfekte Vereinigung von Ästhetik und Wirtschaftlichkeit. Für lange Touren konzipiert bietet er hohen Komfort und zahlreiche Sicherheitssysteme. Dieses robuste Raumwunder bewährt sich in jeder Busflotte ebenso clever wie wirtschaftlich.

Bus-Chassis

Neben kompletten Bussen bietet die MAN auch Bus-Chassis an, die von unterschiedlichen Aufbauherstellern individuell vervollständigt werden (links).

MAN Solutions

Innovative, zuverlässige Nutzfahrzeuge und kompetente Dienstleistungen – das Eine funktioniert nicht ohne das Andere. Das Produktangebot der MAN Truck & Bus AG ermöglicht integrierte Transportlösungen für höchste Effizienz in Transport und Logistik. MAN Solutions bietet individuelle Dienstleistungen von der Fahrzeugfinanzierung über individuell verhandelte Kraftstoffrabatte, Serviceverträge, Telematik und Effizienztrainings für Fahrer bis hin zu Fahrzeugmietofferten aus nur einer Hand (oben).

Motoren und Komponenten

Die MAN produziert Motoren nicht nur für Lkw und Busse der eigenen Marken, sondern für unterschiedliche Anwendungen – von Industriemotoren zur Stromgewinnung bis zu Antrieben für Schienen-, Wasser- und Sonderfahrzeuge.

(1+2) Diesel- und Gasmotoren: Das Power-Angebot umfasst 4- und 6-Zylinder-Reihen-Aggregate sowie 8- und 12-Zylinder-V-Motoren mit Leistungen von 37 kW bis 1.324 kW (50 PS bis 1.800 PS).

(3) Auch die Achsen und Verteilergetriebe stehen für Hightech und Qualität. Verteilergetriebe: In ein- und zweigängiger Ausführung für permanenten und zuschaltbaren Allradantrieb.

(4) Achsen: Lkw und Busse fahren darauf ab: Außenplaneten- und Hypoidachsen, Vorlauf- und Nachlaufachsen, Doppelachsaggregate.

»Man vermeide es den Motor zu quälen; es ist besser, rechtzeitig zu schalten und den Motor mit voller Drehzahl, aber halber Leistung laufen zu lassen als mit halber Drehzahl und voller Leistung abzuwürgen.«

– aus der Betriebsanleitung für Motoren, 1932

Die MAN Truck & Bus AG

In den Jahren 2009 bis 2011 ging die MAN wiederholt Kooperationen mit anderen Firmen ein oder gründete eigene Tochterunternehmen, um ihre Produktpalette sinnvoll zu ergänzen. 2009 erfolgte die Übernahme der VW Nutzfahrzeuge Brasilien durch die MAN SE. Das Unternehmen wurde umfirmiert zu MAN Latin America. Unter der Marke Volkswagen werden die Lkw-Reihen Constellation, Worker und Delivery sowie der Volksbus und Bus-Chassis angeboten, seit 2012 werden hier auch schwere TGX-Lkw produziert und vertrieben. 2009 erwarb die MAN eine Mehrheit am Lkw-Vermieter EURO-Leasing GmbH. 2010 entstand unter Federführung der Rheinmetall AG das Joint Venture Rheinmetall MAN Military Vehicles GmbH (RMMV). Beide Unternehmen formierten damit auf dem Feld der militärischen Fahrzeuge ihre Automotive-Expertise, ihr militärtechnisches Know-how und ihre technologischen Kernkompetenzen zu einem global operierenden Systemhaus im Bereich der Radfahrzeuge. RMMV ist heute ein Komplettanbieter für militärische Radfahrzeuge, der die vollständige Palette ungeschützter und geschützter Transport-, Führungs- und Funktionsfahrzeuge für internationale Streitkräfte abdeckt.

Im Jahr 2011 übernahm die MAN Truck & Bus AG das indische Gemeinschaftsunternehmen MAN Force Trucks Pvt. Ltd. und verstärkte damit das Engagement in Indien. Auf der Messe Auto Shanghai 2011 präsentierten Chunji Ma, Aufsichtsratsvorsitzender von Sinotruk, und Dr. Georg Pachta-Reyhofen, Vorstandssprecher der MAN SE, eine neue gemeinsame Lkw-Marke für China sowie weitere Wachstumsmärkte in Asien, dem Nahen Osten, Afrika und der GUS: SITRAK. Auch jenseits der großen Märkte erzielte die MAN Erfolge. Beispielsweise erreichte das Unternehmen im Geschäftsjahr 2011 mit 23,3 Prozent den höchsten Marktanteil seiner Geschichte im dänischen Lkw-Markt. Damit konnte die MAN ihre Position in dem für den ganzen skandinavischen Markt wichtigen Produktions- und Entwicklungsstandort für Großdieselmotoren festigen.

Compliance. Jenseits der Erfolge gab es auch Krisen zu meistern. Im Dezember 2009 akzeptierten der Vorstand und Aufsichtsrat der MAN SE die erlassenen Bußgeldbescheide in Höhe von rund 150 Mio. Euro. Untersuchungen hatten ergeben, dass Mitarbeiter der Teilkonzerne MAN Nutzfahrzeuge und MAN Turbo in den Jahren zuvor gegen gesetzliche und interne Vorschriften verstoßen hatten, indem sie verdächtige Zahlungen an Berater und Vermittler geleistet hatten. Um zukünftigen Korruptionsfällen präventiv entgegen zu treten, rief die MAN SE eine nachhaltige Stärkung der Compliance Organisation im Januar 2010 ins Leben.

Übernahme durch Volkswagen. In den Jahren 2010 und 2011 gab es bei der MAN Nutzfahrzeuge AG gleich mehrere Einschnitte. Zuerst wurde Ende 2010 der Firmenname in MAN Truck & Bus AG geändert, kurz MTB. Mit dieser Umfirmierung sollte der internationale Markenauftritt verbessert werden.

Das zweite, einschneidendere Ereignis war 2011 die Übernahme der Aktienmehrheit der MAN SE durch die Volkswagen AG. Die Übernahme eröffnete der MAN, Volkswagen und Scania die Möglichkeit, in Zukunft ihre Zusammenarbeit zu vertiefen. Durch Synergien in den Bereichen Beschaffung, Produktion sowie Forschung und Entwicklung planen die Unternehmen jährliche hohe Einsparungen.

Der Beherrschungs- und Gewinnabführungsvertrag zwischen der Truck & Bus GmbH, einer 100-pro-

ganz oben: Produktion in St. Petersburg.

oben: Efficiency around the world. 2012 präsentierte die MTB auf der IAA in Hannover die neueste Fahrzeug- und Motorengeneration mit Euro 6-Abgasnorm.

zentigen Tochter der Volkswagen AG mit Sitz in Wolfsburg, und der MAN SE wurde am 16. Juli 2013 in das Handelsregister der MAN SE eingetragen. Die Volkswagen Financial Services AG hat darüber hinaus zum 1. Januar 2014 die MAN Finance International GmbH mit Sitz in München erworben.

Mit der Übernahme durch Volkswagen begann auch ein neues Kapitel in der Arbeitnehmer-Mitbestimmung. Denn Teilhabe hat bei Volkswagen noch mehr Gewicht als in den meisten anderen Konzernen. Entsprechend größer ist der Einfluss der Arbeitnehmervertreter auf die Konzernpolitik. Basis dafür ist der hohe gewerkschaftliche Organisationsgrad. Seit der Übernahme durch Volkswagen etabliert sich nun auch bei der MAN ein neues Klima. Der Gesamtbetriebsrat nutzt dies, um sich noch stärker für die Interessen aller MAN-Beschäftigten einzusetzen; etwa über die gemeinsam mit Arbeitnehmervertretern von Volkswagen entwickelte »Charta der Arbeitsbeziehungen«. Erklärtes Ziel dieser Charta ist es, Kollegen auch in solchen Ländern Mitbestimmung zu ermöglichen, in denen kein Gesetz das vorsieht.

Investitionen. Im Jahr 2008/09 entstanden mit dem Truck Forum und dem Bus Forum am Standort München zwei besondere Orte für das Markenerlebnis MAN und NEOPLAN: mit Competence- und Kunden-Center, Aufbauberatung, als Event-Location mit Gastronomie und nicht zuletzt als persönliche Begegnungsstätte für Kunden bei der Fahrzeugübergabe.

Am 21. April 2011 nahm die MAN in Nürnberg ein neues Entwicklungszentrum auf 10.000 m² mit insgesamt 16 Motorenprüfständen, einem Fahrzeugprüfstand, Entwicklungslabors und Arbeitsräumen für 150 hoch qualifizierte Arbeitskräfte in Betrieb.

Ende Juni 2014 feierte das ehemalige Büssing-Werk Salzgitter sein 50-jähriges Jubiläum. Die MAN Truck & Bus AG produziert am Standort Salzgitter mit rund 2.500 Mitarbeitern auf einer Werksfläche von ca. 715.000 m² Nutzfahrzeuge: Neben den Lkw-Baureihen TGS und TGX fertigt der Standort Salzgitter Aggregate und Komponenten sowie nicht angetriebene Achsen und Kurbelwellen für Nutzfahrzeugmotoren. Auf einer eigenen Montagelinie werden auch

Bus-Chassis montiert. Im Juli 2015 feiert ebenfalls der Produktionsstandort München-Allach sein 60-jähriges Bestehen.

Die MAN Truck & Bus AG wurde durch das CRF Institute in den Jahren 2010 bis 2014 mit dem Titel »Top Arbeitgeber Automotive« ausgezeichnet. Überzeugen konnte die MAN dabei in den Kategorien Unternehmenskultur, Vergütung, Work-Life-Balance, Training & Entwicklung sowie Karrieremöglichkeiten und Innovationsmanagement. Damit zählt die MTB zu den Top-Arbeitgebern in Deutschland.

MTB heute. Die MAN Truck & Bus AG ist das größte Unternehmen der MAN-Gruppe und einer der führenden Anbieter von Nutzfahrzeugen und Transportlösungen. MTB expandiert vom Kernmarkt Westeuropa in die Wachstumsmärkte Osteuropas und Asiens. Sie bietet kundenorientierte Transportlösungen an, die durch Qualität und Effizienz begeistern. Das Portfolio umfasst dabei folgende Produkte: Lkw von 7,5 bis 44 t Gesamtgewicht; schwere Sonderfahrzeuge bis 250 t Zuggesamtgewicht; Stadt-, Überland- und Reisebusse sowie Bus-Chassis der Marke MAN und Luxus-Reisebusse der Marke NEOPLAN; Industrie-, Marine- sowie On- und Offroadmotoren, Komponenten; sowie umfangreiche Dienstleistungen rund um die Personenbeförderung und den Gütertransport.

Im Geschäftsjahr 2014 erzielte die MAN Truck & Bus AG mit 36.450 Mitarbeitern einen Umsatz von 8,4 Mrd. Euro.

rechts oben: Seit 2011 gibt es das Gütesiegel von MAN TopUsed »Checked, certified, trusted«. Seit 2012 sind MAN-Lkw die klaren Sieger im »TÜV Report« bei den 1- bis 5-jährigen Fahrzeugen. Sie setzen den Maßstab in Sachen Qualität und Zuverlässigkeit.

rechts: Dort, wo sich früher die Fahrzeugauslieferung und das »Stüberl« befanden, steht heute das MAN Truck Forum.

Ausblick

Treiber der Produktentwicklung sind heute Nachhaltigkeit, politische Rahmenbedingungen, Digitalisierung und die Endlichkeit fossiler Kraftstoffe. Die MAN analysiert diese Treiber und stellt sich entsprechend auf. Themen sind alternative Antriebe, Connectivity und autonomes Fahren.

Das Unternehmen bestimmt daraus die Richtung für die Entwicklung zukünftiger Fahrzeuggenerationen, auch in Zusammenarbeit mit den anderen Nutzfahrzeugmarken im vw Konzern. Die MAN hat daher die Weiterentwicklung von alternativen Antriebssträngen im Blick. Hybridantriebe in Nutzfahrzeugen werden in Zukunft in allen Anwendungsbereichen Teil des Antriebskonzepts sein.

In der Vorentwicklung arbeitet die MAN heute an autonomen Fahrzeugen, etwa für die Absicherung von Autobahnbaustellen. Mit diesen und anderen ganz neuen Ideen treibt die MAN Truck & Bus auch in Zukunft die Entwicklung von modernsten Nutzfahrzeugen nachhaltig voran.

Starkes Doppel: Andreas Renschler, Mitglied des Vorstands der Volkswagen AG, Geschäftsbereich »Nutzfahrzeuge«, und Joachim Drees, Vorstandsvorsitzender (CEO) der MAN Truck & Bus AG, unterwegs in der MAN-Produktion München.

links oben: Blick in die Produktion im Werk München, 2013.

oben: Die MAN Truck & Bus AG hat 2011 in Nürnberg ein neues Entwicklungszentrum auf 10.000 m² mit insgesamt 16 Motorenprüfständen, einem Fahrzeugprüfstand, Entwicklungslabors und Arbeitsräumen für 150 hochqualifizierte Arbeitsplätze in Betrieb genommen.

MAN Truck Forum und MAN Bus Forum

Seit 2008/09 kann man sich am Standort München vom Markenerlebnis MAN und NEOPLAN begeistern lassen.

»Der Verkäufer sollte sich unter anderem als Mittler zwischen den teilweise utopischen Forderungen des Kunden und den vom Werk gebotenen Realitäten fühlen.«

– aus einer MAN-Verkäuferschulung, 1968

285

Sport- und Sponsoring

oben: MAN-Mannschaftsbusse.

rechts oben: Cabrio-Lkw bei der Triple-Meisterschaftsfeier des FC Bayern München, 2013.

rechts in der Mitte: Truck Trial.

rechts: Rallye Paris Dakar, 2006.

Leidenschaft ist der Antrieb, Begeisterung das Ergebnis: Die MAN engagiert sich insgesamt in vier Sportsegmenten als Teilnehmer, Sponsor oder Logistiker: Fußball, Basketball, Motorsport und Wintersport. Bereits seit 1979 nimmt die MAN mit eigenen Fahrzeugen an der härtesten Rallye der Welt – der Rallye Dakar – teil: anfangs nur mit Begleit- und Servicefahrzeugen, später dann auch am Wettbewerb. Seit Mitte der 1980er Jahre beteiligt sich die MAN ebenfalls am Truck Race. 1991 holte Gerd Körber den ersten Europameistertitel für die MAN. Seitdem gab es mehr als ein Dutzend Titel im Truck Race für die Marke mit dem Löwen. Nach 13 Welt- und Europameistertiteln stieg der Hersteller zum Saisonende 2014/15 aus dem Wettbewerb aus. Daneben engagiert sich die MAN auch im Truck Trial, bei dem Teamchef Marcel Schoch und Beifahrer Johnny Stumpp 2013 vorzeitig den Europameistertitel mit einem MAN TGS 35.480 einfahren konnten.

Neben dem Rennsport ist der Fußball ein bedeutendes Betätigungsfeld des Sponsorings. Über die Hälfte der Vereine in der Ersten Bundesliga fahren MAN-Mannschaftsbusse. Zu den Vereinen zählen unter anderem der FC Bayern München, Borussia Dortmund, der VfL Wolfsburg, Borussia Mönchengladbach und der Hamburger SV. Aber auch auf internationaler Ebene unterstützt die MAN Fußballvereine: Busse der Marken MAN und NEOPLAN transportieren zahlreiche Top-Clubs in Europa und Lateinamerika in die Stadien, darunter Paris Saint-Germain, den AC Mailand, den FC Barcelona oder die brasilianische Nationalmannschaft sowie 15 weitere brasilianische Erstligisten.

Den FC Bayern München stattet die MAN seit 2008 mit einem Fahrzeug aus. Die Profi-Mannschaft fährt in einem komfortablen MAN Lion's Coach L, dem sogenannten »Mia san Mia Quartier«, zu den Auswärtsspielen der Champions League in ganz Europa. 2014 baute die MAN das erfolgreiche Engagement mit dem FC Bayern München bis 2016 aus. Die Partnerschaft schließt neben den Fußballern auch die Profi-Basketballer des Vereins mit ein. Nach dem Triple-Gewinn der Bayern 2013 stattete der Lkw-Hersteller die Helden von Wembley mit einem eigens für Meisterfeiern umgebauten Cabrio-Lkw aus. Bei den BVB-Meisterfeiern 2011 und 2012 war auch ein

MAN-Cabrio-Lkw im Einsatz. Die Spezialanfertigung basiert auf einem Lkw des Typs MAN TGX mit 400 PS und wurde im Modification-Center Wittlich produziert. Unter anderem wurde das Dach des Fahrerhauses abgenommen, damit die Spieler unter freiem Himmel mit ihren Fans den Titel feiern konnten. Zusätzlich montierten die MAN-Spezialisten eine Plattform mit Geländer und Dachkonstruktion als Sonderaufbau, die Raum für 60 Personen und damit viel Platz für die Mannschaft, Trainer und Betreuer samt der Pokale bot.

Audi Sport und Audi Abt Sportsline vertrauen auf umweltfreundliche Trucks von der MAN. Auch in der Rennsaison 2015 zählt Audi mit den Teams Audi Sport und Audi Abt Sportsline auf die MAN als zuverlässigen Partner. Die Euro 6-Trucks transportieren die Rennfahrzeuge sowie das gesamte Equipment nahezu schadstofffrei zu den Rennen der DTM.

Truck Race

rechts oben und rechts in der Mitte: Sieg im Truckrace, 2013.
rechts: Top Speed!

Mattias Ekström geht mit seinem eigenen Rallycross-Rennteam »EKS« bereits in die zweite Saison und MAN unterstützt ihn dabei. Mit dem TGX 18.440 transportiert das Team sowohl das Rennfahrzeug von Mattias Ekström als auch die Mobile Werkstatt, das Equipment sowie das mobile Kommunikationszentrum des Teams.

Der Deutsche Skiverband kann auf die MAN als zuverlässigen Nutzfahrzeugpartner zählen. Zwei MAN TGX werden den deutschen Ski-Nationalteams Biathlon und Langlauf im Rahmen einer gemeinsamen Partnerschaft zur Verfügung gestellt und jeweils mit einem speziellen Wachs-Auflieger als Wachstrucks genutzt. Mit dem intelligenten Zusatzantrieb MAN HydroDrive® meistern die Lkw auch extreme Witterungsbedingungen, sodass die Ausrüstung der Athleten stets pünktlich am Einsatzort zur Verfügung steht.

Studie Concept S

Die bereits 2010 vorgestellte Studie Concept S bekam zwei Jahre später einen aerodynamischen Auflieger (rechte Seite) und sorgte als visionäres Fahrzeugkonzept mit einem Einsparpotenzial von bis zu 25 Prozent Treibstoff und Emission für große Aufmerksamkeit.

Die ersten ernstzunehmenden Studien eines aerodynamisch optimierten Lang-Lkws gehen bei der MAN bis in die 1970er Jahre zurück, wie die Design-Zeichnung oben von 1976 zeigt.

Kühlergrill

oben links: Kühlergrill eines aktuellen Euro 6-Nutz-fahrzeugs – großer Schriftzug, der Löwe sitzt in der Chromspange.

oben: Der Beginn eines Markenzeichens: Zwischen 1932 und 1981 prägten die beiden Worte »M.A.N.« und »DIESEL« die Front der Lkw und Busse.

links: Mit der Übernahme von Büssing 1970 wurde der Löwe zum Logo hinzugefügt.

MAN Truck & Bus Logoentwicklung

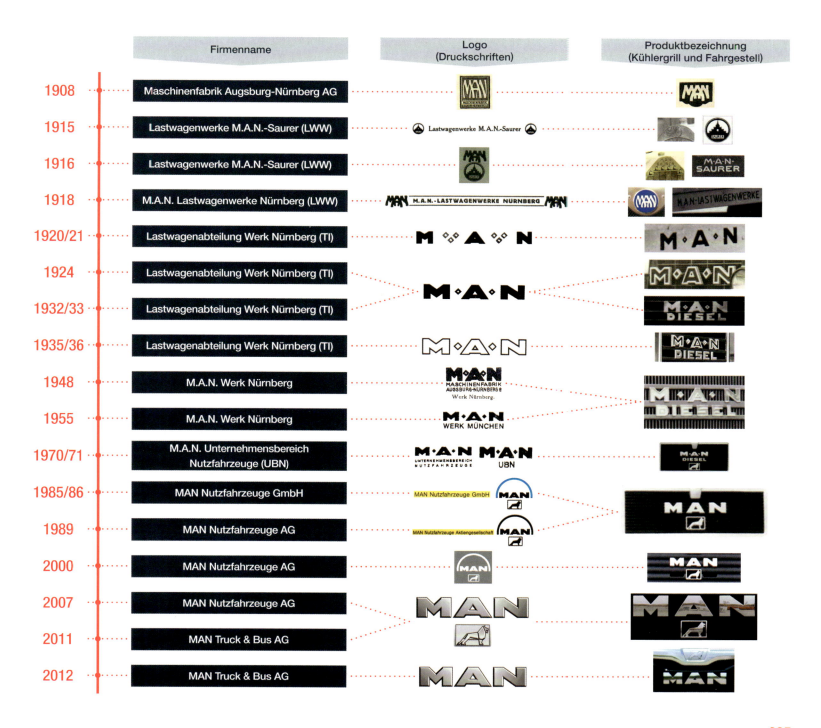

	Firmenname	Logo (Druckschriften)	Produktbezeichnung (Kühlergrill und Fahrgestell)
1908	Maschinenfabrik Augsburg-Nürnberg AG		
1915	Lastwagenwerke M.A.N.-Saurer (LWW)	Lastwagenwerke M.A.N.-Saurer	
1916	Lastwagenwerke M.A.N.-Saurer (LWW)		M·A·N-SAURER
1918	M.A.N. Lastwagenwerke Nürnberg (LWW)	M.A.N.-LASTWAGENWERKE NÜRNBERG	M.A.N-LASTWAGENWERKE
1920/21	Lastwagenabteilung Werk Nürnberg (TI)	M ◆ A ◆ N	M·A·N
1924	Lastwagenabteilung Werk Nürnberg (TI)		M·A·N
1932/33	Lastwagenabteilung Werk Nürnberg (TI)	M·A·N	M·A·N DIESEL
1935/36	Lastwagenabteilung Werk Nürnberg (TI)	M·A·N	M·A·N DIESEL
1948	M.A.N. Werk Nürnberg	M·A·N MASCHINENFABRIK AUGSBURG-NÜRNBERG Werk Nürnberg.	M·A·N DIESEL
1955	M.A.N. Werk Nürnberg	M·A·N WERK MÜNCHEN	
1970/71	M.A.N. Unternehmensbereich Nutzfahrzeuge (UBN)	M·A·N UNTERNEHMENSBEREICH NUTZFAHRZEUGE M·A·N UBN	M·A·N DIESEL
1985/86	MAN Nutzfahrzeuge GmbH	MAN Nutzfahrzeuge GmbH MAN	MAN
1989	MAN Nutzfahrzeuge AG	MAN Nutzfahrzeuge Aktiengesellschaft MAN	
2000	MAN Nutzfahrzeuge AG	MAN	MAN
2007	MAN Nutzfahrzeuge AG	MAN	MAN
2011	MAN Truck & Bus AG		
2012	MAN Truck & Bus AG	MAN	MAN

D 38

Zum Jubiläum wird der TGX D 38 in einer »100 Jahre-Edition« herausgebracht. Hier im Vergleich die Lkw-Modelle von 1915 und 2015.

Anhang

1897
Erster Dieselmotor.
First diesel engine.

1924
Erster Lkw-Motor mit Diesel-Direktein-
spritzung und erster Omnibus auf
Niederrahmen-Chassis.
First truck engine with diesel direct
injection and first low-frame chassis bus.

1937
Entwicklung G-Motor und Allradantrieb.
Development of the Globus en-
gine and the all-wheel drive.

1951
MAN 1546 GT Sechszylindermotor
mit 175 PS.
MAN 1546 GT six-cylinder engine
with 175 hp. F8 with V8 180 hp.

1961
MAN 750 HO: erster Bus
mit modularem Fahrgestell.
MAN 750 HO: first bus
with modular chassis.

MAN LASTWAGEN WERKE
M·A·N -SAURER NURNBERG

F8

1915
MAN baut in Kooperation mit der Firma
Saurer die ersten Lkw und Busse.
First truck and bus produced in
cooperation with Saurer.

1932
MAN S1H6 mit 140 PS.
MAN S1H6 with 140 hp.

1951
- F8 mit V8 180 PS.
  F8 with V8 180 hp.

1955
MAN 515 L1: erster Lkw
im Werk München.
MAN 515 L1: first truck produced
in the Munich's production plant.

2001
MAN übernimmt die Marke NEOPLAN.
MAN takes over the NEOPLAN brand.

2004
D20 Common-Rail-Motorenreihe
mit elektronisch gesteuerter
Einspritz-Technologie.
D20 Common Rail engine series
with electronically controlled
injection technology.

2005
TGL und TGM in der leichten und mittleren
Tonnageklasse von 7,5 bis 26 Tonnen.
TGL and TGM in the light and medium
7.5 to 26 tons range.

2007
„Truck of the Year 2008" für
die Modelle TGS und TGX.
"Truck of the Year 2008" for
the models TGS and TGX.

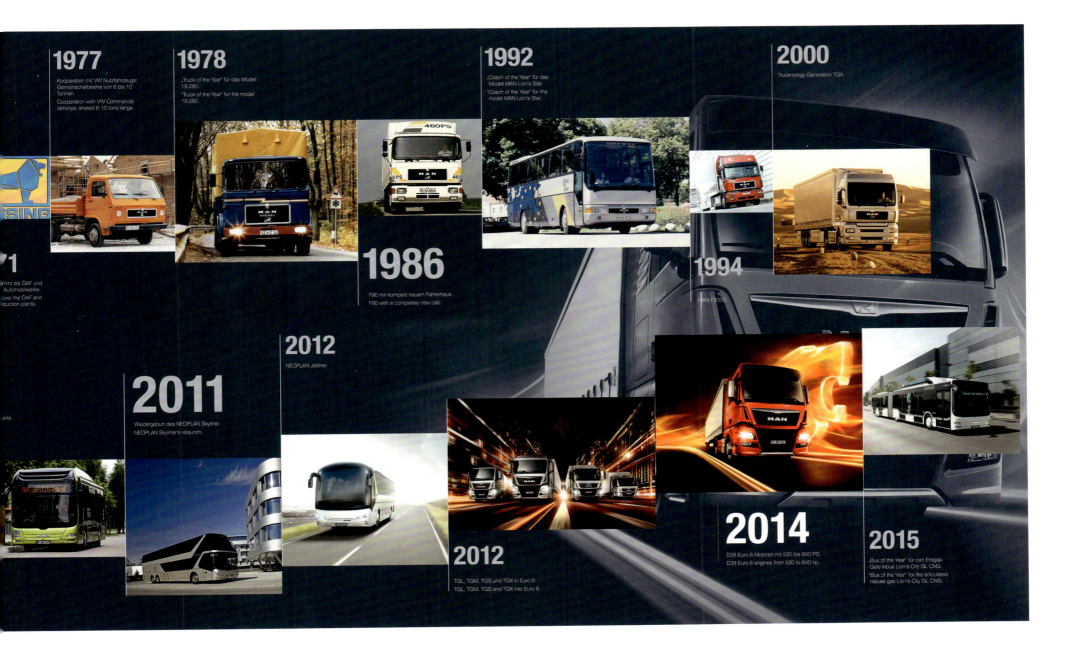

1977
Kooperation mit VW Nutzfahrzeuge: Gemeinschaftsreihe von 6 bis 10 Tonnen.
Cooperation with VW Commercial Vehicles: shared 6-10 tons range.

1978
„Truck of the Year" für das Modell 19.280.
„Truck of the Year" for the model 19.280.

1992
„Coach of the Year" für das Modell MAN Lion's Star.
„Coach of the Year" for the model MAN Lion's Star.

2000
Trucknology Generation TGA.

1986
F90 mit komplett neuem Fahrerhaus.
F90 with a completely new cab.

1994
MAN F2000.

2012
NEOPLAN Jetliner.

2011
Wiedergeburt des NEOPLAN Skyliner.
NEOPLAN Skyliner's relaunch.

2012
TGL, TGM, TGS und TGX in Euro 6.
TGL, TGM, TGS and TGX into Euro 6.

2014
D38 Euro 6-Motoren mit 520 bis 640 PS.
D38 Euro 6 engines from 520 to 640 hp.

2015
„Bus of the Year" für den Erdgas-Gelenkbus Lion's City GL CNG.
„Bus of the Year" for the articulated natural-gas Lion's City GL CNG.

MAN Truck & Bus Ursprung und Entwicklung

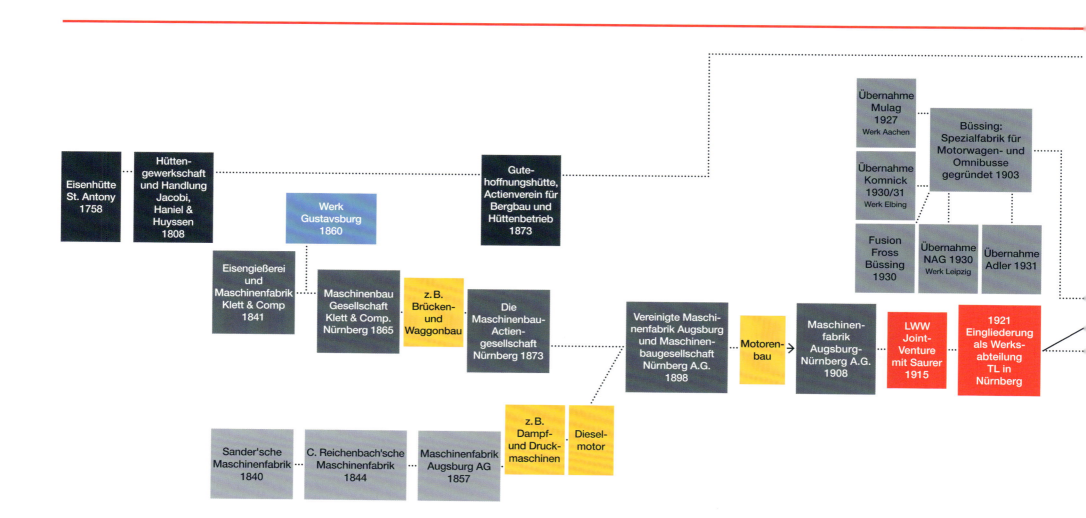

Eisenhütte St. Antony 1758

Hüttengewerkschaft und Handlung Jacobi, Haniel & Huyssen 1808

Werk Gustavsburg 1860

Gutehoffnungshütte, Actienverein für Bergbau und Hüttenbetrieb 1873

Eisengießerei und Maschinenfabrik Klett & Comp 1841

Maschinenbau Gesellschaft Klett & Comp. Nürnberg 1865

z.B. Brücken- und Waggonbau

Die Maschinenbau-Actiengesellschaft Nürnberg 1873

Vereinigte Maschinenfabrik Augsburg und Maschinenbaugesellschaft Nürnberg A.G. 1898

Motorenbau

Maschinenfabrik Augsburg-Nürnberg A.G. 1908

LWW Joint-Venture mit Saurer 1915

1921 Eingliederung als Werksabteilung TL in Nürnberg

Übernahme Mulag 1927 Werk Aachen

Übernahme Komnick 1930/31 Werk Elbing

Büssing: Spezialfabrik für Motorwagen- und Omnibusse gegründet 1903

Fusion Fross Büssing 1930

Übernahme NAG 1930 Werk Leipzig

Übernahme Adler 1931

Sander'sche Maschinenfabrik 1840

C. Reichenbach'sche Maschinenfabrik 1844

Maschinenfabrik Augsburg AG 1857

z.B. Dampf- und Druckmaschinen

Dieselmotor

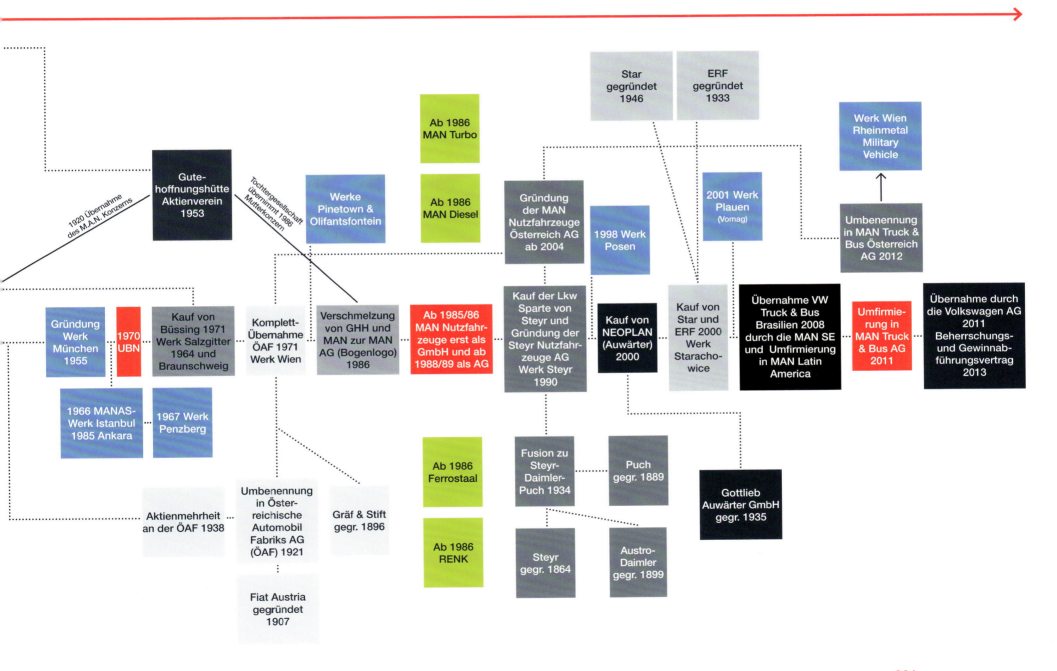

1920 Übernahme des M.A.N. Konzerns

Gute-hoffnungshütte Aktienverein 1953

Tochtergesellschaft übernimmt 1986 Mutterkonzern

Werke Pinetown & Olifantsfontein

Ab 1986 MAN Turbo

Ab 1986 MAN Diesel

Star gegründet 1946

ERF gegründet 1933

Werk Wien Rheinmetal Military Vehicle

Gründung der MAN Nutzfahrzeuge Österreich AG ab 2004

1998 Werk Posen

2001 Werk Plauen (Vomag)

Umbenennung in MAN Truck & Bus Österreich AG 2012

Gründung Werk München 1955

1970 UBN

Kauf von Büssing 1971 Werk Salzgitter 1964 und Braunschweig

Komplett-Übernahme ÖAF 1971 Werk Wien

Verschmelzung von GHH und MAN zur MAN AG (Bogenlogo) 1986

Ab 1985/86 MAN Nutzfahr-zeuge erst als GmbH und ab 1988/89 als AG

Kauf der Lkw Sparte von Steyr und Gründung der Steyr Nutzfahr-zeuge AG Werk Steyr 1990

Kauf von NEOPLAN (Auwärter) 2000

Kauf von Star und ERF 2000 Werk Staracho-wice

Übernahme VW Truck & Bus Brasilien 2008 durch die MAN SE und Umfirmierung in MAN Latin America

Umfirmie-rung in MAN Truck & Bus AG 2011

Übernahme durch die Volkswagen AG 2011 Beherrschungs- und Gewinnab-führungsvertrag 2013

1966 MANAS-Werk Istanbul 1985 Ankara

1967 Werk Penzberg

Ab 1986 Ferrostaal

Fusion zu Steyr-Daimler-Puch 1934

Puch gegr. 1889

Gottlieb Auwärter GmbH gegr. 1935

Aktienmehrheit an der ÖAF 1938

Umbenennung in Öster-reichische Automobil Fabriks AG (ÖAF) 1921

Gräf & Stift gegr. 1896

Ab 1986 RENK

Steyr gegr. 1864

Austro-Daimler gegr. 1899

Fiat Austria gegründet 1907

MAN LKW Entwicklung
Darstellung vereinfacht

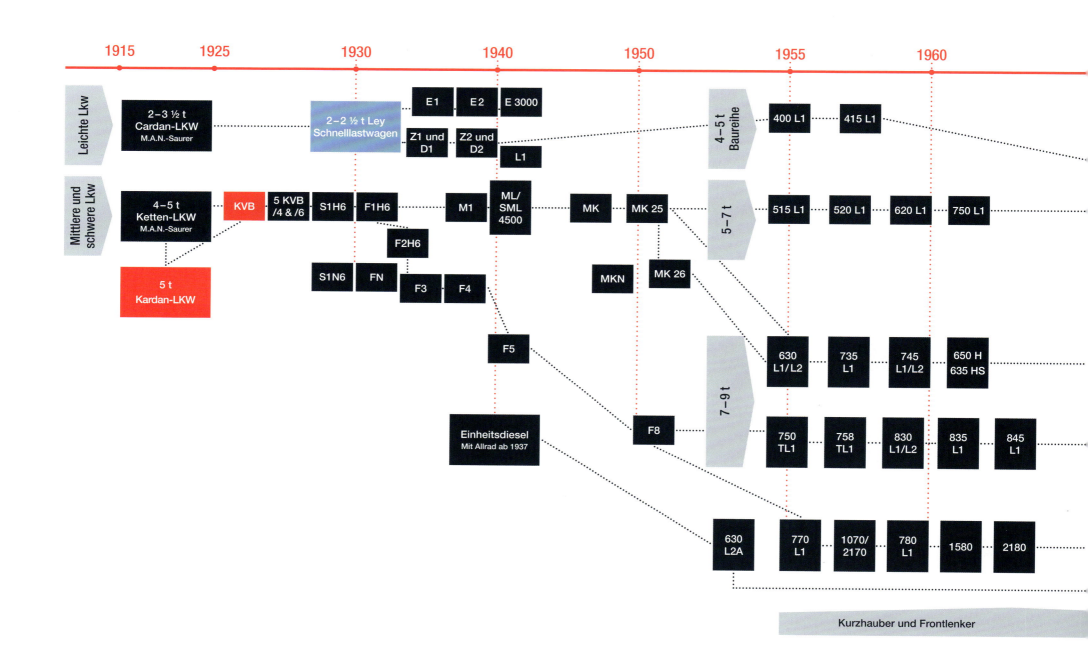

1915 1925 1930 1940 1950 1955 1960

Leichte Lkw

2–3 ½ t Cardan-LKW M.A.N.-Saurer

2–2 ½ t Ley Schnelllastwagen

E 1 · E 2 · E 3000

Z1 und D1 · Z2 und D2

L1

4–5 t Baureihe

400 L1 · 415 L1

Mittlere und schwere Lkw

4–5 t Ketten-LKW M.A.N.-Saurer

KVB · 5 KVB /4 & /6 · S1H6 · F1H6

M1 · ML/ SML 4500

MK · MK 25

5–7 t

515 L1 · 520 L1 · 620 L1 · 750 L1

F2H6

S1N6 · FN · F3 · F4

MKN · MK 26

5 t Kardan-LKW

F5

7–9 t

630 L1/L2 · 735 L1 · 745 L1/L2 · 650 H 635 HS

Einheitsdiesel Mit Allrad ab 1937

F8

750 TL1 · 758 TL1 · 830 L1/L2 · 835 L1 · 845 L1

630 L2A · 770 L1 · 1070/ 2170 · 780 L1 · 1580 · 2180

Kurzhauber und Frontlenker

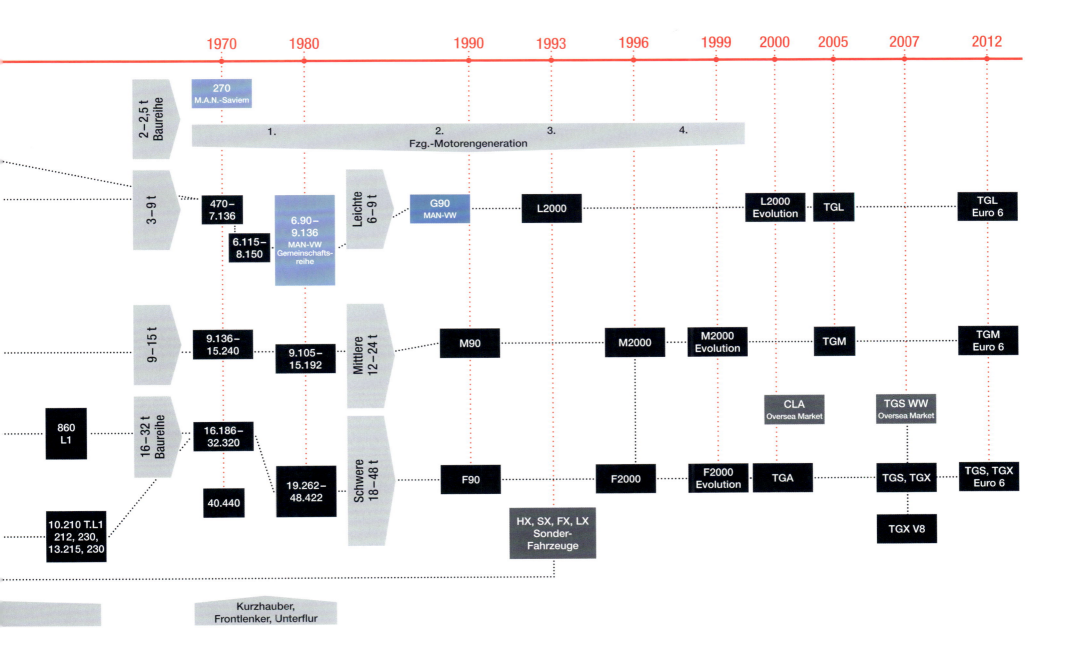

	1970	1980		1990	1993	1996	1999	2000	2005	2007	2012

2–2,5 t Baureihe

270
M.A.N.-Saviem

1.   2.   3.   4.
Fzg.-Motorengeneration

3–9 t

470–7.136

6.115–8.150

6.90–9.136
MAN-VW
Gemeinschafts-reihe

Leichte 6–9 t

G90
MAN-VW

L2000

L2000
Evolution

TGL

TGL
Euro 6

9–15 t

9.136–15.240

9.105–15.192

Mittlere 12–24 t

M90

M2000

M2000
Evolution

TGM

TGM
Euro 6

16–32 t Baureihe

860
L1

16.186–32.320

40.440

19.262–48.422

Schwere 18–48 t

CLA
Oversea Market

TGS WW
Oversea Market

F90

F2000

F2000
Evolution

TGA

TGS, TGX

TGS, TGX
Euro 6

TGX V8

10.210 T.L1
212, 230,
13.215, 230

HX, SX, FX, LX
Sonder-
Fahrzeuge

Kurzhauber,
Frontlenker, Unterflur

303

MAN Omnibus Entwicklung – Teil 1
Darstellung vereinfacht

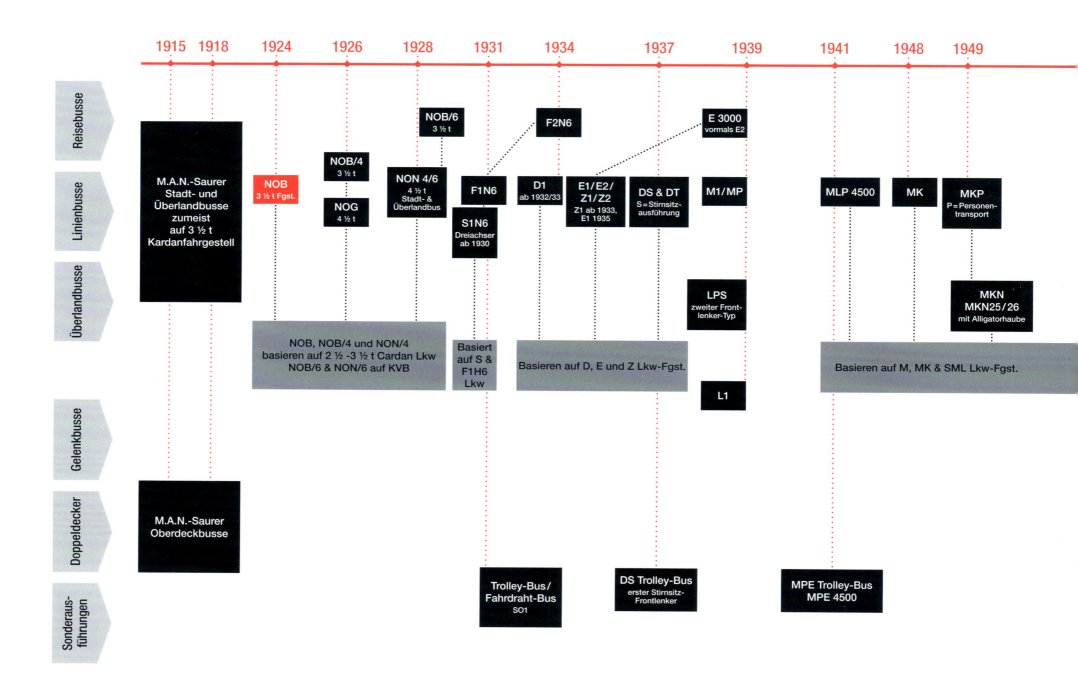

Reisebusse

Linienbusse

Überlandbusse

Gelenkbusse

Doppeldecker

Sonderaus-führungen

1915 1918 1924 1926 1928 1931 1934 1937 1939 1941 1948 1949

M.A.N.-Saurer
Stadt- und
Überlandbusse
zumeist
auf 3 ½ t
Kardanfahrgestell

NOB
3 ½ t Fgst.

NOB/4
3 ½ t

NOG
4 ½ t

NOB/6
3 ½ t

NON 4/6
4 ½ t
Stadt- &
Überlandbus

F1N6

S1N6
Dreiachser
ab 1930

F2N6

D1
ab 1932/33

E1/E2/
Z1/Z2
Z1 ab 1933,
E1 1935

E 3000
vormals E2

DS & DT
S = Stirnsitz-
ausführung

M1/MP

MLP 4500

MK

MKP
P = Personen-
transport

LPS
zweiter Front-
lenker-Typ

L1

MKN
MKN25/26
mit Alligatorhaube

NOB, NOB/4 und NON/4
basieren auf 2 ½ -3 ½ t Cardan Lkw
NOB/6 & NON/6 auf KVB

Basiert
auf S &
F1H6
Lkw

Basieren auf D, E und Z Lkw-Fgst.

Basieren auf M, MK & SML Lkw-Fgst.

M.A.N.-Saurer
Oberdeckbusse

Trolley-Bus/
Fahrdraht-Bus
SO1

DS Trolley-Bus
erster Stirnsitz-
Frontlenker

MPE Trolley-Bus
MPE 4500

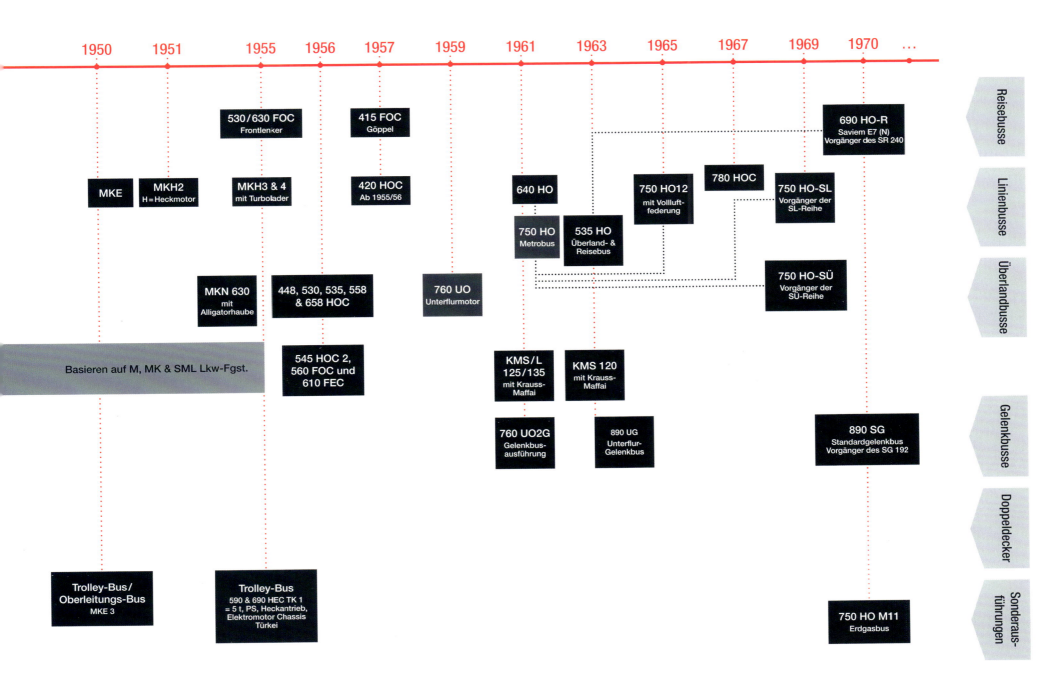

| 1950 | 1951 | 1955 | 1956 | 1957 | 1959 | 1961 | 1963 | 1965 | 1967 | 1969 | 1970 | ... |

Reisebusse

530 / 630 FOC
Frontlenker

415 FOC
Göppel

690 HO-R
Saviem E7 (N)
Vorgänger des SR 240

Linienbusse

MKE

MKH2
H = Heckmotor

MKH3 & 4
mit Turbolader

420 HOC
Ab 1955/56

640 HO

750 HO12
mit Vollluft-
federung

780 HOC

750 HO-SL
Vorgänger der
SL-Reihe

750 HO
Metrobus

535 HO
Überland- &
Reisebus

Überlandbusse

MKN 630
mit
Alligatorhaube

448, 530, 535, 558
& 658 HOC

760 UO
Unterflurmotor

750 HO-SÜ
Vorgänger der
SÜ-Reihe

Basieren auf M, MK & SML Lkw-Fgst.

545 HOC 2,
560 FOC und
610 FEC

KMS/L
125/135
mit Krauss-
Maffai

KMS 120
mit Krauss-
Maffai

Gelenkbusse

760 UO2G
Gelenkbus-
ausführung

890 UG
Unterflur-
Gelenkbus

890 SG
Standardgelenkbus
Vorgänger des SG 192

Doppeldecker

Trolley-Bus/
Oberleitungs-Bus
MKE 3

Trolley-Bus
590 & 690 HEC TK 1
= 5 t, PS, Heckantrieb,
Elektromotor Chassis
Türkei

750 HO M11
Erdgasbus

**Sonderaus-
führungen**

305

MAN Omnibus Entwicklung–Teil 2
Darstellung vereinfacht

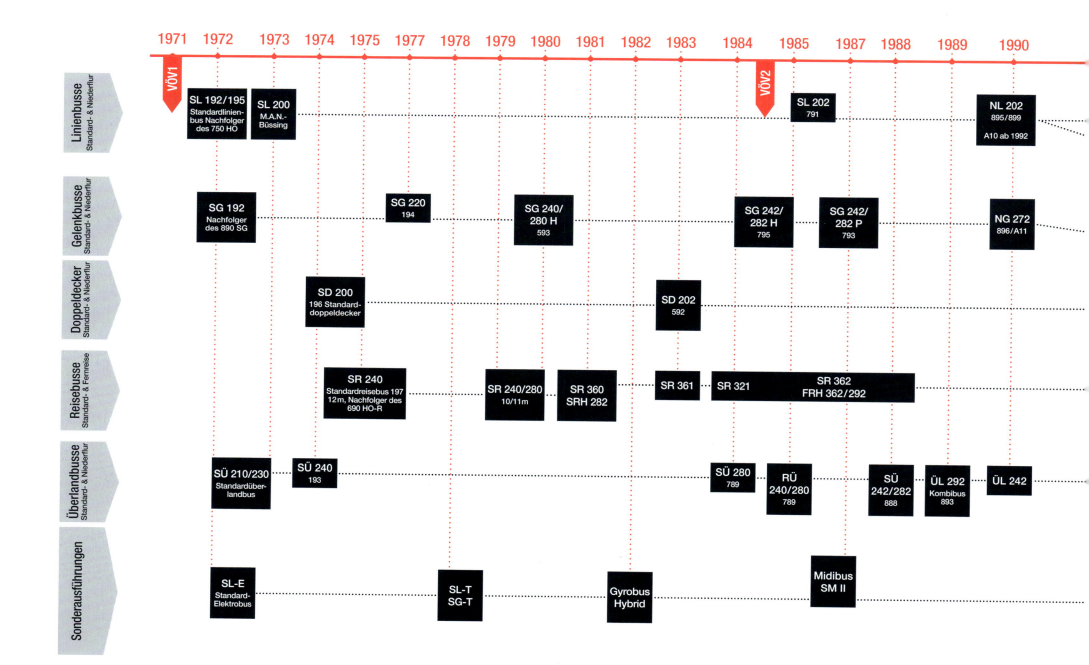

1971 1972 1973 1974 1975 1977 1978 1979 1980 1981 1982 1983 1984 1985 1987 1988 1989 1990

VÖV1

VÖV2

Linienbusse Standard- & Niederflur

SL 192/195
Standardlinien-
bus Nachfolger
des 750 HO

SL 200
M.A.N.-
Büssing

SL 202
791

NL 202
895/899

A10 ab 1992

Gelenkbusse Standard- & Niederflur

SG 192
Nachfolger
des 890 SG

SG 220
194

SG 240/
280 H
593

SG 242/
282 H
795

SG 242/
282 P
793

NG 272
896/A11

Doppeldecker Standard- & Niederflur

SD 200
196 Standard-
doppeldecker

SD 202
592

Reisebusse Standard- & Fernreise

SR 240
Standardreisebus 197
12m, Nachfolger des
690 HO-R

SR 240/280
10/11m

SR 360
SRH 282

SR 361

SR 321

SR 362
FRH 362/292

Überlandbusse Standard- & Niederflur

SÜ 210/230
Standardüber-
landbus

SÜ 240
193

SÜ 280
789

RÜ
240/280
789

SÜ
242/282
888

ÜL 292
Kombibus
893

ÜL 242

Sonderausführungen

SL-E
Standard-
Elektrobus

SL-T
SG-T

Gyrobus
Hybrid

Midibus
SM II

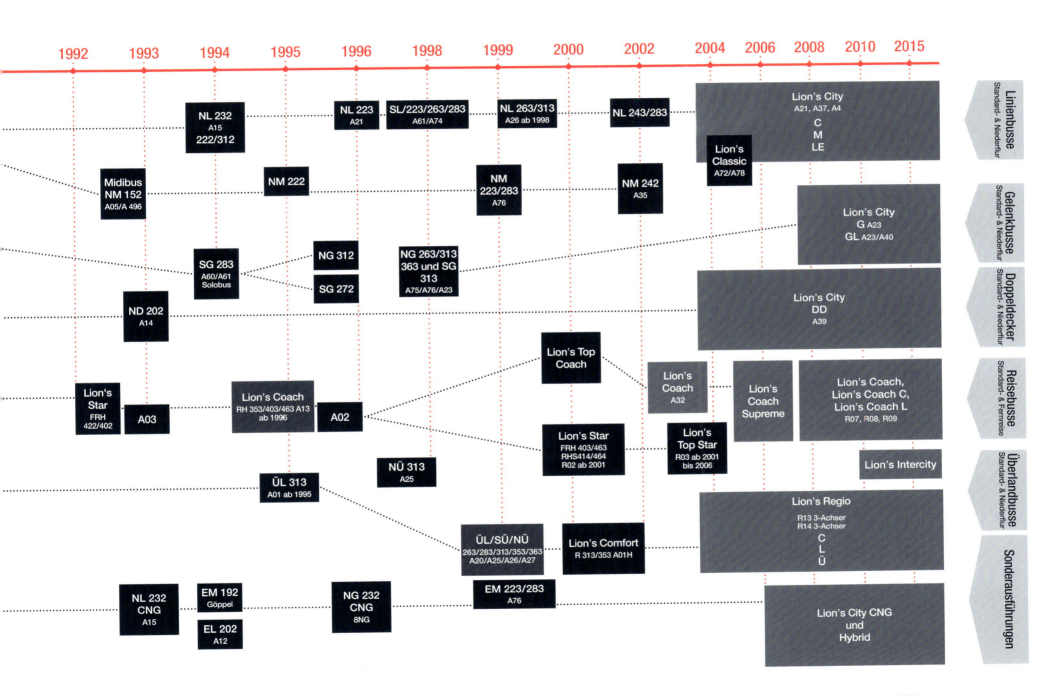

1992　1993　1994　1995　1996　1998　1999　2000　2002　2004　2006　2008　2010　2015

Linienbusse Standard- & Niederflur

NL 232
A15
222/312

NL 223
A21

SL/223/263/283
A61/A74

NL 263/313
A26 ab 1998

NL 243/283

Lion's City
A21, A37, A4

C
M
LE

Lion's
Classic
A72/A78

Midibus
NM 152
A05/A 496

NM 222

NM
223/283
A76

NM 242
A35

Gelenkbusse Standard- & Niederflur

Lion's City
G A23
GL A23/A40

SG 283
A60/A61
Solobus

NG 312

SG 272

NG 263/313
363 und SG
313
A75/A76/A23

ND 202
A14

Doppeldecker Standard- & Niederflur

Lion's City
DD
A39

Lion's Top
Coach

Lion's
Coach
A32

Reisebusse Standard- & Fernreise

Lion's
Coach
Supreme

Lion's Coach,
Lion's Coach C,
Lion's Coach L
R07, R08, R09

Lion's
Star
FRH
422/402

A03

Lion's Coach
RH 353/403/463 A13
ab 1996

A02

Lion's Star
FRH 403/463
RHS414/464
R02 ab 2001

Lion's
Top Star
R03 ab 2001
bis 2006

Überlandbusse Standard- & Niederflur

NÜ 313
A25

Lion's Intercity

ÜL 313
A01 ab 1995

Lion's Regio
R13 3-Achser
R14 3-Achser
C
L
Ü

ÜL/SÜ/NÜ
263/283/313/353/363
A20/A25/A26/A27

Lion's Comfort
R 313/353 A01H

Sonderausführungen

NL 232
CNG
A15

EM 192
Göppel

NG 232
CNG
8NG

EM 223/283
A76

Lion's City CNG
und
Hybrid

EL 202
A12

MAN Traktoren Entwicklung
Darstellung vereinfacht und unvollständig

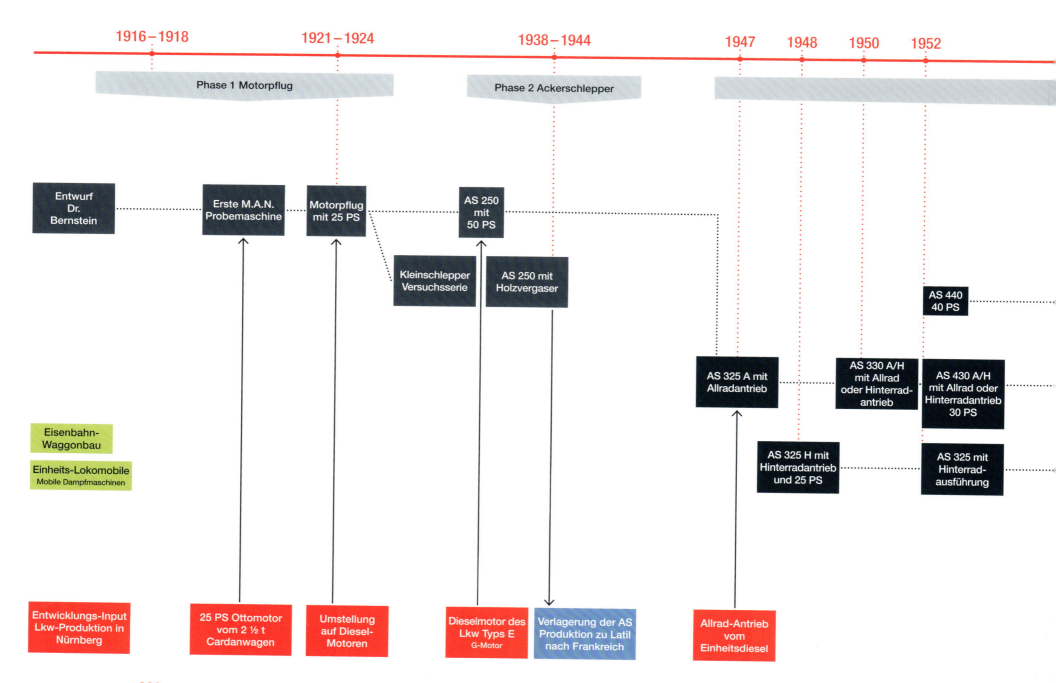

1916–1918   1921–1924   1938–1944   1947   1948   1950   1952

Phase 1 Motorpflug   Phase 2 Ackerschlepper

Entwurf Dr. Bernstein

Erste M.A.N. Probemaschine

Motorpflug mit 25 PS

AS 250 mit 50 PS

Kleinschlepper Versuchsserie

AS 250 mit Holzvergaser

AS 440 40 PS

AS 325 A mit Allradantrieb

AS 330 A/H mit Allrad oder Hinterrad-antrieb

AS 430 A/H mit Allrad oder Hinterradantrieb 30 PS

Eisenbahn-Waggonbau

Einheits-Lokomobile
Mobile Dampfmaschinen

AS 325 H mit Hinterradantrieb und 25 PS

AS 325 mit Hinterrad-ausführung

Entwicklungs-Input Lkw-Produktion in Nürnberg

25 PS Ottomotor vom 2 ½ t Cardanwagen

Umstellung auf Diesel-Motoren

Dieselmotor des Lkw Typs E
G-Motor

Verlagerung der AS Produktion zu Latil nach Frankreich

Allrad-Antrieb vom Einheitsdiesel

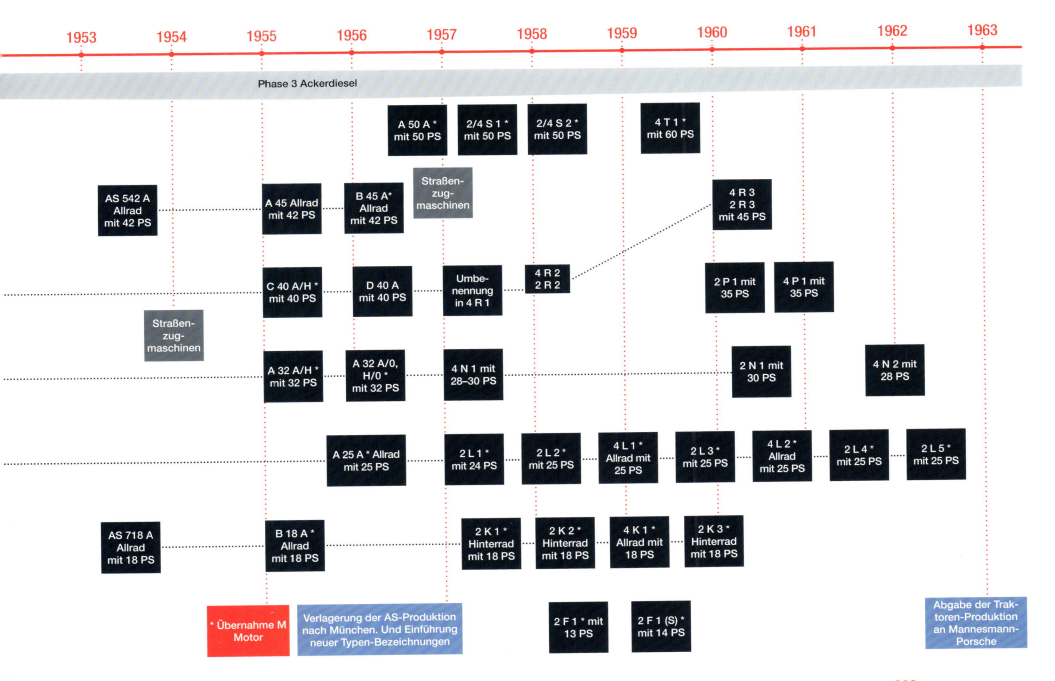

1953 1954 1955 1956 1957 1958 1959 1960 1961 1962 1963

Phase 3 Ackerdiesel

A 50 A *
mit 50 PS

2/4 S 1 *
mit 50 PS

2/4 S 2 *
mit 50 PS

4 T 1 *
mit 60 PS

Straßen-
zug-
maschinen

AS 542 A
Allrad
mit 42 PS

A 45 Allrad
mit 42 PS

B 45 A*
Allrad
mit 42 PS

4 R 3
2 R 3
mit 45 PS

C 40 A/H *
mit 40 PS

D 40 A
mit 40 PS

Umbe-
nennung
in 4 R 1

4 R 2
2 R 2

2 P 1 mit
35 PS

4 P 1 mit
35 PS

Straßen-
zug-
maschinen

A 32 A/H *
mit 32 PS

A 32 A/0,
H/0 *
mit 32 PS

4 N 1 mit
28–30 PS

2 N 1 mit
30 PS

4 N 2 mit
28 PS

A 25 A * Allrad
mit 25 PS

2 L 1 *
mit 24 PS

2 L 2 *
mit 25 PS

4 L 1 *
Allrad mit
25 PS

2 L 3 *
mit 25 PS

4 L 2 *
Allrad
mit 25 PS

2 L 4 *
mit 25 PS

2 L 5 *
mit 25 PS

AS 718 A
Allrad
mit 18 PS

B 18 A *
Allrad
mit 18 PS

2 K 1 *
Hinterrad
mit 18 PS

2 K 2 *
Hinterrad
mit 18 PS

4 K 1 *
Allrad mit
18 PS

2 K 3 *
Hinterrad
mit 18 PS

* Übernahme M
Motor

Verlagerung der AS-Produktion
nach München. Und Einführung
neuer Typen-Bezeichnungen

2 F 1 * mit
13 PS

2 F 1 (S) *
mit 14 PS

Abgabe der Trak-
toren-Produktion
an Mannesmann-
Porsche

Geschäftsleitung der Nutzfahrzeugsparte der MAN

1915	Dr. Otto Gertung, Egon Buchler
1925	Dr.-Ing. e. h. Otto Meyer
1946	Dr.-Ing. e. h. Otto Meyer, Vorstandsvorsitzender der M.A.N. AG
1954	Richard Carstanjen
1956	Richard Carstanjen, Dr. Kurt Kries
1967	Dr.-Ing. Hans Heinrich Moll, ab 1974 Vorstandsvorsitzender der M.A.N. AG
1974	Dipl. Ing. Otto Voisard, ab 1979 Vorstandsvorsitzender der M.A.N. AG
1979	Dipl.-Ing. Wilfried Lochte
1993	Dipl.-Ing. Rudolf Rupprecht, ab 1996/97 Vorstandsvorsitzender der MAN AG
1997	Dr. Klaus Schubert
2000	Håkan Samuelsson, ab 2005 Vorstandsvorsitzender der MAN SE
2005	Dipl.-Ing. Anton Weinmann
2010	Dr. Georg Pachta-Reyhofen, Sprecher des Vorstands der MAN SE
2012	Anders Nielsen

Der Vorstand der MAN Truck & Bus AG 2015

Joachim Drees, Vorsitzender des Vorstands
Ulf Berkenhagen, Beschaffung
Dr. Carsten Intra, Produktion & Logistik
Jan-Henrik Lafrentz, Finanzen, IT & Recht
Heinz-Jürgen Löw, Sales & Marketing
Dipl.-Ing. Bernd Maierhofer, Forschung & Entwicklung
Jochen Schumm, Personal & Arbeitsdirektor

MAN Truck & Bus Produktionsstandorte

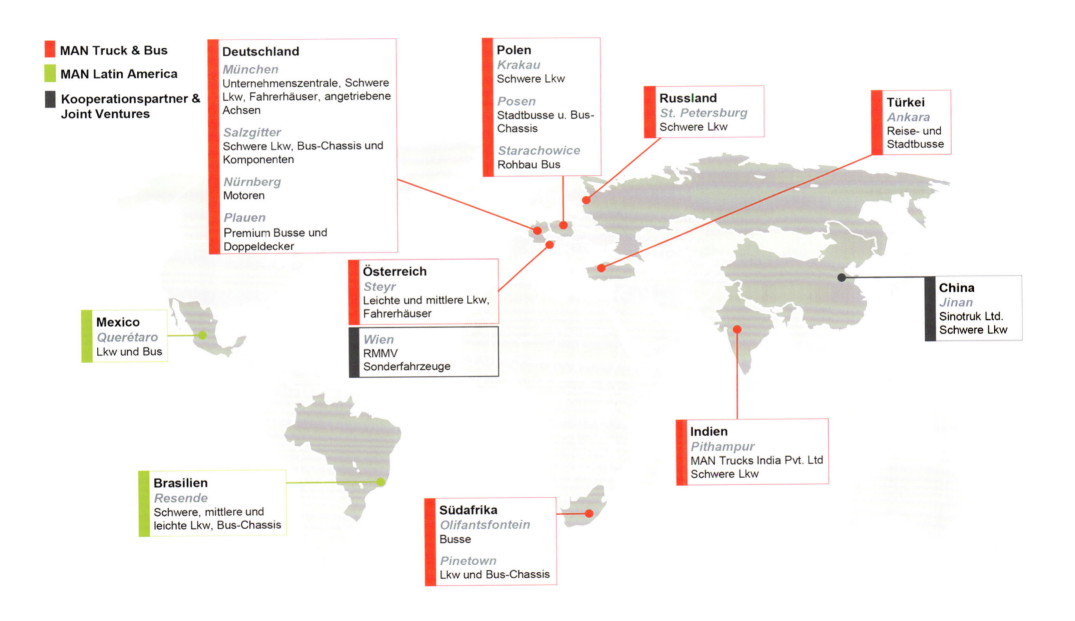

MAN Truck & Bus

MAN Latin America

Kooperationspartner & Joint Ventures

Deutschland
München
Unternehmenszentrale, Schwere Lkw, Fahrerhäuser, angetriebene Achsen

Salzgitter
Schwere Lkw, Bus-Chassis und Komponenten

Nürnberg
Motoren

Plauen
Premium Busse und Doppeldecker

Polen
Krakau
Schwere Lkw

Posen
Stadtbusse u. Bus-Chassis

Starachowice
Rohbau Bus

Russland
St. Petersburg
Schwere Lkw

Türkei
Ankara
Reise- und Stadtbusse

Österreich
Steyr
Leichte und mittlere Lkw, Fahrerhäuser

Wien
RMMV
Sonderfahrzeuge

China
Jinan
Sinotruk Ltd.
Schwere Lkw

Mexico
Querétaro
Lkw und Bus

Indien
Pithampur
MAN Trucks India Pvt. Ltd
Schwere Lkw

Brasilien
Resende
Schwere, mittlere und leichte Lkw, Bus-Chassis

Südafrika
Olifantsfontein
Busse

Pinetown
Lkw und Bus-Chassis

Literaturnachweis

Dieses Buch basiert auf den Quellen des Archivs der MAN Truck & Bus AG. Folgende Aktenbestände wurden ausgewertet:

0.4 Technikgeschichte

0.5 Büssing Technikgeschichte

0.5.1 Büssing spezielle Produktthemen und Vorträge

1.0.1.0 Pressemeldungen, Sonder- und Jubiläumsausgaben

1.0.1.1 MAN Werks-Zeitungen 1908–2014

1.0.1.3 Werksbesuche

1.0.3.0 Externe Vorgänge, Zusammenarbeit/Kooperationen

1.0.3.1 Verbundene Unternehmen

1.1 Werk Salzgitter, Gustavsburg, Augsburg, Oberhausen & Hamburg

1.1.0.2 MAN Büssing Übernahme

1.1. Firmengeschichte, Werksentwicklung Nürnberg

1.1.2 Firmengeschichte Werk München

1.1.3 Rundschreiben 1915–1993

1.1.4 Verkaufsnachrichten 1931–1973

1.2 Heinrich Büssing Leben und Werk

1.2.3 Nachlass Otto Meyer

1.2.9.1 Hauser Schloss

1.3 Reden, Vorträge, Interviews und Tagungen 1943–1994

1.3.5 Geschäftsberichte 1915–2013

1.3.8 Patente/Lizenzen

1.3.9 Büssing Patente und Lizenzen

1.4.1 Verkauf, Vertretungsverträge (Ur-Schriften)

1.4.2 Kundendienst, Rep.-Werkstätten, Verkaufs-, Service-Niederlassungen, Chroniken der Lastwagen-Rep.-Werkstätten 1917–1954

1.5.2 Ausbildung, Weiterbildung

1.6.1 Bilanzen, Kalkulation, Kostenrechnung, Buchhaltung

1.10.0 Betriebskrankenkasse

1.10.1 Paul Reusch Jugendstiftung, Werksfürsorge

2.0.5 Meistervereine

3.0 Lastkraftwagen

3.0.1.1 MAN Fahrgestellzeichnungen

3.0.3 Design, Studien

3.1.1 Motoren-Entwicklung/Konstruktion

3.1.2 Motoren-Erprobung

3.1.4 Alternative Antriebe

3.2 Sonderfahrzeuge Militär/Zivil 1918–1945

3.3.1 Omnibus-Entwicklung

3.4.1. Motorpflug

3.4.2 Ackerschlepper

4.1 Betriebs- und Wartungsanleitung MAN Lkw

4.2 Betriebsanleitung MAN Omnibusse

4.3 Betriebsanleitung MAN Motoren

5.1 Datenblätter und Prospekte Lkw

5.2 Prospekte und Datenblätter Omnibusse

5.3 Prospekte und Datenblätter Motoren

5.4 Ordner Prospekte und Datenblätter Traktoren 1922–1961

6.1 Büssing Lkw Prospekte 1903–1971

6.2 Büssing Omnibus Prospekte 1914–1971

7. Messen und Events von MAN

15. Military

20. – 42. Fotoarchive

Sekundärquellen und weiterführende Literatur:

Hans Bösch: Geschichte der Maschinenbau-Aktiengesellschaft Nürnberg mit Filiale Gustavsburg und der Nürnberger Drahtstiftenfabrik Klett & Co., 1895.

Werner Foth: Soziale Chronik aus 100 Jahren MAN, Bd. 1 +2, Nürnberg 1943.

Fritz Büchner: 125 Jahre Geschichte der Gutehoffnungshütte, Oberhausen 1935.

Otto Bitterauf: Geschichte der MAN. Die Maschinenfabrik Augsburg-Nürnberg AG, Nürnberg 1924.

Johannes Bähr/Ralf Banken/Thomas Flemming: Die MAN. Eine deutsche Industriegeschichte, München 2008.

Sven Feyer: Otto Meyer: MAN-Vorstand im Dritten Reich, in: Vierteljahrshefte für Zeitgeschichte 2/2014, S. 247–284.

Hermann Josef Rupieper: Arbeiter und Angestellte im Zeitalter der Industrialisierung. Eine sozialgeschichtliche Studie am Beispiel der Maschinenfabrik Augsburg und Nürnberg, Frankfurt am Main 1982.

Otto Bitterauf: Die Maschinenfabrik Augsburg-Nürnberg A.G. (M.A.N.). Ihre Begründung und Entwicklung bis zum Anschluss an den Konzern der Gutehoffnungshütte, Nürnberg 1924.

Fritz Büchner: Hundert Jahre Geschichte der Maschinenfabrik Augsburg-Nürnberg, Frankfurt am Main 1940.

Albert Mößmer: Typenatlas MAN Traktoren, München 2013.

Bernd Regenberg: Das Lastwagen-Album M.A.N, Brilon 2001.

Matthias Röcke: Lastwagen und Omnibusse von MAN. Chronik, Geschichte, Hintergründe, Königswinter 2001.

Matthias Röcke: Trucknology Generation. Die neuen Lastwagen von MAN. Königswinter 2000.

Kurt Häfner/Martin Häfner: M.A.N. Typenprofile und Prospekte. Die Geschichte der Eckhauber von 1915 bis 1960, Stuttgart 2000.

Peter Streiber: M.A.N. Motorenflug. M.A.N. Traktoren. Prospekte 1922–1963, Mammendorf 1997.

Anne Dreesbach/Michael Kamp/Maximilian Schreiber: Seit 90 Jahren auf Achse. MAN Nutzfahrzeuge und ihre Geschichte 1915 bis 2005, München 2005.

Hans-Georg Hansen/Horst Rauck (Hg.): Von Ideen und Erfolgen. 40 Jahre MAN Technologie, Dasing 2008.

Bettina Lehmann: Fortschritt durch Technik. 250 Jahre MAN, Berlin 2008.

MAN Nutzfahrzeuge AG (Hg.): Leistung und Weg. Zur Geschichte des MAN Nutzfahrzeugbaus, Berlin 1991.

Hans Seper: Von AUSTRO-FIAT zur Österreichischen Automobilfabrik ÖAF-GRÄF & STIFT AG. Werdegang, Personen, Kraftfahrzeuge, München 1994.

Hans Seper: Brüder Gräf. Geschichte der Gräf & Stift-Automobile, München 1991.

Walter J. Spielberger (Hg.): Der Panzer-Kampfwagen Panther und seine Abarten, Stuttgart 1987.

Eckhard Fischer: Die Firma Büssing, Salzgitter 2012.

Eckhard Fischer: Willy Staniewicz: Ein Leben für die Technik bei Büssing, Salzgitter 2014.

Gerhard Brunner/Stefan Reitgruber: 100 Jahre Fahrzeugbau in Wien. Austro-Fiat, Gräf & Stift, ÖAF, Wien 2001.

Karl-Heinz Rauscher/Franz Knogler: Lkw aus Steyr, Gnas 2014.

Alexander Weber: MAN-Busse Teil 1+2, in: Last & Kraft Magazin, 2 und 3/2014.

Wolfgang Westerwelle: Büssing – Chronik einer legendären Marke, in: Truck Profile Magazinreihe.

Danksagung…

… für die hilfsbereite und kompetente Unterstützung der nachfolgenden Damen und Herren ohne die weder die Grundlagenarbeit im Archiv noch diese Chronik zustande gekommen wäre:

Jürgen Böder	Maria Nowecki
Dieter Emader	Anna Pezold
Dr. Eckhard Fischer	Dr. Matthias Röschner
Silvio Fischer	Jürgen Schlerf
Erich Friedlein	Stephan Schönherr
Sebastian Göttert	Leonie Sieber
Klaus Holl	Gerlinde Simon
Hans Hopf	Dr. Conrad Stauner
Dr. Detlef Hug	Susann Stürze
Dr. Michael Kamp	Gleb Vlasenko
Stefan Klatt	Heidi Vogler-Schiele
Sacha Klingner	Christian Vollmer
Leonid Kruglov	Petra Walton
Harald Kürzdörfer	Alexander Weber
Andreas Lampersbach	Dagmar Wegstroth-Disselbach
Björn Loose	
Dr. Eva Moser	
Harald Neumer